戦国史研究叢書16

武田親類衆と武田氏権力

須藤茂樹著

岩田書院

はしがき

いま現在も日本史研究において、戦国・織豊期は人気の時代である。近年は、戦国期の室町幕府、豊臣政権に関する研究が活況を呈しているように感じる。筆者が学生の頃は、東国を中心に戦国大名の研究が旺盛で、特に小田原を拠点に関東で覇を唱えた後北条氏が戦国大名の典型として盛んに研究が行われた。その後、駿河の今川氏、甲斐の武田氏など、東海・甲信越を含む東国の戦国大名の研究がみられるようになり、地域権力の実態を解明する事例研究が豊富に蓄積されていった。

筆者が学生の頃、後北条氏研究会が発展して東国戦国史研究会となっていたが、いまは戦国史研究会となっている。東国を中心としながらも、研究の輪は全国に広がっている。全国の戦国・織豊期と、戦国大名、織豊期大名の研究が活況を呈していることの証明にもなろう。

筆者が武田氏の研究を志した一九八〇～九〇年代は、戦国大名研究が盛んになり始めた頃で、やがて吉川弘文館から『戦国大名論集』全一八巻が刊行され、従来の戦国大名研究が集成された時期であった。戦国期守護―戦国期領主論をはじめ、戦国大名、国人領主、民衆、公儀、分国法など、さまざまな視点から多くの業績が編み出されていった。近年では、国人、国人領主という呼称よりも、国衆を用いることが一般化してきている。

杉山博、佐脇栄智、ついで柴辻俊六、小和田哲男、久保田昌希、さらには矢田俊文、川岡勉、今岡典和氏等の業績に学びながら勉強してきた筆者にとっては、平山優、黒田基樹、丸島和洋、柴裕之氏等による近年の目覚ましい研究成果、そして膨大な蓄積の量には驚くばかりである。

さて、筆者の当時の問題関心は、事例研究が数多く発表され始めた国人領主と戦国大名との関係性であった。武田氏研究においては、郡内小山田氏の研究が多くみられたが、河内穴山氏の研究はあまりなかったことから、穴山氏を卒業論文の題材に選んだ。ちょうど、『清水市史資料　中世編』が穴山氏関係文書を集成していたことも大きなきっかけとなった。修士論文のテーマは、「戦国大名武田氏の権力構造」であった。本書収録の穴山氏、武田逍遙軒信綱、仁科盛信をはじめ、武田信豊（信玄弟信繁の嫡男）、高遠時代の勝頼（信玄四男）、龍宝（信玄次男）、木曾義昌、川窪信実などを取り上げ、御親類衆から戦国大名武田氏の権力を考察しようと考えたものである。ほかにも、訴訟、奉行人、役、宗教政策、駿河支配などを修士論文では取り上げ、その一部は論文として公表することができた。本書に収めた論文は、これらの発表論文、研究ノート、史料紹介などである。

本書では、序章、終章を置かなかったが、この「はしがき」をもってそれに代えたい。

〔追記〕大名の一族や親族のことを「親族衆」と表現されることが多いことは認識しているが、『甲陽軍鑑』品第十七巻八の「武田法性院信玄公御代御人数之事」において「御親類衆」と記していることから、本書では「親類衆」の表現を用いることとする。

史料の出典については、『山梨県史』『静岡県史』『戦国遺文　武田氏編』等に改めず、旧稿のままとした。重複部分もあるが、内容も改稿せず、最低限の訂正・加筆のみとした。旧稿での敬称なども略し、引用史料に付した返り点なども原則除いた。旧稿発表後の研究状況について〔追記〕で記した。

武田親類衆と武田氏権力　目　次

第一部　武田親類衆穴山氏の支配構造

第一章　穴山信友の文書と河内領支配

はじめに

穴山氏は、南北朝から室町初期の甲斐守護武田信武の四男義武が穴山氏を称したことに始まる。(1) 穴山氏二代満春、三代信介（信俊）も、それぞれ甲斐守護武田信春・信重の子が入嗣し、また戦国期の信友・信君は、武田信虎・晴信（信玄）の女をその室に迎えており、武田家当主とは強い血縁関係で結ばれていた。『軍陽軍鑑』品第十七「武田法性院信玄公御代惣人数之事」によれば、御親類衆の一人として「穴山殿　旗されてみえず　二百騎」と記載され、(2) 戦国期には信友・信君は、武田家臣団の中で武田親類衆として重きをなしたのである。

穴山氏の研究は、豊富な武田氏研究に比較すると必ずしも多いとはいえないが、それでも近年、戦国大名論(3)をめぐって盛んになってきたといえよう。

穴山氏の本格的研究にまず手を付けられたのは標（飯田）泰江氏(4)で、その後、鈴木登氏(5)・上野晴朗氏(6)・笹本正治氏(7)・矢田俊文氏(8)・町田是正氏(9)・渡辺憲一氏(10)・秋山敬氏(11)らの論考が発表されている。(12) これら従来の穴山氏の研究史については、拙稿で簡単にまとめておいた。(13) 筆者も穴山氏の動向と支配構造に興味を持ち、穴山信君の河内領支配の実態究明(14)と武田氏滅亡時の穴山氏の動向(15)について私見を述べたことがある。その際、課題として、①穴山氏関係文書の基礎的考察、②戦国期以前の穴山氏の動向、わけても動乱期における穴山氏の活動と武田惣領家との関係、③信友の活動や河内領支配とその位置づけ、④信君の江尻領支配の実態把握と河内領支配との対比、武田領国体制内の穴山氏、⑤こうした基礎的作業を経たうえで、郡内小山田氏との比較、さらには戦国大名武田氏との支配関係などをあげた。そこで本章では③の穴山信友について、信友の関係文書の検討を行い、次にその河内領支配について考察を加えたいと思う。

一　穴山信友関係文書の検討

穴山氏が文書に見えるのは、信友・信君・勝千代の三代だけで、それ以前には確認することができない。信友・信君の発給文書は、柴辻俊六・高島緑雄共編『甲斐武田氏文書目録』（昭六一）に整理されているが、[16]受給文書、関連文書も収集する必要があろう。最後の穴山当主勝千代の発給・受給・関連文書については拙稿にまとめてある。[17]信友の発給・受給・関連文書を整理すると「穴山信友関係文書表」のようになる。発給文書が三六通（有年号二九、無年号七）、受給文書が二通、関連文書が一通確認できる。

【穴山信友関係文書表】

(1)穴山信友発給文書

No	年月日	指出（署判形式）	宛所	内容（文書名）（摘要）	出典	刊本	花押
1	享禄5　3　5	信友花押　袖	千津和備後入道	知行宛行状（大野分）＊　写	南巨摩郡町村取調書　甲	清三八〇	

2	天文3 正 吉	源信友（花押）袖	佐野将監	官途状	佐野文書 甲	清四七六	写カ
3	天文3 6 4	穴山御黒印 袖	（欠）	代官任命状（つつら（黒桂）山・同はう（保）山） 写	甲州古文書一 甲	清三四八	
4	天文5 9 吉	源信友（花押）袖	佐野藤六	名字状	佐野文書 甲	清三六一	I―A
5	天文8 5 18	（信友花押）袖	純蔵主	庵主申付状（本州法外庵）	方外院文書 甲	清五〇一	
6	天文11 正 1	（信友花押）袖	下山一之宮	神田寄進状（岩間惣領分）	稲葉文書 甲	清四〇三	
7	天文11 正 1	（信友花押）袖	下山二之宮	神田寄進状（岩間惣領分）	内藤文書 甲	清四〇九	
8	天文12 5 1	（信友花押） 袖	村田善九郎他5名	村木奉公申付状（芳山小沢之すちかせき）	望月文書 甲	清三五四	I―A
9	天文12 7 5	○（花押）（八角形朱印）袖	佐野縫殿右衛門尉	竹藪奉公申付状（竹藪之事はやすへし）	門西文書 甲	清五一〇	I―A
10	天文13 3 29	（信友カ）（後欠文書）	（欠）	代物配分状カ（おふのた山の地～代物の計）	門西文書 甲	清五一一	
11	天文13 11 16	信友（花押） 袖	小林縫右衛門尉	恩地返置状（嗜奉公） 写	古文書九 甲	清四九一	
12	天文16 2 初	武田伊豆守源信友（花押） 日	富士大宮	脇差寄進状（去騒乱之砌失脚）	富士文書 甲	清二八三	I―B
13	天文16 中秋 吉	武田伊豆守源信友 奥	（南松院）	大般若経奥書（四十二歳）	南松院文書 甲	清四一三	
14	天文16 秋菊 吉	武田伊豆守源信友 奥	（南松院）	大般若経奥書（河内下山居住）	南松院文書 甲	清四一四	

15	天文17 9 15	(朱印)信友(花押) 日	石部宮内左衛門	知行宛行状(隠し湯)＊	石部文書 甲	清五〇六	
16	天文18 卯 18	信友(花押) 袖	小林縫右衛門尉	年貢地宛行状(長谷寺領之内) 写	古文書九 甲	清四九二	
17	天文19 7 3	信友(花押) 袖	望月善左衛門尉	新恩宛行状(つつらの分~)	望月文書 甲	清三五五	I—B
18	天分19 8 2	信友(花押) 日	松泉庵	寺領安堵状(臥龍斎寄進)	南松院文書 甲	清四一五	I—B
19	天文20 3 23	○(八角形朱印) 日	駿州口諸役所中	過書(宮僧衆三十人)	柳沢文庫 紀	佐藤・柴辻論文	
20	(天文20) 3 24	○(八角形朱印) 日	駿州口諸役所中	過書(宮僧両人)	柳沢文庫 紀	佐藤・柴辻論文	
21	天文20 12 2	(花押欠) 日	轆轤師堀内左京進	商売役免許状写(下山轆轤師) 写	甲州古文書 甲	清四九九	
22	(天文22)閏正 21	(信友花押) 袖	なら田名ぬし方	湯治許可状(たれ成共不入)	深沢文書 甲	清三五〇	I—B
23	(天文22カ) 7 3	信友(花押) 袖	なら田の名主地下人等	棟別免許状(湯治奉公)	深沢文書 甲	清三五一	I—B
24	(天文2) 12 (9)12	信友(花押) 袖	(名主)孫左衛門尉	奉公命令状(奈良田郷事)	深沢文書 甲	清三五二	I—B
25	天文22(欠)	信友(花押) 袖	(欠)	寺領宛行状(三沢瑞応寺領)	南松院文書 甲	清四一六	I—B
26	天文24 9 5	信友(花押) 日	茂林和尚	寺領寄進状(南部新地)	円蔵院文書 甲	清四六八	I—B

27	天文24 9 22	伊豆守信友(花押) 日	円蔵院	寺領寄進状(南部郷御崎原)	円蔵院文書 甲	清四六九	I—B
28	天文24 10 6	(信友花押) 袖	南部諏訪権太夫	替地寄進状(御崎原神領)	諏訪明神社文書 甲	清四六五	I—B
29	弘治2 霜 15	(信友花押) 袖	佐野縫殿右衛門方	普請役免許状(山作五間)	門西文書 甲	清五一三	I—B
30	弘治2 霜 15	信友(花押) 袖	鈴木四郎左衛門	棟別役免許状(山作之用所)	鈴木文書 甲	清五二二	I—B
31	弘治3 2 12	信友(花押) 袖	大くつれの助左衛門尉	棟別免許状(山造棟梁)	佐野文書 甲	清五二四	I—B
32	弘治3 12 29	信友(花押) 袖	佐野文三方	恩地返付状(湯之奥)	恩地文書 甲	清五六七	
33	弘治4 3 6	信友花押 袖	亀山新左衛門尉	屋敷地宛行状写(新宿四十五番) 写	甲州古文書 甲	清三一五	
34	(?) 3 29	○(八角形朱印) 袖	ゆのをくぬいゑもん方	葺板申付状(佐野山)	門西家文書 甲	清五一二	
35	(?) 卯 12	御黒印 日	(欠)	感状写(打死の跡へ) 写	甲州古文書 甲	清三四九	
36	(?)	伊豆守信友(花押)	(欠)	武田家奉納目録	飯縄明神文書 甲	清四一一	

(2)穴山信友受給文書

No	年月日	文書名(指出)	宛所	内容(摘要)	出典	刊本
1	(年未詳) 6 19	今川義元書状	武田伊豆守	書状(近年三条殿所務分)	佐野文書	清五五二
2	(〃) 10 3	武田晴信書状	豆州へ	書状(尾張紺屋番子)	坂田文書	清三三〇

(3)穴山信友関連文書

No	年月日	文書名(指出)	宛所	内容(摘用)	出典	刊本
1	(天文24カ)8　12	武田晴信書状	竜淵斎江	書状(例式豆州者大酒振舞)	国玉神社文書	清三二七

(註)(1)は柴辻俊六・高島禄雄共編『甲斐武田氏文書目録』を参考にした。指出欄の「日」は日下署判、「袖」は袖署判をさす。内容欄の「＊」は偽文書あるいは疑文書をさす。出典欄の「甲」は『甲州古文書』を、「紀」は『紀伊国古文書纂』の略称、刊本欄の「清」は『清水市史資料　中世』の略称、その数字は文書番号である。佐藤論文とは註(20)、柴辻論文とは、註(23)論文をさす。

穴山信友は、永正三年(一五〇六)、穴山甲斐守信綱の嫡子として生まれ、武田伊豆守を称し、天文十年(一五四一)、剣江義鉄の法名を受け、蟠竜斎と号して、永禄三年(一五六〇)十二月十六日に五四歳で死去した(18)。信虎、信玄二代に仕え、信玄の信濃侵略に重き位置を占めている(後述)。

信友の発給文書の初見は、享禄五年(一五三二)三月五日付千津和備後入道宛穴山信友判物写(『清水市史資料　中世』三八〇号、以下『清』と略す)であるが、内容に不備な点があり、上野晴朗氏がいわれるように、天文三年正月吉日付佐野将監宛信友官途状(『清』四七六号)をその初見と考える(19)。当然これ以前にも発給文書が存在したと推測されるが、現存していない。天文年間に二四通、弘治年間に五通がみえ、下限は弘治四年(永禄元(一五五八))三月六日付亀山新左衛門尉宛信友判物写(『清』三二五号)である。

信友の発給文書の書判形式は写もあるので、明確なことはいえないが、日下署判がわずかに五通で、残り二三通はすべて袖判である。花押は一種しかなく、それが微妙に一度変化するだけである(実見した信友の花押は表(1)に示した)。これを信友花押I—A型、I—B型とする。変化の理由については明らかにされないが、あるいは信友が伊豆守を称する天文十六年が契機になったのではないかと考えられる。信友が伊豆守を用いた初見は、天文十六年二月二日付武田信友脇差浅間丸寄進状(『清』二八三号)で、駿河国富士大宮浅間神社の御神宝浅間丸一腰が「去騒乱之砌失却」したが、「不思議之便幸」があって発見され、「本州之大守義元(今川)源公之判形相二添之一」えて献納したものである。『清水市史資料』巻末付録の花押・印章一覧に掲載された信友花押を見ても、天文十六年を境にして微妙な変化が看取できる。

次に穴山氏には郡内小山田氏と同様に朱印が確認されるから、その使用例をみよう。

〔史料1〕穴山信友過書[20]

○(穴山信友八角朱印)

彼御客僧衆卅人、無相違可勘過者也、仍如件、

天文廿年

三月廿三日

駿河口

諸役所中

〔史料2〕穴山信友朱印状(『清』五一〇号)

(花押)(穴山信友)(八角朱印)

右竹藪之事はやすへし、何時も用之時ハ、何本所望と判をつかハすへく候、何へも其分申付候、用之時、印はん(判)こし候共、無此判者きるへからす、以此儀能々竹をはやし奉公可申者也、仍如件、

天文十二年癸卯

七月五日

佐野縫殿右衛門尉

花押Ⅰ—B

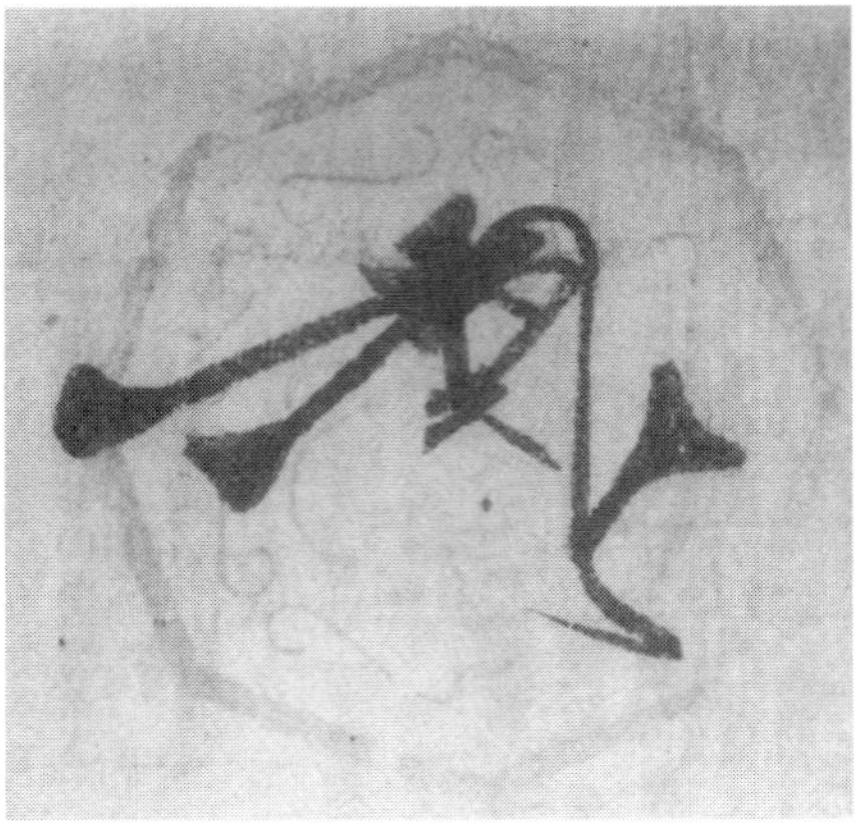

花押Ⅰ—A、朱印Ⅰ—A

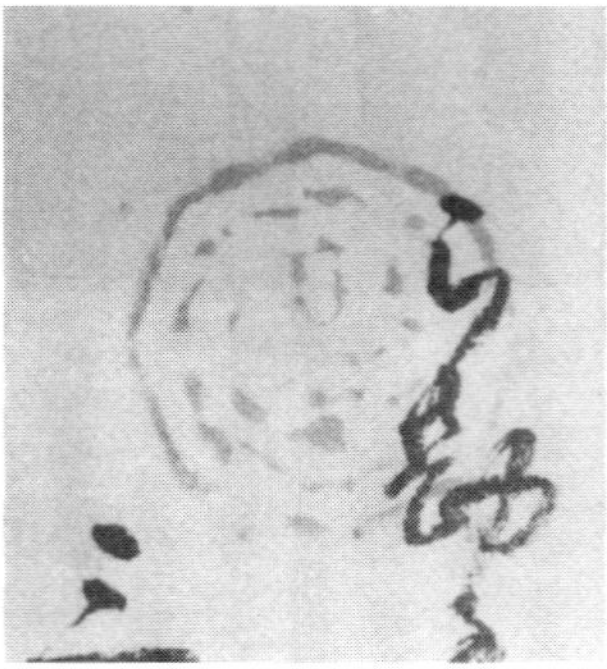

朱印Ⅰ—B

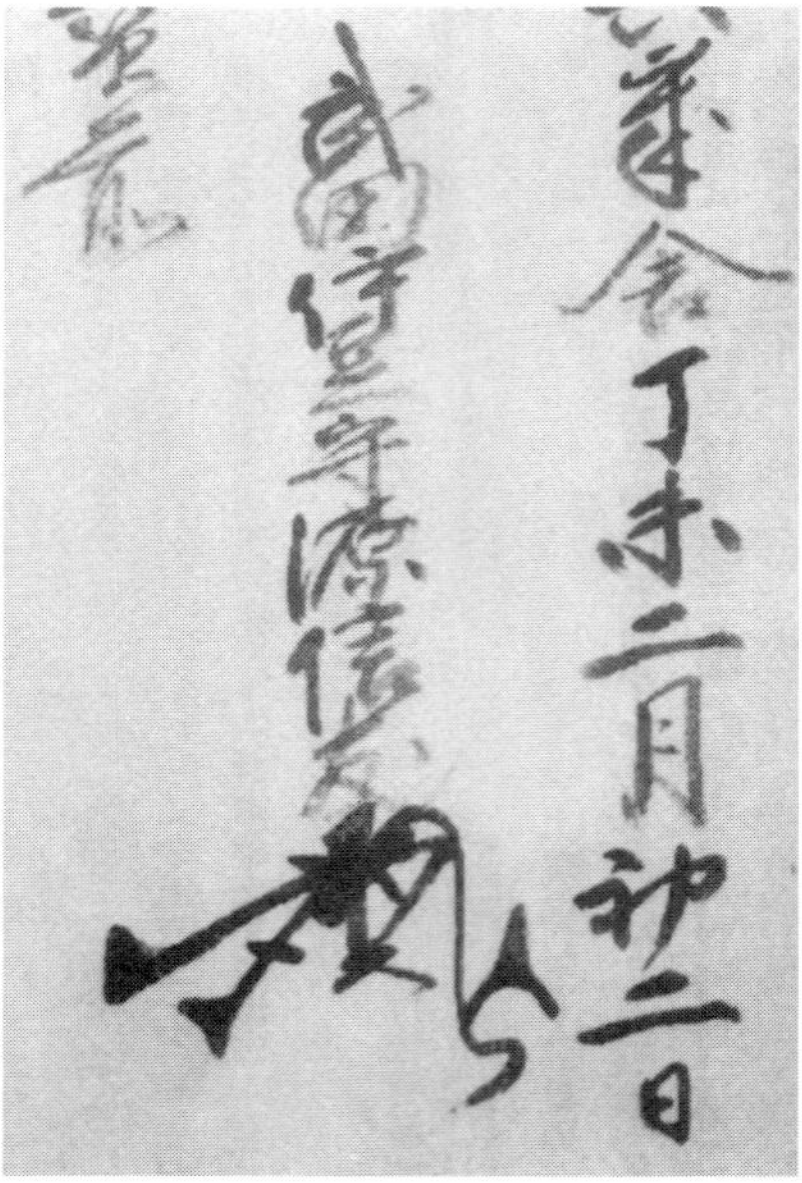

花押Ⅰ—A、Ⅰ—B

史料2は花押と印判が袖上に一緒にすえられている。縦三五センチ、横二八センチの薄手の紙である。内容は竹木の徴用に関するものであり、「印はん（判）こし候共、無二此判一者きるへからす」とあることから、私印と考えるよりも公印とみたほうがよいだろう。史料2と同じ朱印が（年未詳）三月二十九日付「ゆのを（湯之奥）くぬいゑもん（佐野縫殿右衛門）」宛信友判物にも確認できる（『清』五一二号）。武田家臣団の中にも一二氏の印判使用例が確かめられるが、いずれも単に花押の代用であり、家印（公印）ではない[21]。穴山氏と同様な性格をもつ郡内小山田氏もまた印判の使用が知られるが、やはり私印である。花押と重判されているが、花押に重点が置かれたとみてよい[22]。史料2も重判ではあるが、内容的には公的側面があったものと思われる。この点はやはり武田親類衆の仁科盛信や木曽義昌・穴山信君らの朱印が家印として、当主の竜朱印状に準じたのと同様に考えられよう[23]。史料2の朱印は一辺が二、三センチの八角形である。印影は、中央に印文が一字あるようにもみえるが明確にしえない。

史料1の朱印は史料2と同一ではないが、やはり八角朱印で、柴辻俊六氏が推定されたように穴山信友の朱印とみなせる。同じ印判は他にもう一通、（天文二十年）三月二十四日付駿河口諸役所中宛信友過書がある。

かくて穴山氏は、天文十二年段階ですでに印判状を発給しており、武田氏竜朱印状の発給が、天文十年六月の家督継承間もない十月四日からであることと関連して注目される[24]。他の家臣団文書の印判は小さいが、史料2は意外に大きく堂々としている。また八角形朱印の用例が武田当主にも親類衆・家臣団にもみられないので、何の影響によるものかが問題である[25]。

史料2型の朱印が二例あり、これを信友朱印Ⅰ—A型、史料1型の朱印も二例あり、これをⅠ—B型としておく。しかし、その後の信友文書では朱印が消え、また次の信君文書に朱印がみられるようになるのは、永禄十二年五月十六日付信君朱印状（『清』七七号）からである[26]。この十五年余の空白期をどのように捉えたらよいだろうか。

二　穴山信友の河内領支配

享禄四年(一五三一)三月十二日、穴山信綱が死去すると、嫡男信友が二十六歳で家督を継承、天文初年に居館を南部より下山に移したというがはっきりしない(27)。下山は河内領のほぼ中央に位置し、金山と森林が豊富な早川流域に近く、武田氏の拠点甲府と駿河今川氏の拠点駿府とを結ぶ政治・経済・交通の中心地であった。信友期と父信綱期とは状況が違う。信綱期は、永正十六年(一五一九)十二月に武田信虎が甲府に躑躅ヶ崎館を造営し、国内統一の気運が高まるが、なお今井・栗原氏ら有力国人の離反がみられ、また駿河の今川氏親や相模の北条氏綱ら外敵の甲斐侵入があり、予断を許さない状態であった。これに対して、信友期は信虎が領国を統一、信濃へ出兵するという比較的安定した時期であり、武田晴信の治世前半期にも相当する。信友は、軍事的には、信州塩尻峠の合戦をはじめ多くの武田氏の信濃侵略戦に従軍して活躍している(後述)。

では、信友の河内領支配の実態を、拙稿(28)に対応させせながら項目別にみよう。

1　知行宛行・安堵権

まず、知行宛行・安堵権であるが、これらを証する具体的史料に欠け、詳細を知ることはできない。ただ天文十三年(一五四四)十一月十六日付小林縫右衛門尉宛信友判物写に「先年之恩地相違候、只今返置候、能々嗜二奉公一可レ申者也」(『清』四九一号)とあることや、円蔵院など寺社に土地を寄進・安堵していること、また信君期に知行宛行・安堵が多くみられることから信友期にすでに知行宛行・安堵権があったものと思われる。

2　本年貢・諸役収取権

この点も確実な史料がないが、弘治二年(一五五六)霜月十五日付佐野縫殿右衛門方宛信友判物に、「就レ于二奉公申一、山作五間、普請其外免許候、山作用所之儀、何時も無二々沙汰一奉公可レ申者也」とあり、普請役の免許が知られ(『清』五一三号)、弘治三年二月十二日付大くつれの助左衛門尉宛で「山造棟梁之間、棟別免許候、何も山造共申付何時も板為レ取、奉公可レ申者也」ともあり(『清』五二四号)、棟別役の免許が確かめられる。

信君期に入ると、検地の実施を示す史料や、棟別帳の存在を知る史料などがみられるようになるが、これはやはり武田氏の領国支配の進展に密接な関係があるものと思われる。

3　法的権限

信君期の法的権限は独自性の強いように考えられているが、[29]あくまでも武田氏の「御国法」のうちで容認された権限であると、前掲拙稿で述べておいた。信友期はどうか、次の史料を読んでみよう。

〔史料3〕武田晴信書状(『清』三三〇号)

追而平三事、堅可被仰付候、

尾張紺屋番子、何者成共田村方へ就致如在者、不及披露其方可有成敗候、此由能々可被仰聞候、恐々謹言、

(年未詳)十月三日　(武田)晴信(花押)

(穴山信友カ)豆州へ

これは、晴信が豆州に尾張紺屋番子の成敗権を認めたものである。文中にみえる田村は、天文十八年(一五四九)十

一月十八日付武田氏朱印状で「尾張紺屋番子他所へ不レ出候、同役等一切令二免許一」められ、紺屋の棟梁的存在であったと考えられる田村孫七であろう（『甲斐国志』雄山閣本四巻二二四頁、以下『国志』と略す）。宛所の豆州は穴山信友とされており、ひとまずそれに従うならば、天文十六年頃から、信友の死去する永禄三年（一五六〇）の間に出されたものと推測される。ただ、この文書がなぜ信友に発給されたのかが疑問として残る。

４　商人・職人支配（商業政策）

武田氏の商人・職人支配については、笹本正治氏の詳細な研究があり[30]、穴山氏に関しても、同氏の成果がある[31]。笹本氏の業績を参考にしてみておきたい。

穴山氏の関係史料の中で材木に関するものが多い。とりわけ早川流域では豊富な材木が産出された。信友期に具体的史料はないが、信君期には頻繁にみられ、その初見は元亀元年（一五七〇）八月二十一日付佐野七郎兵衛宛信君朱印状で、天輪寺の用材を早く出すよう命じたものである（『清』三六二号）。次で「於二早川一材木之奉公可レ致之旨言上」してきたので、天正九年（一五八一）正月十四日、佐野氏に新屋三間棟別諸役免許しており（『清』三七五号）、天正十一年九月十七日付信君子息穴山勝千代朱印状では、「任二梅雪斎（穴山信君）判形一之間、早川入用所以二其方一人一可二申付一」しと命じており、佐野氏は早川流域の諸事に関する代官的存在であった（『清』三七二号）。天文五年（一五三六）穴山信友名字状の存在から、佐野氏の材木奉公が、この時期まで遡らせることが可能であろう。笹本氏が、「早川入りの地方は穴山氏の財政等にとってたいへん重要性をおびる地域であった[32]」との指摘は首肯できよう。

第２項で触れたが、弘治三年（一五五七）二月十二日には、信友は大くつれ（崩）の助左衛門尉に山造棟梁なので棟別役を免許した。助左衛門尉は「山造棟梁」として、その下に多くの人々を組織し、材木の産出にあたったであろう。弘治二年霜月十五日、信友は佐野縫殿右衛門に、「山作五間普請其外免許」し、「山作用所之儀、何時も無二々沙汰一奉公」を命じた（『清』五一三号）。同年月日付同内容のものが鈴木四郎左衛門にも出されている（『清』五二二号）。

史料2では、湯之奥の佐野縫殿右衛門尉に対して、竹藪の育成と竹の徴用には穴山氏の印判を用いることを命じているが、同じ朱印と花押の重判がみられる（年未詳）三月二十九日付「ゆのおくぬいゑもん（湯之奥佐野縫殿右衛門）」宛信友判物で、「一万まい、此ふきいた、ひろさなかさにとり、進上申候へ由可レ申候」とあり、葺板一万枚の幅と長さを指定して、進上を命じている。

早川材など河内領で産出された材木は、下山城下の整備や寺社の造営、治山・治水事業に使用したものと考えられ、信君が駿河江尻領（静岡県清水市）を領有するようになると、江尻城の築城、城下の建設に使用された。また京都などに運ばれて商品化された可能性もあろう。

また、近年焼畑を復活して民俗学的にも貴重な地域の奈良田（南巨摩郡早川町早川上流）は、『国志』産物製造部（五巻一二二頁）に「奈良田ハ山折敷膳ニ換用ル飯櫃、曲物大小品々」とあるように、檜物細工の産地で、すでに指摘されているが、武田・穴山両氏から文書が発給され、両氏の二重支配を受けていた。

〔史料4〕穴山信友判物（『清』三五二号）

信友（穴山）（花押）

□（奈）良田郷之事、□（湯）嶋・新倉同□（様）奉公可申□（候）、□（為）何事申候共、□（致）挙用申間敷□（候）也、仍如件、

［　］（天文二カ）

□（九）月十二日

□□（名主）

孫左衛門尉

これは信友が、奈良田郷に湯島・新倉両郷と同様に、木工（檜物）奉公を命じたものである。（天文二十年カ）七月三日、信友より棟別役を免許されている（『清』三五一号）。信君期になると、天正三年正月五日付で深沢孫左衛門尉を名乗ることを承認する名字状が出され（『清』三五三号）、さらに武田氏からも天文十九年六月二日付で、「従㆓奈良田郷中㆒商売之人、於㆑于㆓諸役㆒令㆓免許㆒者也」との竜朱印状が出されている（『新編甲州古文書』二―一六三八号、以下『甲』二―と略す）。この特権は天正九年（一五八一）六月九日に、勝頼からも再確認されている（『甲』二―一八四三号）。このように奈良田郷は、武田・穴山両氏から二重支配を受けていた。笹本氏は、「郷民の生活の基盤である彼等の生産する折敷等の販路が河内領のみではまかないきれず、国中地方にまで及んでいたため、その販売権を得るため武田氏に服したのではなかろうか」とされるが(33)、妥当な見解であろう。すなわち、商人の行動範囲は広く、郡規模で収まるものではなく、もっと広い範囲で活動する必要があったのである。そこに奈良田郷民が、より上級権力者である武田氏につながる要因があったのであろう。逆に武田氏は商人を掌握することによって、領国経済の安定を意図したものと推定される。前述天正九年六月十九日付竜朱印状と同日付・同内容の湯嶋郷宛武田氏朱印状があり（『甲』二―一八二一号）、史料4などを勘案すると、天文十九年前後の信友段階で、早川沿岸の奈良田・新倉・湯嶋の三郷は、穴山・武田両氏から同様の特権を認められ、天正九年にはそれが安堵されたのであり、そのかわりに穴山・武田両氏に対して檜物奉公があったものと考えられる(34)。

下山番匠については、（永禄六年）癸亥十一月二十四日付源三左衛門宛信君判物が古い史料で、「当谷中《河内領》番匠之事、大工下知細工候はん者共、道具を執、細工をおさへゝし、並不断奉公之番匠も細工無沙汰候はゝ、堅可㆓申付㆒候」とあり（『清』三九六号）、またほかの史料から、永禄初年頃までには下山番匠の棟梁として、源三左衛門は穴山氏より認められていた。信友期からすでに下山番匠は、ある程度組織されていたと推測される。彼ら下山番匠は、信友・信君治下で下山城下の建設、寺社の造営などにあたったとみて差し支えない。

轆轤師については、天文二十年十二月二日付で信友が堀内左京進に、下山城下に居住する轆轤師の商売役を免許し、関所の自由通行を許可して保護を加えている（『清』四九九号）。

次に穴山氏の金山経営である。武田氏が黒川金山（塩山市）などの金山を経営し、領国経済の基盤の一つとしていたことは周知の通りだが、穴山氏にも金山経営に着手していたことを示す徴証が知られる。特に早川流域の黒桂山・保山・雨畑の諸金山や湯之奥金山（下部町）が代表的なもので、穴山氏の金山開発については、野沢昌康氏の詳細な論考があるので、[35]参考にしながら若干考察してみたい。

天文三年六月三日付宛名欠穴山信友判物写には、「つゝら《黒桂》山・同はう《保》山之事、代官之儀申付候、かせき《稼》山さかい《栄》候ハん事、かんよう《肝要》たるへし」とあり（『清』三四八号）、黒桂山・保山の代官にある人物を任じたものであるが、「稼ぎ山」は林山を指すのか、金山を指すのか速断できない。ただ近世には確実に金が採掘されており、『国志』には武田時代の金山と伝え、鉱山史研究の権威小葉田淳氏も著書の中で金山として扱っているので、[36]ひとまず従うが、とするとこの史料が穴山氏の金山経営の初見となるだけでなく、武田氏の金山経営の初見史料でもある。[37]

天文十二年五月一日付で信友は、村田善九郎・望月善左衛門尉ら六名に、「芳山小沢之すちかせき《筋稼》候て、きり出し奉公申へきなり、何事なり共、此六人衆中ニまかせ《任》へき者也」（『清』三五四号）と命じているが、上記六名が「芳山小沢すちかせぎ《筋稼》」の責任者であることがわかる。六名のうち望月善左衛門尉は、天文十九年七月三日に信友から、「つゝら《黒桂》の分ほゝ《保》へ近年わりさり候、為二新恩地一出置候」と新恩を給与され（『清』三五五号）、『国志』の記事などを参考にすると、彼ら土豪六人の代表とみてよい。雨畑も具体的史料はないが、『国志』山川部十四の「金礦多シ」の記事から金山があったと考えられている。これらの史料の検討から、天文三年六月三日付の宛名も望月善左衛門尉とみてよいと思われる。

信友期の金山関係の史料は以上であるが、重要なことは、武田氏の発給文書が一点もみられないことで、これは穴山氏の直轄金山であったからと推測される。さらに武田信虎が甲斐一国を統一し、一円支配を推進していた時期に、穴山氏が金山経営に着手していたことが知られ、穴山氏の発展と武田氏のそれが軌を一にしているといえよう。

穴山氏の商人・職人支配は、早川材をはじめとする木材、金山という河内領ならではの資源に着目し、大工（番匠）・木工職人（檜物師）を掌握、金山を経営して穴山氏の重要な経済基盤としたのであるが、それが信友期に早くもほぼ確立していたのであり、次の信君が武田氏の領国拡大・安定化の中で、さらにこれらを強力に推進していったのである。ただ別稿(38)でも述べたように、武田氏の介入もみられ、その限界性が指摘される。

5　交通政策

佐藤八郎氏紹介、柴辻俊六氏検討の新史料(39)、柳沢文庫（奈良県大和郡山市）所蔵高野山成慶院旧蔵文書によって、従来明らかにされなかった信友期の交通政策や、必ずしも明確でなかった戦国初期武田氏の伝馬制度がかなり鮮明になった。ここでは柴辻氏の論考に依拠して、筆者なりに検討する。

〔史料5〕穴山信友伝馬手形
（穴山信友八角朱印）

伝馬壱疋、無相違可出之者也、仍如件、

天文廿年

三月廿七日

下山御申

駿遠参宿々中

これは、前掲史料2とともに佐藤氏が紹介された二九通に含まれるもので、「巻四武田氏伝馬手形　一二通」とあるものだが、柴辻氏は穴山信友発給の伝馬手形と推論された。この見解は、①宛所に「駿河口諸役所中」とか「駿遠参宿々中」などとあり、甲・駿国境にいる国人でなければならない、②史料5に「下山御申」とあること、③袖の朱印が八角形でまったく同形ではないが、史料2のそれと類似しており、八角形朱印が管見の限り信友にしか確認できていないことなどの事実から妥当である。

ほかに一〇通の武田氏発給の伝馬手形があるが、本章との関係では、(弘治二年)(一五五六)丙辰四月十二日付駿州口宛、同年四月二十三日付駿遠三宿々中宛の武田家伝馬手形があげられる。これら「成慶院文書」の存在によって、いままで明らかでなかった、初期の武田・穴山両氏の伝馬制度が明確になった。すなわち、甲・駿・相三国同盟のかなり早い時期から武田氏の伝馬制度は整備され、駿河の今川氏との連携がかなり円滑にいっていたことになる(40)。また穴山氏についても、従来信友期に伝馬手形が一例もみられず、その実態や武田氏との関連性も不明であったが、甲・駿国境にあって武田氏と今川氏の橋渡し的立場にあったと思われる。さらに穴山氏の伝馬制度が武田氏のそれに包摂され、運用されたものと推察でき、柴辻氏が「武田氏の制度を準用したもので独自のものではない(41)」とするのはもっともである。

佐藤・柴辻両論文によって信友期の交通政策の一端が明らかになったが、信君期については拙稿を参照されたい(42)。ただ簡単にいえば、信君期にも伝馬手形が三通確認でき、伝馬定書も天正五年(一五七七)十二月二十一日付で南部宿に出されたものが現存するが、これは天正三年以降に武田氏が伝馬法度を発して、整備に努めたことと呼応したものといえよう。このことは交通政策に限ることではなく、武田領国の拡大↓領国支配の進展とともに、穴山氏の支配構造も同様に発展しているということが導き出せそうである。

6　宗教政策

穴山氏は代々菩提寺を建立して、そこを支配の拠点の一つとしていたといわれるが、信友は南部に円蔵院を造営した。天文二十四年（一五五五）九月二十二日、信友は「南部郷御崎原新地」「同南部之内成嶋新田之年貢銭拾貫百文」を寄進し、山林については「信友見候而、別而判形可レ進候」と命じたが（『清』四六九号）、これより前の九月五日に、円蔵院所有の山林の境界を、「長尾峯路ヲ限而北方付進候、西者坂本諏方部三郎左衛門尉恩地可レ為レ境候、北方者河際迄可レ被レ成二知行一」と定めたのがそれである（『清』四六八号）。また十月六日には、南部諏訪神社の権太夫に円蔵院を御崎原に立てるにあたって神領壱貫文の地が含まれているから、中野村分一貫二〇〇文の地を替地として与える旨を伝えている（『清』四六五号）。信君も元亀三年（一五七二）五月二十日付で「成嶋円蔵院領」について「先考信友開発之新地候之条、自然百姓等相違之時節、縦雖レ有二別人之競望一、聊不レ可レ応二其意一候、但可下任二時之御住持御存分一置上候」（『清』四七二号）と厚くこれを保護している。また天正八年（一五八〇）十二月吉日の「成嶋之内円蔵院領検地之帳」の作成が知られる（『滑』四七四号）。

信友期にはみられないが、信君期には永禄九年（一五六六）十二月十一日付身延山久遠寺宛などの禁制がみられ（『清』四四〇号）、小山田氏に確認されないのと比較して注目される。

ところで、町田是正氏は、おもに寺院の統制の検討を通じて穴山氏の支配構造を論究されたが、氏自身も触れられているように、寺院関係の史料、とりわけ検地帳のみを検討されて、「穴山氏の支配構造のすべて」[43]とするには無理があろう。円蔵院領が無姓の百姓のみであり、天輪寺領が在地武士層を一部含んでいることは、信介の一四五〇年代から信君の一五五〇年代の時代変化が検地帳にあらわれたものとみているが、いずれも天正八年（円蔵院）、九年（天輪寺）[44]のものであり、町田氏の前述の結論を導きだすのは無理だと思う。さらに町田氏は、穴山氏は好んで京都の寺社の名称をつけたとされるが、これは戦国武将の一般的行為であって、穴山氏の独自のものとみることはできない。特に神社は本社から勧請するのが普通である。すでに指摘されているように、河内領には下山一之宮・二之宮が存在したが（『清』四〇三号）、これは河内領が一種独特の地域であったとされる一つの論拠となっている。

7　官途・受領状の発給権

すでに前掲拙稿で述べたように、天文三年（一五三四）正月吉日付佐野将監宛信友官途状（『清』四七六号）、同五年九月吉日付佐野藤六宛信友名字状（『清』三六一号）の二通だけであるが、信友は官途・受領状の発給権を有していたとみてよく、郡内小山田氏に同様の文書が確認できないのとは対象的である。

8　外交的役割

郡内小山田氏は後北条氏との交渉、天正六年（一五七八）の御館の乱における上杉景勝との交渉などが知られる。[45]信君期の外交的活躍については前掲拙稿で追究しているので、遡って信友期の場合を考えてみよう。

天文十四年（一五四五）、武田信玄が信濃箕輪城（長野県上伊那郡）を攻めた時、『妙法寺記』に「勝沼ノ相州小山田、甲州川内ノ穴山殿御アツカヒニテ和談ニ御帰陣被﹂成候」（『武田史料集』四九頁）とあるように、信友は小山田氏とともに、城主藤沢頼親との和議締結に奔走している。『高白斎記』には、「六月十日辛丑藤沢次郎和ノ義落着、十一日藤沢次郎身血、其上藤沢権次郎為二人質一穴山陣所へ参」とあり（『武田史料集』八四頁）、信友が人質の受け取りをしている。その後も藤沢氏の取り扱いは信友が担当したようだ。[46]（天文二十四年カ）八月十二日付竜淵斎宛晴信書状に、[47]「従二今川殿《義元》一以二一宮出羽守一承候間、去七日坂木《埴科郡》へ指越候、例式豆州《穴山信友》ハ大酒振舞まてニ候間、何事も不レ調二談合一候、亦小山田《信茂》をハ佐久郡差遣候」（『甲』一―一二二号）とあるのも、信友の外交・軍事の位置を知る一例となろう。またその所領の位置関係、信君の外交交渉などから駿河今川氏との交渉に活躍したものと思われ、天文二十一年十一月の信玄嫡男義信と今川義元の女との結婚などがあげられる。[48]（年未詳）六月二十二日付蟠竜斎《信友》宛信玄書状に、「長々其府《駿府》滞留候、辛労察入候、対二氏真《今川》一無二等閑一趣被二申述一、同氏真同意被二聞届一候者、早々御帰国簡要候」（『国志』五巻七四頁）とあるのも例証となる。

かくて標氏の「信友は武田氏の戦国大名配下の初期的段階において親族中でも敵対関係に於いては戦闘的軍略家というよりも主として外交的手腕をかわれ、武田氏と相手方の問に入って対外交渉に任じ、非常に重要な役割を演じていた」[49]との発言は当を得ている。

なお、直接外交に関係ないが、文芸史料にも信友がみえる。駿府の今川氏のもとに長く滞在していた冷泉為和は、たびたび甲州に下向しており、その歌集『為和卿集』（『私家集大成』中世V上）に、武田・穴山氏の記事が散見される。信虎・晴信と為和の交友は別の機会に述べることにして、穴山氏に関することのみ触れたい。天文十三年九月十五日条には、

池上月　甲州於二晴信亭一月次会、穴山信友頭役也、毎月十五日愚官越により、十七日ニ延引、

さす棹のしつくもしつく波の上に　月をのせたる　庭の池水

とあり、晴信の館で行われた月次会の頭役を、信友が務めている。同十六年二月十六日、為和は湯治のために甲州へ下り、三月二十三日甲府下着、二十五日晴信亭で歌会があり、四月二日より湯治しているが、二十九日条に「同人の代に穴山豆州《(信友)》代也」とみえる。四月五日には積翠寺で和漢連句の発句をよみ、同月十一日にも「甲州亭にて四辻上洛之儀の会」、二十一日に「甲州大守歌会」があり、五月朔日に駿府へ帰府している。『為和卿集』の記載によって武田文化の一端を知られるが、また穴山信友も甲府にあって、京都文化の摂取に執心したことがわかる。これは円蔵院所蔵穴山信友画像などとともに、穴山氏の文芸活動を知る貴重な史料である。

9　武田親族意識

穴山氏が武田親類衆の一員として、武田親族であることをどう意識していたかは重要な問題であるが、従来は標氏ら多くの論著が下山南松院所蔵大般若経奥書の「大檀那甲州河内下山居住本名武田在名穴山伊豆守信友」の記述から、穴山氏が武田一族であることを穴山姓よりも重視し、穴山姓を二義的なものと考え、よって梅雪の裏切りも武田家再興のための致し方ない行為と考えられてきた[50]。町田氏も武田同族意識が河内支配として絶対の権威とされ[51]、市町村誌類の多くも標氏の所論に依拠しているといってよい。

ところが近年、秋山敬氏はいままで一部しか知られていなかった前の大般若経の全容紹介をかねて、穴山氏の武田親族意識の変遷を、①穴山氏入部以前の河内時代、②下山に拠点を構え領主としての地位を確固たるものにした信友の時代、③版図拡大を図った信君の時代、の三期にわけて詳細に考察され、信友の願望の内容を信友自身の守護↓子孫の繁栄↓一門の繁栄↓領国の安定と自分自身の安全から、子孫、一門、領国と同心円的に拡大させ、最終的には河内支配の安定化を望んでいたと整理された[52]。そして武田末葉を自任する信友が、武田宗家の勢力拡大を図るための信濃侵略の成功よりも、河内領の統治に最も関心をもち重点をおいたとされるが、前述したように、信玄の信濃侵略では軍事・外交に重要な役割を果たしており、消極的とは必ずしもいえないと思われる。さらに、秋山氏は、武田氏の基本法「甲州法度之次第」の制定直後に信友による大般若経再修事業が行われたのは単なる偶然ではなく、武田のような安定した領国統治を目指す信友にとってなすべくしてなされ、天文十五、六年頃の河内統一直後の不安定期から、武田親族筆頭としての地歩を確保した晩年での信友自身の意識の変化を読みとることができる、つまり河内統治が安定すれば、「本名武田」を強く意識する必要がなくなったと推定された。また武田氏の代りに外交に関与する場合のみ武田を称すことが許され、領国支配・家臣団統制の中で穴山氏をあくまでも穴山氏としてしか表示しなかった、穴山氏も武田外交の代弁者として武田親族意識を強固にし、親族衆筆頭としての地歩を固め、信玄姉の子の信君は武田に滅ぼされた諏訪氏の女の生んだ勝頼よりも、自分が正統であるとの意識があったであろうことは父信友以来の親族意識からいって間違いなく、信玄期の武田政権内での地位確保のため、親族意識から一歩抜け出したのがこの時であろうといわれている[53]。歴史学では意識や精神的問題に結論を出すのは難しいが、一つの方向性として大方良いと思われる。ただその考察が大般若経を中心になされ、外交文書で補っているが、支配構造や軍事活動における位置などの検討も必要である。信友に関していえば、河内領の安定化のみを望み、武田氏の軍事行動に消極的であったわけではない。

おわりに

以上、穴山信友の関係文書について概観し、ついで信友の河内領支配について九項目にわたって考察した。信友の発給文書よりも信君のそれがはるかに多く、またその内容も多様化しているのは、穴山氏の発展が武田領国のそれと軌を一にしていることを示している。

穴山氏の全盛時代はいうまでもなく、信君期であるが、その前代の信友期にわずかであるが、知行宛行、官途状、商人・職人関係など多彩な支配文書がみられ、穴山全盛時代の前提が信友期に準備されていたと考えられよう。

註

（1）穴山の地名は韮崎市にあり、穴山氏が河内地方に移っても穴山郷を領有した。『角川日本地名大辞典』19山梨（昭五九）一〇二頁。

（2）『甲陽軍鑑』上巻（新人物往来社、昭和四〇）三〇六頁。

（3）今岡典和他「戦国期研究の課題と展望」（『日本史研究』二七八号、昭六一）など。

（4）標（飯田）泰江「武田親族衆としての穴山氏の研究―特に河内領支配の在地構造をめぐって―」㈠〜㈣（『甲斐路』二・三・六・一二号、昭三六〜四一）。

（5）鈴木登「穴山氏の権力構造に関する一考察―その消長と被官を中心にして―」（『秋大史学』一八号、昭四六）。

（6）上野晴朗『甲斐武田氏』（新人物往来社、昭四七）。

（7）笹本正治①「早川流域地方と穴山氏―戦国大名と山村―」（『信濃』二七巻六号、昭五〇）、同②「戦国大名の職人支配―武田氏を例として―」（『年報中世史研究』三号、昭五三）、同③「武田氏の商人支配」（『日本歴史』三七六号、昭五四）、同④「武田氏と国境」（『甲府盆地―その歴史と地域性―』雄山閣出版、昭五九）。

（8）矢田俊文「戦国期甲斐国の権力構造」（『日本史研究』二〇一号、昭五四）。

(9)　町田是正「甲斐国河内領穴山氏とその支配構造」(『棲神』五八号、昭六一)。
(10)　渡辺憲一「戦国大名武田氏の権力構造—武田氏と穴山氏、小山田氏との関係—」(『学生論文集』〔早稲田大学社会科学部創設二十周年記念〕昭六二)。
(11)　秋山敬「穴山氏の武田親族意識—南松院蔵大般若経奥書の全容紹介を兼ねて—」(『武田氏研究』創刊号、昭六三)。
(12)　ほかに田中義成「穴山梅雪」(『史学雑誌』五編六号、明二七)、佐藤八郎①「南部町円蔵院所蔵「穴山信友画像」の賛について」(『甲斐路』一四号、昭四二)、同②「葵庵法号記と同画像賛の研究」(同上)、同③「穴山梅雪の享年について」(『同』一五号、昭四四)、同④「富沢町福士最恩寺所蔵穴山勝千代画像始末記」(『同』特集号、昭四四)(②以外は同『武田信玄とその周辺』新人物往来社、昭五四、に収録)などがあり、『南部町誌』『身延町誌』『韮崎市誌』『早川町誌』『下部町誌』『清水市史』などの自治体誌に関連の記述がみられる。
(13)　拙稿「穴山氏研究の成果と課題—河内地方の中世史像の構築のために—」(『甲斐路』五九号、昭六二)。
(14)　拙稿「武田親類衆穴山信君の河内領支配」(『国学院大学大学院紀要—文学研究科—』二〇輯、平成一〔本書所収〕)。
(15)　拙稿「甲斐武田氏の滅亡と穴山氏—穴山勝千代考—」(『甲斐路』六七号、平成一〔本書所収〕)。
(16)　信友・信君二代の発給文書二四七点が確認されている。
(17)　拙稿註(15)論文。
(18)　佐藤註(12)①論文。
(19)　上野註(6)二七六〜三八四頁。
(20)　佐藤八郎「大和郡山市柳沢文庫所蔵高野山成慶院文書について」(『甲斐路』三九号、昭五五)、柴辻俊六「武田氏の伝馬制度補考」(『甲斐路』五二号、昭六一)。

(21) 柴辻俊六「甲斐武田氏家臣の文書」(『歴史手帖』四巻七号、昭五〇。のち同『戦国大名領の研究―甲斐武田氏領の展開―』名著出版、昭五六、に収録)。
(22) 柴辻俊六「国人領主小山田氏の武田氏被官化過程」(『古文書研究』九号、昭五〇。のち同『戦国大名領の研究』に収録)。
(23) 柴辻俊六「甲斐武田氏関係文書の考察」(同『中世東国史の研究』東京大学出版会、昭六三)。
(24) 柴辻註(23)論文。
(25) 今川義元に「調」の八角朱印がある。
(26) (永禄十年)丁卯三月十六日付信君印判状写(『清』四〇一号)には「梅雪の朱印」とあるが、写のため一応初見に数えない。
(27) 南松院大般若経奥書の「下山居住」から天文十六年には下山にいたことは確実である。
(28) 拙稿註(14)論文。
(29) 矢田註(8)論文。
(30) 笹本註(7)②・③論文および同『戦国大名と職人』(吉川弘文館、昭六三)。
(31) 笹本註(7)①論文。断らない限り笹本論文に依拠する。
(32) 同右。
(33) 同右。
(34) 同右。他に『清』四三七号参照。
(35) 『早川町誌』第六章「金山の歴史」(野沢昌康氏執筆)。
(36) 小葉田淳「甲斐・信濃・駿河の金山―武田時代の稼行を中心に―」(『経済史研究』一六の六号、昭一一。のち同『日本鉱山史の研究』岩波書店、昭四三、に収録）。
(37) 現在進行中の黒川・湯之奥両金山の総合調査の成果が待たれる。
(38) 拙稿註(14)論文。
(39) 佐藤註(20)論文、柴辻註(23)論文。
(40) 同右。
(41) 同右。
(42) 拙稿註(14)論文。
(43) 町田註(9)論文。
(44) 天文九年とするが、天正九年の誤り。
(45) 笹本正治「小山田氏と武田氏―外交を中心として―」（富士吉田市史研究』四号、平成一）。
(46) 『高白斎記』天文十七年九月八日条、十八年九月晦日条（『武田史料集』四三、九一頁）。
(47) 服部治則氏は天文十八年に推定された（「国玉神社所蔵、晴信文書の年紀推定」〔『甲府市史研究』二号、昭六〇〕。
(48) 『高白斎記』天文二十一年二月二日、十一月二十七日条（『武田史料集』一〇〇～一〇二頁）。
(49) 標（飯田）註(4)論文。
(50) 同右。
(51) 町田註(9)論文。
(52) 秋山註(11)論文。
(53) 同右。

〔追記〕　穴山氏については、一連の拙稿発表後、多くの論稿が発表され、活発な議論が展開されている。代表的なものをあげておく。柴辻俊六「穴山信君の文書と領域支配」（『戦国大名武田氏領の支配構造』名著出版、一九九一年）、秋山敬『甲斐武田氏と国人　戦国大名成立過程の研究』（高志書院、二〇〇二年）、「穴山氏の河内入部をめぐって」（『甲斐』一一号、二〇〇六年）。平山優『中世武士選書5　穴山武田氏』（戎光祥出版、二〇一一年）など。

註(37)に関連して、黒川金山（山梨県甲州市）、湯之奥金山（山梨県南巨摩郡身延町）共に報告書が刊行され、国の史跡に指定されている。後者については、甲斐黄金村湯之奥金山博物館が開館している。

第二章　武田親類衆穴山信君の河内領支配

はじめに

甲斐武田氏は、甲斐・信濃・駿河・西上野、および遠江・飛驒の一部をその領国とし、東国に一大勢力を形成した戦国大名である。武田氏の本国甲斐の統治については、郡内領に武田譜代家老衆の小山田氏、河内《かわち》領に武田親類衆の穴山氏が一定地域を支配していたという。(2)前者は柴辻俊六氏(3)をはじめ、小山田了三氏(4)・なかざわしんきち氏(5)・矢田俊文氏(6)・小峰裕美氏(7)・堀内亨氏(8)ら多くの研究がみられ、(9)後者はその関係文書の残存数が武田家臣団の中で最高を数えるにもかかわらず、その研究蓄積は必ずしも豊富とはいえない（穴山氏の研究史については後述する）。

また武田氏の研究は、柴辻氏の業績をはじめ枚挙に暇がなく、(10)その領国支配の実態が明らかになりつつある。しかし、後北条氏に支城領・国人領など地域を限定した綿密な研究がなされているのに対して、(11)武田氏にはその方面の研究が遅れている。小山田氏以外には柴辻氏の木曽氏、(12)服部治則氏の家臣団の個別研究(13)などがあるにすぎない。

こうした観点から、本章では河内領の穴山氏を素材として、その支配・権力構造を追究したい。

一　従来の研究

まず先学の成果を整理する。戦前に田中義成氏の論考があるが[14]、本格的な研究は戦後になってからである。その先鞭をつけたのが標(飯田)泰江氏で、穴山氏入部以前の河内領の状況を明らかにし、穴山氏の発給文書および関係文書を整理・分析して、武田氏領国体制内の穴山氏の支配形態を「再支配構造」と位置づけ、その支配の独自性を強張している[15]。しかし、標氏が検出した六六点の山梨県残存の穴山氏発給文書よりも現在は遙かに多く、およそ三〇〇通の関係文書が確認でき[16]、これらを分析することにより、さらに深められるものと思われる。また、「再支配構造」という表現は如何かと考える。

穴山氏の被官を検討した鈴木登氏は、武田氏は領国の一円直接支配達成のために穴山氏被官を直接掌握したが、穴山氏の支配力にも強力なものがあるとしている[17]。また上野晴朗氏は経済的に検討して、小山田氏の郡内支配にみられるように、穴山氏の河内領支配の独自性を強調し、ともに武田氏の領国制内にあって、独自の大名領国制を意図していたとする。そして武田氏との支配関係を標氏と同様に「再支配構造」と評価しているが[18]、啓蒙書という著書の性格上概観に終っている。

次に笹本正治氏は、穴山氏の財政基盤である早川流域の木材生産と鉱山経営について研究し、それに関係する諸職人の掌握方法を分析し、穴山氏を戦国大名と規定した[19]。しかし考察対象を早川流域に限定したため、考察は不十分であり、後に国人と訂正しているが、戦国大名と評価した点行き過ぎと思われる。また、笹本氏は武田氏の職人・商人支配に関する論考を発表したが[20]、その中で国人領(小山田・穴山領)に居住する職人に、武田氏が直接文書を発給して国人領の支配に介入するとともに、一国経済圏育成の途を求めたとする。その論は『戦国大名と職人』でも事例を豊富にして補強している。(21)

さらに矢田俊文氏は郡内小山田氏を中心に据えながらも、穴山氏もその考察対象とし、甲斐国を郡内・国中《クニナカ》・河内の三地域に分け、武田氏は、領主(小山田・穴山氏)の第一次裁判権を前提とした第二次裁判権と第二次立法権しか有さなかったとし、小山田・穴山・武田氏を戦国領主と規定する。(22)また、戦国期甲斐国の権力構造は戦国領主と戦国期守護の組合せで構成され、甲斐には戦国大名という不充分な概念は必要ないとし、戦国期甲斐国が戦国領主小山田・穴山・武田三氏の連合政権によって維持されたと説いている。

この矢田氏の見解に対して笹本氏は、武田氏の国境警備について研究し、穴山・小山田両氏の国人領に対して武田氏は、国中地方と同様に民衆を直接掌握し国境を守らせ、重要な地点については、その地の有力武士を直接被官化して国境警備の任務に当たらせたとする。そして武田氏は国人領を内包する国境を掌握し、これを通じて実際に機能する領国支配を行っていたと結論した。すなわち笹本氏は、穴山・小山田両氏は武田氏と対等関係になく、明らかに武田氏は両氏の上位に立つと矢田氏説を批判した。(23)

この他に穴山梅雪夫人見性院について述べた村松蘆洲氏、(24)画像の賛等の詳細な検討から信君の享年・生年を明らかにするなど、信友・信君・勝千代の穴山三代の人間像を浮彫りにした佐藤八郎氏の研究等(25)がある。また一部知られていた南松院所蔵大般若経五九六巻の内奥書のある二八四巻を紹介した秋山敬氏は、穴山氏入部以前・信友期・信君期の三期に分けて、穴山氏の武田親族意識の変遷を解明している。(26)さらに唯一の信君の伝記を清水市の佐野明生氏が著わしている。(27)自治体誌(史)類にも関係の記述が散見するが、(28)その内容は標・佐藤両氏の研究を一歩も出るものではない。なお、穴山氏の発給文書をはじめ関係史料のほとんどが、『清水市史資料　中世』(『以下『清』と略す』)に収録されている。[29] しかし通史編一巻[30]は、資料集の内容の豊富さに比して、穴山氏の江尻入部とその支配について略述したに過ぎず、江尻領支配の実情はなお明らかではない。

以上が穴山氏に関する従来の研究であるが、[補註] 穴山氏の権力構造に真正面から取り組んだ成果はほとんどなく、またその考察対象が河内領に限定され、江尻領には及んでいない。さらに矢田氏の提唱された「戦国期守護」―「戦国領主」論に言及しなければならないが、穴山氏の支配の実態をその所領河内領・江尻領の確実な史料からの解明、すなわち基礎的研究が先決と考える。

そこで本章では、武田信玄・勝頼期に活躍した穴山信君（梅雪）の河内領支配について論述する。

二　穴山信君の河内領支配

穴山信君の河内領支配の実態を、以下九項目にわたって考察する。

1　知行宛行・安堵権（軍役賦課権）

まず、領主の基本的権限の一つである知行宛行・安堵権（寺社への寄進・安堵を含む）と、それに付随する軍役賦課権について考える。

〔史料1〕穴山信君判物（『清』四九五号）

（穴山信君）
（花押）

岩間之内湯之岡分、為切府（符）出置候、自当秋可所務者也、仍如件、

永禄九年
三月十六日
依田源三郎方

これは、直接知行地を宛行ったものではないが、岩間（六郷町）の湯之岡分の年貢を、信君が依田源三郎に給与したものである。これより前（永禄八年〔一五六五〕）乙丑六月二十六日付で信君は、下山（身延町）の堀内左京進に、「土屋民部丞分成田之内参貫文」の地を宛行っている（『清』五〇〇号）。左京進は天文二十年（一五五一）十二月二日に信友から商売役を免許された轆轤職人である（『清』四九九号）。また勝頼期の天正三年（一五七五）卯月朔日付で、信君は佐野七郎兵衛（尉脱カ）に大蔵郷（須玉町か）一貫二〇〇文の地を宛行っている（『清』三六三号）。したがって信君はその全時代を通じて知行宛行・安堵権を有したと見て差し支えない。なお、江尻を領有すると、同領でも知行の宛行・安堵を行っている（『清』八〇号など）。知行宛行の対価には軍役勤仕が義務として存在するが、永禄十二年以降、九月二十一日付佐野日向守宛信君書状に、「今度遅参之衆、知行悉召放候、如二申付一少も用捨あるべからず候」（『清』四七九号）とあるのがその傍証となろう。

次に武田氏と信君との関係について考える。

〔史料2〕武田信玄判物（『甲』二―一八七二）(31)

定

一、六拾貫文　朝比奈備中守分　由比今宿

一、四拾貫文　佐竹分　若宮

但此内五貫文者、蒲原之ほんめん（本免）ニ引、

合九拾五貫文

在于駿甲之境、別而奉公候之間、如此出置者也、仍如件、

永禄十二年己巳

四月十八日　　信玄(武田)(花押)

万沢遠江守殿

〔史料3〕穴山信君判物(『甲』二―一八七四)

万沢遺跡事

右遠江守拘来知行名田并行恩・家財・被官等悉相渡之畢、向後専武勇可励忠功者、守此旨可令相続彼名代者也、仍如件、

永禄十三年二月七日　　信君(穴山)(花押)

万沢主膳亮殿

史料2は、信玄が万沢遠江守に駿・甲国境で奉公しているので、駿河の地で九五貫文を宛行ったものである(32)。史料3は、信君が万沢主膳亮に「遠江守拘来知行名田」以下の「万沢遺跡」を安堵し、その家督相続を承認したものである。信玄は永禄十二年七月朔日付原半左衛門尉他宛武田家高札写で、鳥居尾在番の新衆の万沢郷(南巨摩郡富沢町)に対する狼籍を禁止している(『甲』二―一八七三)。これらの史料を勘案すると、すでに笹本氏が指摘しているように(33)、穴山氏の被官万沢氏は武田氏の直接支配を受けて、甲・駿の国境警備に当たっているが、なお信君独自のものであったことが知られる(『甲』二―一八七一・一八七五～一八七八等)。

かくて信君は河内領において知行宛行・安堵権を有していたが、万沢氏にみられるように、国境に位置する支配に

重要な被官に対しては、武田氏も知行を宛行い直接掌握して、武田氏の軍役体系に組み入れていったことが明らかである。しかし、武田氏が万沢氏に宛行った地域は駿河であり、河内領の知行宛行・安堵権は、穴山氏が掌握していたとみてよいであろう。

2 本年貢・諸役収取権

戦国大名の税は本年貢・諸公事・諸役等である。税制の基本は土地制度であり、戦国大名が規模・内容に相違があるにせよ、検地を実施したことが確認されている。武田氏も検地を施行したが、穴山氏にもまたその徴証が認められる。

〔史料4〕円蔵院領成島検地帳（『清』四七四号）[34]

（朱印）成嶋之内円蔵院領検地之帳

四貫文　与三左衛門尉

参貫文　門前衆

（中略）

（朱印）都合拾参貫七百十文歟

右取納可準清水原、若有年貢無汰沙之百姓（者脱カ）、田地可被取上者也、

天正八年庚辰十二月吉日（穴山信君朱印）

〔史料5〕天輪寺領検地帳（『清』四二四号）

　天輪寺領
七百五十文　田　河窪勘助
七百五十文　　　同名源右衛門尉
百文　　　　畠　松木善仲
（中略）
　手作分
　（付箋）「合五貫七百廿文」
弐斗三升蒔　　内沢田
（中略）
公事百姓人数
　次郎左衛門尉
（中略）
以上　（付箋）「以上拾壱貫七百八文
　此内三貫弐百廿五文田」
天正九年辛巳
　二月九日　梅雪（穴山信君）□（朱印）（印文「怡斎図書」）

史料4は信友の菩提寺円蔵院の寺領成島（南部町）の検地帳である。年貢高とその納入者が記されるだけの簡単なもので、年貢納入を無沙汰した百姓は田地没収とある。成島は天文二十四年（一五五五）九月二十二日に、円蔵院が信友の菩提寺として建立された時、信友が円蔵院の位置する御崎原新地とともに、南部の内成島新田の年貢銭一〇貫文を寄進し（『清』四六九号）、元亀三年（一五七二）五月二十日に、信君は父信友の開発した成島の円蔵院領の百姓については、その時の円蔵院住持の沙汰に任せるとしており（『清』四七二号）、円蔵院の根本寺領であったと推定される。

史料5は現在廃寺だが、下山にあった三代穴山信介の菩提寺臨済宗天輪寺の検地帳である。その内容は、八人の有姓者と四人の無姓者と一ヶ寺の手作分および公事百姓五人が記載され、田畠別の表記があるが、やはりその記載は簡略である。これらの検地帳の内容については標氏の研究があるので省略するが、著名な武田氏の永禄六年（一五六三）十一月の恵林寺領検地帳（『甲』三―附編二）に比べてその記載内容が極めて簡略なのが特徴であり、表題に「検地帳」とあるが、実態は一種の給地坪付状というべきものであろう。

戦国大名の検地については、安良城盛昭・下村效・有光友学・勝俣鎮夫ら多くの研究蓄積があり、その内容および評価をめぐってさまざまな議論が展開されている。穴山氏には前述の検地帳以外には、検地の存在を実証する積極的な史料に乏しいが、検地と密接な関係にある「増分」文言のみえる史料は確認できる。

〔史料6〕穴山信君判物（『清』三三二号）

穴山之郷稲蔵大明神領有訴人、祭免之増分五貫百六十文、雖召上之、向後為造営領寄進候条、毎年之造営為善光寺看司幷守屋新右衛門尉証人相勤也、年頭之出仕之砌、年中之造営日記可指上之、同鑰取免為如前々者也、仍如件、

天正九年巳
二月三日　（穴山信君）（花押）

鑰取
織部司

これは、穴山氏名字の地穴山郷（韮崎市）の稲蔵大明神領（現穂見神社）に増分があると訴人が訴え出たので、その祭免の増分五貫一六〇文は穴山氏が収公し、改めて寄進し善光寺看司と守屋新右衛門尉の両人をその証人として造営を勤仕せよというものである（同様の事例は他大名にも散見される）。そして毎年の年頭出仕の時には、造営を怠りなく勤仕した旨を示す造営日記を証拠として提出するよう命じている。この過程で検地が行われた可能性はあるが、即断は避ける。(41) また天正八年（一五八〇）十一月十日、信君は矢戸木金平に穴山郷の増分一〇〇〇疋の地を宛行っている（『清』五五九号）。駿河の事例ではあるが、永禄十二年以降九月二十六日付甲斐の佐野宛信君判物写に、「興津《清水市》之内小河内郷□々早々奉行をつかハ《遣》し、けんち《検地》する□并興津の郷□今度不参陣衆の分をは、可二相改一候」（『清』四八一号）とあり、検地施行の可能性を指摘しておきたい。ただしこの場合は駿河であり、穴山氏独自の検地とは考え難く、武田氏検地の代行と見た方が妥当ではないかと考えている。

次に棟別役・諸役等の賦課についてみる。元亀三年七月二十一日付矢都木市左衛門宛信君判物に、「其方恩地之内百姓三人、除二本屋一諸役免許畢」（『清』五五六号）とあるごとく、その史料の多くは免除文言として表われる。また、天正八年正月二十六日付湯之奥（下部町）の佐野文右衛門宛で「於二河内谷中一私宅壱間棟別諸役」を免許している（『清』五一四号）。駿河にも同様な例がある。例えば、天正二年正月十六日付で信君が平岡民部丞に郷中の棟別諸役を免許している（『清』二九七号）などである。信君は河内・江尻両領の給人をはじめ商人・職人・寺社に対して、種々の役を免除している事例が散見されること（『清』三四七号、五七二号等）から、役の賦課・免除権を有したことが明らかである。(42)（天正八年カ）壬三月十四日付佐野越前守宛信君朱印状（『清』五四二号）に、

一、竹・火縄之事、
　付、本棟別帳を以一人ニ三十ひろ宛

とあり、火縄を徴発しているのも興味深いが、穴山領でも棟別帳が作成されたことが窺える。

武田氏の棟別役については柴辻氏の論考に詳しいが、[43]それによると武田氏は天文十一年には棟別の基本台帳らしきものを作成し、さらに『甲州法度之次第』第三十二条で、「棟別法度之事、既以二日記一其郷中へ相渡之上者（後略）」とその手続きについて規定し、天文末年にはすでに棟別役をある程度掌握している。棟別役は段銭とともに守護体制的収取権を継承したものであり、その点を加味すると穴山氏の棟別帳の作成や棟別役の賦課および免除の権限は、武田氏の支配下で容認されたものと考えたい。

3　法的権限（立法・裁判）

ここでは、矢田氏が問題とした立法権および裁判権[44]についてみたいが、郡内小山田氏に比して論証する史料に乏しい。小山田氏の立法・裁判権といった法的権限に関しては、柴辻氏の見解[45]にひとまず従いたい。それでは穴山氏について考えよう。

信友期の史料であるが、（年未詳）十月三日に武田晴信は豆州（信友カ）に、「尾張紺屋番子、何者成共田村方へ就レ致二如在一者、不レ及二披露一其方可レ有二成敗一、此由能々可レ被二仰聞一候」と伝えている（『甲』一―三六二）。田村は、天文十八年（一五四九）十一月十八日付武田氏朱印状で紺屋の棟梁を命じられた田村孫七であろう（『国志』四―二二四頁）。史料的制約もあり断定はできないが、宛所の豆州を信友に比定すると、信友に尾張紺屋番子の成敗権が認められていたことになる。一応そのように考えておく。

次に検地論争でしばしば問題になる「増分」であるが、(46)増分免許＝軍役賦課は武田氏の「国法」と認識されていた。穴山氏ではどうか。

〔史料7〕武田家朱印状（『甲』二─一八八七）

定

累年拘来田畠、於為名田者、雖有増分、被任御国法、可被成御赦免、至土貢并諸役・夫役等者、地頭へ速可致弁償之由、被　仰出者也、仍如件、

天正八年庚辰

十二月廿一日◯（竜朱印）曽禰河内守奉之

追而有申掠旨者、可被悔還者也、

三井右近丞殿

これは巨摩郡山神郷（中巨摩郡田富町）の地侍三井右近丞に武田氏から従来所持している田畠が名田ならば、検地の結果増分が打ち出されたとしても「御国法」に任せて免除するが、年貢・諸役・夫役は地頭に納入せよと伝えたものである。(47)三井氏は山神郷が河内領に属し、(8)で後述する史料から穴山氏の被官と考える。したがって史料にみえる地頭は、柴辻氏も述べているように穴山氏の可能性が高い。(48)この事例は前述の万沢氏と同様に、武田氏が穴山氏の被官を直接掌握し、武田氏の役負担の体系が、穴山氏のそれに食い込んでいることを如実に示していると考えられよう。

〔史料8〕穴山信君判物（『清』四九三号）

拘置名田大樹寺分三百文之事、右之増分任御国法令赦免候者也、仍如件、

天正九年辛巳

十二月十九日　（穴山信君）（花押）

小林孫兵衛尉とのへ

これは、信君が小林孫兵衛尉に、「御国法」に任せて増分を免除したものである。また、元亀三年（一五七二）三月十日付望月与三兵衛宛で、信君は忠功の代償として知行を宛行い、「如㆓国法㆒軍役等可㆔勤仕㆓」きことを命じている（『清』二七七号）。

ところで、この増分をめぐって勝俣鎮夫氏は、軍役衆に対する増分の全額免除という「武田氏の検地施行原則＝国法」が貫徹していたとし[49]、矢田俊文氏は軍役に従うことが国法であるとして、勝俣氏の説を批判した[50]。筆者は軍役衆は増分免除であるというのが国法とする勝俣氏の見解に従いたいが、また矢田氏が軍役に従うのが国法であるとするのも決して誤りではない。増分免除の代償として軍役がともなうからである。すなわち両者の要素を含んでいるとみたい。

また5「交通政策」で詳述するが、伝馬制度についても天正五年（一五七七）十一月二十一月付南部宿宛信君伝馬法度（『清』四五七号）を、矢田氏は穴山氏の単行法令とし[51]、柴辻氏は武田氏の伝馬制度上での支城領域内（穴山領）における細則とみている[52]。後者の見解が妥当と考える。何故ならば、流通や商人の問題は、一郡規模ではすでに完結し得ないものとなっていたからである。

〔史料9〕穴山信君判物写（『清』四〇六号）

急度以書状申入候、仍某扶助之他国之者、於中郡切府（符）出候、百姓以木綿立用之処、於鰍沢被取候、御法度前後無案内之新参之者候間、今度一辺以御心得御通頼入候、於様躰嶋津平内可有口上候条、不能具候、恐々謹言、

十一月十日（年未詳）　　　　　　　　信君（穴山）花押

金丸平八郎殿

これは、信君が扶助している他国の者に中郡で切符（手形か）を出して、「百姓以二木綿一立用」したところ、鰍沢（鰍沢町）において取られてしまったが、「御法度前後無案内之新参之者」なので、金丸平八郎に対して「今度一辺以二御心得一御通頼入」ったものである。中郡とは戦国～江戸期の広域地名で九筋二領の一つである。[53] 宛所の金丸平八郎は永禄十年（一五六七）の史料にみえ（『信濃史料』十三巻一八一頁等）、同十一年正月二十四日付信濃本誓寺宛武田氏竜朱印状写に奉者として、土屋平八郎とあり（『同上』十三巻二〇一頁）、同十二年十月十二日付海野衆宛武田氏竜朱印状では土屋右衛門尉とみえる（『同上』十三巻三四〇頁）土屋昌続のことである。したがって本史料は永禄十年以前のものとなる。ここにみえる「御法度」は武田氏の法と考えられるから、やはり穴山氏の上に、武田氏の法が絶対的なものとして存在していたと推測される。

さらに寺社に対する宗教政策でも、日蓮宗の総本山身延山久遠寺や穴山信友の菩提寺円蔵院に、武田氏は穴山氏とは別に禁制を発給し、河内領でも重要な寺院に直接介入している（6「宗教政策」で後述）。また寺社側も穴山氏よりもさらに上級権力者たる武田氏からの禁制（保護）が、より法的効力をもったものと思われる。

このように穴山氏の法的権限の上に武田氏の「御国法」が、厳然と存在したと考えざるを得ない。

4　商人・職人支配

戦国大名や国人領主にとって商人や職人をその支配下に置くことは、領国あるいは領域経済の発展に重要な課題の一つであった。武田氏の商人・職人支配については、笹本正治氏の詳細な研究があり、武田氏は領国内の大部分の商人や職人を把握し、その支配下においたことを明らかにした。[54]特に職人については、各職種の職人組織を棟別帳により一元的に掌握しようと意図したこと、戦国大名権力を背景に、一国規模の再編がなされたことなどを論証している。そして穴山領の職人にも触れ、「小山田・穴山両氏は、郡内・河内の両国人領にあって独自の領主権のもとに、武田氏と離れた統治を意図していたようである」としながらも、「武田氏は両域を含み込んだ甲斐一国を範囲とした通行権・大工職・勧進等を認めた文書を発給している」として、武田氏にとって職人支配は国人領を含み甲斐一国支配、特に一国経済圏の形成上、非常に重要な役割を持ったとした。[55]屋上屋の感がないではないが、本章でも無視できないので、穴山氏の商人・職人支配の実態をみてゆきたい。

信友期にも1「知行宛行・安堵権」で述べたように、轆轤師堀内左京進に商売役を免許し、関所の自由通行を許可した例が見られるが、具体的に解明できるのは信君期である。

信君は永禄元年（一五五八）霜月十一日付で五在家一〇人に、棟別役および檜物師の商売役を免許し保護を加えている（『清』四三七号）。宛所の五在家一〇人については明らかではない。

次に職人のうち番匠については、比較的史料が豊富で、その実態を把握することが可能である。

〔史料10〕穴山信君判物写（『清』三九六号）

（穴山信君）
花押此処アリ

当谷中番匠之事、大工下知細工候はん者共、道具を執、細工をおさへゝし、並不断奉公之番匠も細工無沙汰候はゝ、堅可申付候、為其手形を出候者也、仍如件、

（永禄六年）
癸亥十一月廿四日

源三左衛門方へ

これは信君が、「当谷中」、すなわち河内谷中(河内領)の番匠の統制を源三左衛門に命じたものである。(年未詳)十月朔日付大工方宛の信君判物写には、「大工源三左衛門申付之事、如在之者候は、可レ加二成敗一候」とあり(『清』三九四・三九七号)、源三左衛門が穴山領における大工の職人頭であり、信君は源三左衛門を通じて河内領の大工から小工にいたる職人を一元的に統率していたことが理解できる。このことから笹本氏もいうように、武田氏に職人支配のピラミッドが形成されたごとく、河内領にもその小型版ともいうべき職人支配のピラミッドが存在したとみてよかろう。そしてこの源三左衛門の棟梁の地位は、武田氏滅亡後も時の為政者によって承認された[56]。(年未詳)二月二十一日付で信君の被官以春軒は、大工源三左衛門に対して次のように命じている(『清』三九八号)。

以信君御意令申候、御門のすみ儀其方へ被仰付候、下山衆も加下知御拵尤に候、国中之番匠衆可為同意之由被仰出候、

「御門」は何処の門を指すのか不詳であるが、下山館か江尻城(静岡県清水市)の何れかであろう。ここで注目したいのは、「国中之番匠衆可レ為二同意一」の箇所で、「国中」を「クニナカ」あるいは「クニジュウ」と読むかで解釈および評価が変わるが、何れにしても甲斐一国規模での番匠の組織(一国惣大工職)との関連を示唆するものと考えられる。なお下山番匠(大工)には石河弥左衛門尉等の存在が指摘されている(『清』三九〇号)。さらに、天正七年前後の駿河江尻城の普請には、武田氏の職人頭的存在の高山飛驒守が関与している(『清』二四六・二四七・三〇〇号)。

信君の河内領にある保・黒桂(早川町)、湯之奥(下部町)等の金山について、武田氏の支配を示す徴証は見当たらないから、穴山氏が直接支配していたものと考えられる。これらの金山については、小葉田淳[57]・野沢昌康氏[58]等の研究が[59]あるので省略するが、保・黒桂金山は信君が望月・佐野両氏にその採掘を命じているので、おそらく両氏の下に多くの金山衆が存在したと思われる。

笹本氏が明らかにしたように、早川流域（この地方では谷間のことを「入」といい、「早川入」と史料にみえる）を中心として、林業や木製品の生産が盛んであった。(60) 信友期、大崩（身延町）に「山造棟梁」の助左衛門尉の存在が知られ、棟別を免許されるかわりに、「何時も板為レ取」すよう奉公が命ぜられていた（『清』五二四・五二五号）。信君は元亀元年（一五七〇）八月二十一日付で佐野七郎兵衛に天輪寺の用材を早く出すよう命じ（『清』三六二号。三七〇・三七一号も参照）、天正九年（一五八一）正月十四日には佐野氏が「於二早川一材木之奉公可レ致之旨言上」したので、「新屋三間棟別諸役令二免許一」め（『清』三七五号）、武田氏滅亡後の同十一年九月十七日には、信君の子勝千代が、早川入の諸用は佐野七郎兵衛尉に一任することを確認している（『清』三七二号）。こうした事例は多く、（年未詳）十一月二十四日付信君判物には、佐野七郎兵衛は「代官」とみえる（『清』三七一号）。佐野氏と同様に望月・水野両氏も早川材の調達に当たった（『清』三七八号など）。このように産出された木材は、穴山氏の下山館や江尻城の修築、菩提寺をはじめとする寺社の造営、治山・治水等軍事、日常の両様に幅広く使用されている。

そしてこの豊富な木材で、曲物等を加工した檜物師も存在した。(61) 富士川から奥深く入った早川上流に位置する奈良田（早川町）は、近世でも甲斐で唯一の無高の山村である。この奈良田郷の孫左衛門尉に信友は、（天文二）十二年（一五四三）（九）月十二日付で湯島・新倉両郷と同様に、奈良田郷にも奉公するよう命じ（『清』三五二号）、（天文二十二年カ）七月三日付で、棟別役を免許している（『清』三五一号）。天正三年正月五日付の名字状は、信君が深沢氏に孫左衛門尉を名乗ることを許可したものである（『清』三五三号）。このように穴山氏から保護を受けている一方で、武田氏も天文十九年六月二日付で竜朱印状を発給して「従二奈良田郷中一商売人」に諸役を免許し（『甲』二―一八三八）、天正九年六月十九日付でその特権を再確認している（『甲』二―一八四三）。この天正九年六月十九日と同年月日に、同文の湯嶋郷宛武田氏竜朱印状も残る（『甲』二―一八二二）。このことから奈良田郷や湯嶋郷は穴山・武田両氏から二重の保護と統制を受けていたことが知られる。彼ら商売に携わる人々の行動範囲は広く、河内領では完結できず、穴山氏に支配されながらも、より上級の権力である武田氏と結びつく必要があったのである。また笹本氏も言及しているように、武田氏は国人と関係する通行権の確認を通して、国人領すなわち穴山領に経済的圧迫と干渉を加え、武田氏と関係する商人に分国を単位とする自由通行権を与えることで、国人領経済圏をも内包した一円的領国経済圏の形成を意図したものであろう(62)。

以上、信君の商人・職人支配について考察を加えた。かくして穴山氏は、早く信友期に早川流域の木材、金山などの資源に着目してその経営を行い、檜物師や番匠等の職人を掌握し、信君期にはこれらの政策を推進し、穴山氏の経済的基盤の一つとしたのである。そのことは源三左衛門を河内領の番匠の棟梁に任命して、番匠を一元的に支配しようと試みていることなどから明らかにし得る。しかし笹本氏が述べたように、職人・商人ともに武田氏の保護と統制によって一国支配、特に一国経済圏の中に組織されていったものと考えられよう(63)。なお商人に関しては、流通路、宿の問題と関連性も高いので、次節で再び検討したい。

5　交通政策

穴山氏の交通政策を直接論じたものはなく、わずかに柴辻氏が武田氏の伝馬制度の研究の中で触れているぐらいである(64)。これによれば、穴山領を武田領国の支城領と捉えた上で、穴山氏の伝馬制度は独自なものではあるが、基本的には武田氏の制度に準拠したものとする。おそらく首肯される見解と認められる。そこで柴辻氏の成果に拠り武田氏の伝馬制度の概略を述べ、穴山氏のそれの前提としたい。天文九年（一五四〇）の甲斐の一円領国化、信濃への軍事侵攻開始の時期から史料がみえ、永禄四年頃から制度的に整備され、天正四年（一五七六）の伝馬定書の発給により制度的に確立し、後北条氏領との連携が図られた。そして、この時期に武田領の交通制度としての宿駅間隔や問屋の機能、伝馬利用の公私の区別、伝馬役を勤める宿郷農民の組織化などがなされたという(65)。

それでは、穴山氏の場合を考えよう。交通政策は河内領だけでは解明不可能なので、江尻領もその考察対象に加える。

従来、初期武田氏の伝馬制度については不明な点が多かったが、佐藤八郎氏が紹介し(66)、柴辻氏が検討を加えた(67)新史料によってほぼ明らかになった。その中に信友の八角朱印と確認された天文二十年三月二十三日付駿河口諸役所中宛過書と同月二十四日付同役所中宛過書があり、これによって信友期にすでに過書等の発給権が穴山氏にあったことが確認された。そしてこの他にも武田氏の伝馬手形類が残存し、弘治二年(一五五六)四月の駿州口宛等から、かなり早い時期に武田氏の伝馬制度が整備され、駿河今川氏との連携が円滑になされたことを指摘している(68)。こうみると柴辻氏が述べたごとく穴山氏は、信友期の天文二十年段階に独自の過書発給を行い、武田・今川両国間にあって交通制度の中継的役割を担ったとみてよい(69)。

次に信君発給の伝馬手形は、天正八年十二月三日(『清』三〇一号)、(天正五年)丁丑十二月十八日付(「幸福文書」、高島緑雄「幸福文書と武田氏」〈『甲斐史学』二二号、昭四二〉所収)と、次に掲げる三通が確認できる。

〔史料11〕穴山信君伝馬手形写(『清』三九一号)

伝馬壱疋、無相違可出之者也、仍如件、

(天正八年)辰

八月十四日(信君)朱印　同右源三申請

江尻、興津、由比、内房、万沢、南部、下山、岩間、甲府迄、

これらの手形の発給主体は信君であるが、信君独自のもの以外に、武田氏の要請を受けて出されたものもあったと考えられる。というのは、駿河から甲府に通行する者は多く、その場合武田氏の要請によって穴山領を通過するのであり、それを容易にするために、穴山氏が発給したものと考えられるからである。

〔史料12〕穴山信君伝馬定書（『清』四五七号）

（穴山信君）（花押）伝馬法度

一、伝馬不勤者、宿次ニ不可居住之事、

一、下山江通候者、至申刻者南部ニ可一宿、駿河へ通候者ハ、酉刻以後南部ニ可令一宿事、

一、除公用、伝馬ニ塩不可着之事、

一、雖為御公用、御印判令拝見、伝馬可出之事、

一、自前々立入候山林、無異儀可取草木之事、

右条々、相守之、自今以後、伝馬奉公可致之者也、仍如件、

天正五年丁丑

十二月廿一日

これは穴山氏の伝馬定書の初見で、天正十一年三月二十一日に信君の子勝千代は、右と同文の定書を出しているが、「南部伝馬法度」とある（『清』四六四号）。かなり細い規定で、必ずしも武田氏の伝馬定書と一致しない。柴辻氏は穴山氏独自のものではなく、「支城領内における細則」とし(70)、矢田氏は穴山氏の単行法令としている(71)。第一・二条は河内領における細則だが(72)、第三条の「公用」と第四条の「御印判」は武田氏のそれを意味するものと思われ、前者の見解が妥当と考える。また武田氏の伝馬法度、例えば天正三年十月十六日付蒲原三十六間伝馬衆中宛の第一条に

「自今以後、公用之御伝馬御印判者、御朱印弐つあるへし、為二私用一申請伝馬之御印判者、御朱印壱つあるへき之事」とあり（『静岡県史料』二巻六二六頁）、（『清』三〇一号）にも朱印が二つあるところから、武田氏の伝馬規定に従ったものと見られよう。

次に武田氏との二重支配を示す史料をみる。岩間宿（六郷町）が困窮しているので、市川（市川大門町）より先は公用伝馬以外は出す必要はない、と命じた武田家朱印状である。

〔史料13〕武田家朱印状（『甲』二―一一七九）

岩間宿中伝馬就無手透悃窮之由言上、依之向後何之人雖望之市川迄可出之、但失念候共、従市川外者非公用立不可出之者也、仍如件、

天正五丁丑

七月十六日◯（竜朱印）佐野越前守

奉之

岩間伝馬宿

岩間は河内領の入口で、交通上の重要地点である。史料11の伝馬手形にも「岩間」とあり、次が甲府であることからも武田領と穴山領の接点として、穴山氏の他に武田氏からも公用伝馬を命じられたのである。

そして（永禄十年（一五六七）七月十三日付望月与三兵衛尉宛で信君は、「当国上下之荷物弐疋之前諸役共ニ免許」しており（『清』二七五号）、柴辻氏の指摘のように、河内領の領域外にも手形を発行できたのである[73]。

次に水運を示すものとして、元亀三年（一五七二）三月十一日付帯金美作守宛信君判物に「中渡場之舟、去歳大水故破損、不二再興一者往還之士卒可レ為レ速、然則不レ嫌二郷中一船木見立可レ被二申付一」とあり（『清』五二七号）、（元亀二年）

四月二十一日付佐野兵左衛門尉宛信君朱印状に、筏乗の扶持を台所領の内から与えるよう命じている(『清』五四九号)などの例をあげておこう。

以上、伝馬制度を中心に穴山氏の交通政策についてまとめると、穴山氏の伝馬制度は河内領・江尻領ではある程度独自な権限のもとに行使し得たが、武田氏の伝馬制度に内包され、その枠内での権限とみてよろしいであろう。

6　宗教政策

戦国大名および国人領主にとって寺社の保護と統制も、その支配の中で重要な位置を占める。柴辻氏は塩山の向岳寺を例として、戦国期寺領の特質と武田氏の権力との関係を考察している(74)。穴山氏と寺院の関係を次にみてみよう。

穴山氏は歴代の菩提寺に寺領の寄進等をして保護を加えているが、郡内小山田氏と比較して特筆すべきことは、小山田氏に禁制の発給がみられないのに対して、穴山氏は円蔵院・身延山久遠寺に禁制を発給していることである。

永禄元年(一五五八)十二月十五日、信君は身延山の衆中に「身延山寺家并町之事、如前々永代可為不入」して、不入権を認めている(『清』四三九号)。

〔史料14〕穴山信君禁制(『清』四四〇号)

禁制　　　久遠寺

一、殺生禁断之事、

付、於寺内射弓放鉄砲事、

一、任代々判、自来丁卯歳《(永禄十年)》、諸役免許之事、

一、押買狼籍《(藉)》之事、

一、寺家町之諸公事、任寺法之上者、為衆中向後不可有非分之沙汰之事、
一、大坊幷僧坊之下人之外、或号他之被官、恣借下山之権威族、一人も宿中許容之事、
右自今以後、別而可加外護之間、於違犯之輩者、可処厳科者也、仍如件、

永禄九年丙寅臘月十一日　信君（穴山）（花押）

二条に「任二代々判一」とあることから、信君以前にすでに諸役が免許されていたことがわかる。また五条で、自分勝手に下山、すなわち信君の権威を借りる人々の宿中居住を禁じて、久遠寺に庇護を加えている。信君は天正十年（一五八二）三月、武田氏滅亡前後にも禁制を与え（『清』四四七号）、信君が死去するとその子勝千代が同十一年十二月二十三日付で「任二霊泉寺殿（穴山信君）判形之旨一」せてやはり禁制を発給している（『清』四五二号）。

信君はまた、穴山氏歴代の菩提寺に保護を加えた。信友は天文二十四年（一五五五）九月五日に「南部新地円蔵院林」の範囲を確定し（『清』四六八号）、同月二十二日には、「南部郷御崎原新地円蔵院奇（寄）進之地、同南部之内成嶋新田之年貢銭拾貫百文之所」を寄進し、「山林之事者、信友見候而別而判形可レ進」としている（『清』四六九号）。信君も元亀三年五月二十日付で成島の円蔵院領を「信友開発之新地」だから、「百姓等相違之時節、縦雖レ有二別人之競望一」も応ずる必要はなく、「時之御住持御存分」に任せると保護をし（『清』四七二号）、永禄十年九月三日には制札を与えている（『清』四七〇号）。さらに建忠寺（南部町）にも天正八年閏三月十六日付で竹木伐採に関する定書を与え（『清』四七三号）、永禄十二年九月三日には最恩寺（富沢町）に禁制を発する（『清』四八四号）、などの事例がみられる。

しかし、3「法的権限」で触れたように、円蔵院や久遠寺に対しては武田氏からも禁制が出されており、寺院側が上級権力たる武田氏に保護を求めていることが知られる（永禄十二年八月十六日付円蔵院宛武田信玄定書〈『甲』二―一三三八〉、永禄元年十二月十五日付久遠寺宛晴信禁制〈『甲』二―一三五五〉）。

次に住持職の問題であるが、その任命については信君が大きな発言権を有した。永禄十二年八月十日付芳蔵司宛南松院桃隠書状に、「南松院後坊主之事、信君(穴山)得二御意一、愚老与其方子弟之契約相定」めた(『清』四二〇・四二七号)とあるのがその例である。

さてすでに先学が注目し、相応の成果もある[75]久遠寺と武田・穴山両氏の関係についてみたい。(年未詳)三月二十五日付で彦六郎(信君)に宛て信玄は、「身延山之住侶両三輩」が、日叙上人の悪名をあげて、信玄に解状を捧げてきたのでみたところその証拠がないので、彼らを速やかに寺中から追放し、さらに「於二分国一不レ可二許容一」と伝えている(『清』四四一号)。

〔史料15〕武田晴信書状写(『清』四四二号)

就身延山会職(式)、両口之往覆(復)如恒例申付候、然者舞師之事、諏方祭礼為稽古雇候き、因茲従門徒擯出之由候、言語道断驚入候、惣而或誦経或法会交候儀者、一宗之法度候条、不可有俗家之綺候歟、楽人之事者俗之業候間、如此之擬不審候、至此儀者京都迄指上使者、以道理可申披候、若有兎角人者、信玄(武田)下山迄罷越、涯分可致問答候、此段上人江御理肝要候、恐々謹言、

(年未詳)九月廿九日　　信玄(武田)(花押)

彦六郎(穴山信君)殿

これは身延山の会式についてのものであるが、信玄の命に不服がある場合は、信玄自身が穴山氏の城下下山まで行って問答に応じる旨を日叙上人に伝えるよう信君に申し送ったものであり、信玄が日蓮宗の総本山である久遠寺に手厚い保護を加えるとともに、一方ではこのような厳格な態度で臨んだことが窺えるのである。これに対して日叙は十月二日付で信君に、「就二舞師之儀一、大守(武田信玄)之御札委令二披覧一候、然者楽人之事俗業之間、更宗門之法度不レ被二相破一

之由御内存先以忝候」といい、「任二尊意一令二帰寺一」めたとし、今後とも「偏ニ可レ在二貴口一之条頼入之外無レ他」しと伝えている(『清』四四九号)。このことから信玄の意向が絶対的なものであり、また交渉の仲介者として領主信君の存在があったことがわかる。[76]

信君はさらに江尻を領有すると、駿河の寺院を河内領の寺院に末寺として寄進している。永禄十二年十月九日に竜雲寺の永悟座元に「興津之内小嶋之郷鳳栖院」を寄進し(『清』四三二号)、天正三年霜月十五日には久遠寺に「松野姓性寺幷寺務」を寄進した(『清』四四三号)。永禄十二年七月二十五日には、信君の母の菩提寺である南松院に松岳院を寺領として寄付し、また「今度於二駿州拝領之新地之内一、追而見合一ヶ寺可二進覧一」しとあるが(『清』四一九号)、ここで信君が武田氏当主から所領を「拝領」したと表現している点、江尻領が武田氏から宛行われた可能性を示唆して興味深い。

なお神社については、河内領に一之宮・二之宮・三之宮の存在が確認できるが(『清』四〇三・四〇九・四一〇号等)、信君の神社対策については明らかにされない。

見て来たごとく、小山田氏では検出できない禁制が穴山氏では確認でき、寄進・安堵とともに一定の支配が行われていた。しかし、寺院はより上級の権力である武田氏からの禁制を得てその保護を受けており、武田氏の大名権力の優越性が指摘できよう。

7　官途・受領状、名字状の発給権

穴山氏の初見文書は天文三年(一五三四)正月吉日付佐野将監宛の信友官途状であるが(『清』四七六号)、それ以後は、次頁の表のごとくである。信友二通、信君一一通が確認される。永禄三年(一五六〇)十二月晦日付で信君は、若

穴山氏官途・受領状等発給文書表

年　月　日	指出	宛　　所	出典
天文 3. 正. 吉	信友	佐野将監	476
天文 5. 9. 吉	信友	佐野藤六	361
永禄 3. 12. 晦	信君	若尾左右衛門次郎	342
永禄 8. 極. 晦	信君	塩津助兵衛	400
永禄10. 12. 25	信君	望月半次郎君清	358
永禄12. 閏5. 27	信君	望月清左衛門尉	438
永禄12. 11. 5	信君	佐野日向守	477
天正 3. 12. 吉	信君	深沢孫左衛門尉	353
天正 3. 12. 吉	信君	石川与左衛門尉	326
天正 4. 正. 吉	信君	河西伝右衛門尉	496
天正 8. 10. 3	信君	石河志摩守	392
天正 9. 2. 吉	信君	望月善左衛門尉	360
天正 9. 2. 吉	信君	望月土佐守	359

(註)出典の数字は、『清水市史資料　中世』の文書番号である。

尾(マヽ)左右衛門次郎に「実名　君豊」と「君」の偏諱を与えており(『清』三四二号)、名字状は残っていないが、穴山氏の被官万沢君泰・蘆沢君次・穂坂君吉等のように「君」の字がみえるのも、信君から偏諱を受けたもの(『清』一三五号等)と考えられよう。また、同十二年十一月五日付で佐野友重に、「日向守」の受領を与えている(『清』四七七号)。これらは、穴山氏の家臣団編成の強化策とみることができよう。郡内小山田氏に、これらが確認できないのとは対照的である。

8　治山・治水

山国であり、また富士川という大河川が貫流する河内領では、治山・治水も領国支配のための重要な政策の一つであった。

信君は永禄五年(一五六二)卯月十五日付で望月藤左衛門尉に「川除材木幷籠藤等可レ出」しと命じ(『清』三八一号)、天正八年(一五八〇)三月九日付で河西五郎右衛門・窪田兵部右衛門尉・三井右近尉に「依二山之神村水損一、其方手前之人足百姓役之用所、普請等令二免許一」めて、「川除之儀、無二油断一可レ有二再興一」しと命じている(『清』三二五号)。山之神村(田富町)が釜無川の洪水のために水損したので、河西ら三人にその水防工事を命じたものであるが、同二年正月十一日付武田家朱印状によっても、正月から同四年十二月に至る三ヶ年の諸普請役を免許し、「相当之川除無㆓疎略㆒可㆓相勤㆒」しと山神郷宛で命じている（『甲』二―一八八五）。三井家にはこれらの他に武田氏からの感状をはじめ数通の文書がある（『甲』二―一八八二〜一八八四）ことから、穴山氏の被官であるが、水害の起き易い地域として武田氏からも重要視され直接支配されたであろう。これも支配の二重性を示す好例である。

9　外交的役割

武田氏配下における外交的役割も領国の支配に関連し、郡内小山田氏はその位置関係から後北条氏との交渉に当たっていたが[77]、穴山氏はどうであろうか。次にみていこう。

穴山氏では、信友期にもその徴証がみられるが省略する（『妙法寺記』天文十四年条、『高白斎記』同年六月十一日条等、服部治則他校注『武田史料集』〈新人物往来社、昭和四二〉所収）。信君期には、それを積極的に示す史料に欠くが、隣国駿河の今川氏との接衝に当たったものと推測される。

さて永禄十一年（一五六八）十二月から始まる駿河侵攻に先立って信玄は、三河の徳川家康と盟約を結ぶが、その交渉に当たったのが他ならぬ信君である。そのことは（永禄十一年）二月十六日付酒井忠次宛「武田《穴山》左衛門大夫信君」書状から知られる（『清』六〇六号）。信玄は駿河攻略について密約を交し、家康より誓詞を得たので、「信玄《武田》事も如㆓案文㆒血判相調被㆓差越㆒候」と伝え、「弥相互御入魂様取成」を酒井忠次に依頼している。

また元亀三年（一五七二）十月から行われる遠江・三河への大規模な軍事行動に当たっても、近江の浅井長政からの書状の宛所が信君になっている（『清』三二〇号）。さらに遠江犬居の国人天野氏との連絡にも主に信君が当たっている（『清』三二一・三二二号等）。

以上のように信君は武田親類衆の一員として、またその所領の地理的位置を活かして、武田氏の外交の一翼を担っていたのであり、矢田氏のいわれるような独自の外交権を持ったとは考えられないと思われる。

おわりに

九項目にわたって穴山信君の河内領支配について検討を加えたが、その支配の具体相をほぼ明らかにし得たのではないかと思う。

従来いわれてきたように、穴山氏は河内領において郡内小山田氏と同様に独自な支配権を有した。しかし、穴山氏は小山田氏と全く同じ権力を行使したのではない。例えば①小山田氏の発給文書に奉書形式がみられないのに対して、穴山氏には確認できる。②小山田氏に袖判花押はないが、穴山氏にはみられる。③小山田氏には禁制・官途状が皆無だが、穴山氏にはともに散見される、などである。逆に武田氏からの介入を示す文書が、小山田氏には人返し規定・裁許等多く検出されるが、穴山氏には少ない。これらのことから、穴山氏は武田氏から二重支配（領主権の二重構造）[78]を受けていたのであるが、穴山氏は小山田氏に比してより広範囲に権限を行使し、独立性は強かったと考えられる[79]。しかし三井・万沢氏にみられるように、武田氏は穴山氏の被官に直接文書を発給して組織していることなどから武田氏の介入は明らかであり[80]、その優越性を認めてよく、領国として円滑に機能したのである。独自な外交権も有していない。

よって矢田氏のいう戦国領主とは考えられず、国人領主と規定してよく、親類衆の有力者と位置づけられるのである。穴山氏の河内領支配における領主権を消極的に評価してもいけないが、またこれを過大に評価するのも問題であると考える。

註

（1）当該期の史料には、家臣団の職掌を示す明確な史料に欠け、また小山田・穴山両氏の位置づけのできる史料も少ない。『甲陽軍鑑』は小山田氏を御譜代家老衆、穴山氏を御親類衆としている。『甲斐国志』は穴山氏を親族衆とし、先学もそれによっているが、成立の古い前者の表現を使用する。『甲斐国志』は佐藤八郎他校注の雄山閣出版「大日本地誌大系」本（昭四三～五七）を使用し、『国志』巻―頁と略す。

（2）郡内とは都留都全域、河内とは八代郡の一部と巨摩郡の一部の地域を示す別称。『角川日本地名大辞典』19山梨県の「郡内」「河内」の項参照。

（3）柴辻俊六「国人領主小山田氏の武田氏被官化過程」（『古文書研究』九号、昭五〇。のち同『戦国大名領の研究―甲斐武田氏領の展開―』名著出版、に収録。以下『大名領の研究』と略す）。

（4）小山田了三「都留郡および郡内小山田氏」（『甲斐路』創立三十周年記念論文集、昭四四）、同「郡内小山田氏―武田氏との関係」（『甲斐路』二五号、昭四九）等。

（5）なかざわしんきち「武田信虎と郡内小山田氏―「妙法寺記」にみる―」（『甲斐路』二五号、昭四九）等。

（6）矢田俊文①「戦国期甲斐国の権力構造」（『日本史研究』二〇一号、昭五四）、同②「戦国期富士北麓の法と銭と参詣」（『ヒストリア』八八号、昭五五）。

（7）小峰裕美「小山田氏の郡内支配について」（『駒沢史学』二八号、昭五六）。

（8）堀内亨「武田氏の領国形成と小山田氏」（『富士吉田市史研究』三号、昭六三）。

（9）佐藤八郎「郡内小山田氏と御師衆」（『甲斐路』一五号、昭四四）、『町田市史』上巻（昭四六）等。『郡内研究』二号（昭六三）は郡内小山田氏の特集号で、柴辻俊六「小山田氏の郡内領支配」等が掲載されている。
（10）柴辻俊六編『武田氏の研究』（戦国大名論集10、吉川弘文館、昭五九）の解説、文献一覧。
（11）佐脇栄智編『後北条氏の研究』（同右8、昭五八）の解説、文献一覧。
（12）柴辻俊六「戦国期木曽氏の領国経営」（『信濃』三四巻一一号、昭五七）。
（13）服部治則「内藤大和守昌月」（『山梨大学教育学部研究報告』二七号、昭五一）等。
（14）田中義成「穴山梅雪」（『史学雑誌』五編六号、明二七）。
（15）標（飯田）泰江「武田親族衆としての穴山氏の研究―特に河内領支配の在地構造をめぐって―」㈠〜㈣（『甲斐路』二・三・六・一二号、昭三六〜四一）。
（16）『甲府市史史料目録―甲斐武田氏文書目録―』（昭六一）には穴山信友・信君の発給文書二七四点が確認されている。
（17）鈴木登「穴山氏の権力構造に関する一考察―その消長と被官を中心にして―」（『秋大史学』一八号、昭四六）。
（18）上野晴朗『甲斐武田氏』（新人物往来社、昭四七）第三章。
（19）笹本正治「早川流域地方と穴山氏―戦国大名と山村―」（『信濃』二七巻六号、昭五〇）。
（20）笹本正治①「戦国大名の職人支配―武田氏を例として―」（『年報中世史研究』三号、昭五三）、同②「武田氏の商人支配」（『日本歴史』三七六号、昭五四）。
（21）笹本正治『戦国大名と職人』（吉川弘文館、昭六三）。
（22）矢田註（6）①論文。
（23）笹本正治「武田氏と国境」（地方史研究協議会編『甲府盆地―その歴史と地域性―』雄山閣出版、昭五九）。

(24) 村松蘆洲「穴山梅雪夫人と保科正之」(『甲斐史学』八号、昭三四)。
(25) 佐藤八郎①「南部町円蔵院所蔵「穴山信友画像」の賛について」(『甲斐路』一四号、昭四二)、同②「葵庵法号記と同画像賛の研究」(同上)、同③「穴山梅雪の享年について」(『同』一五号、昭四四)、同④「富沢町福士最恩寺所蔵穴山勝千代画像始末記」(『同』特集号、昭四四)(②以外はのち同『武田信玄とその周辺』新人物往来社、昭五四、に収録)。
(26) 秋山敬「穴山氏の武田親族意識―南松院蔵大般若経奥書の全容紹介を兼ねて―」(『武田氏研究』創刊号、昭六三)。
(27) 佐野明生『江尻城主穴山梅雪―その人と生産』(明風後援会、昭五三)。
(28) 『南部町誌』(昭三九)、『身延町誌』(昭四五)、『韮崎市誌』(昭五三)、『早川町誌』(昭五五)、『下部町誌』(昭五六)、『六郷町誌』(昭五七)等。
(29) 『清水市史資料』中世(吉川弘文館、昭四五)。
(30) 『清水市史』本編一巻(吉川弘文館、昭五一)。
(31) 柴辻他編『新編甲州古文書』(角川書店、昭四一)。
(32) 『国志』二―三四九頁(古跡部)に「国境ノ衛護ヲ役セシ人ナルベシ」とある。
(33) 笹本註(23)論文。
(34) 『清』には袖上に朱印がないが、昭和六十年八月に円蔵院で本文書を実見したところ、『甲』二―一三四五のごとく朱印が確認できた。
(35) 標(飯田)註(15)論文。
(36) 安良城盛昭「太閤検地の歴史的前提」(『歴史学研究』一六三・一六四号、昭二八)、同「戦国大名検地と「名主加地子得分」・「名田ノ内得」」(『史学雑誌』九〇編八号、昭五六。いずれものち同『日本封建社会成立史論』上巻、岩波書店、昭五九、に収録)。

(37) 下村效「戦国大名今川氏の検地」(『国史学』七九号、昭四四)他。のち同『戦国・織豊期の社会と文化』吉川弘文館、昭五七、に収録)。

(38) 有光友学「戦国大名今川氏の歴史的性格―とくに『公事検地』と小領主支配について―」(『日本史研究』一三八号、昭四九)他。

(39) 勝俣鎮夫「戦国大名検地に関する一考察―恵林寺領「検地帳」の分析―」(永原慶二編『戦国期の権力と社会』東京大学出版会、昭五一。のち「戦国大名検地の施行原則」と改題して『戦国法成立史論』東京大学出版会、昭五四、に収録)。同「戦国大名検地について―安良城盛昭氏の批判に答える―」(『史学雑誌』九二編二号、昭五八)他。

(40) 山室恭子・村田修三等多くの論考があるが省略する。

(41) 註(2)一〇二頁「穴山郷」は検地が行われたとするが、この史料だけからは言い切れないと思われる。

(42) 永禄二年二月十九日付方外庵宛信君判物には「其外之儀やく《(役)》等いらん《(違乱)》あら者、下山へ可レ被二申上一候」とあるのもその傍証となろう(『清』五〇二号)。

(43) 柴辻俊六「戦国期の棟別役」(『日本史研究』一三四号、昭四八。のち同『大名領の研究』に収録)。

(44) 矢田註(6)①論文。

(45) 柴辻註(3)論文。

(46) 野沢隆一「加地子試論―増分論争止揚への試み―」(『国学院大学大学院紀要―文学研究科―』一九輯、昭六三)。

(47) 註(2)八一九頁「山之神郷」。

(48) 柴辻俊六『戦国大名文書の読み方・調べ方』(雄山閣出版、昭五九)一四四頁。

(49) 勝俣註(39)論文。
(50) 矢田註(6)①論文。
(51) 同右。
(52) 柴辻俊六「甲斐武田氏の伝馬制度」(『信濃』二六巻一号、昭四九。のち同『大名領の研究』に収録)。
(53) 註(2)六〇四頁「中郡筋」。
(54) 笹本註(20)論文、笹本(21)著書。
(55) 笹本註(20)①論文。
(56) 『国志』四―一三八頁(人物部付録)。
(57) 小葉田淳「甲斐・信濃・駿河の金山―武田時代の稼行を中心に―」(『経済史研究』一六の六号、昭一一。のち同『日本鉱山史の研究』岩波書店、昭四三、に収録)。
(58) 『早川町誌』第六章「金山の歴史」(野沢昌康氏執筆)。
(59) 上野註(18)第四章Ⅱ、入江芳之助「甲州金の歴史」(『甲斐路』二〇号、昭四六)等。
(60) 笹本註(19)論文。
(61) 笹本註(20)②論文。『国志』五―一二二頁(附録之五産物製造部)。
(62) 笹本註(20)②論文。
(63) 同右①・②論文。
(64) 柴辻①註(52)論文、同②「戦国期武田領の交通政策と商品流通」(地方史研究協議会編『甲府盆地―その歴史と地域性―』雄山閣出版、昭五九)、同③「武田氏の伝馬制度補考」(『甲斐路』五六号、昭六一)。

(65) 柴辻註(52)論文。
(66) 佐藤八郎「大和郡山市柳沢文庫所蔵高野山成慶院文書について」(『甲斐路』三九号、昭五五)。
(67) 柴辻註(64)③論文。
(68) 同右。
(69) 同右。六頁で穴山氏の伝馬制度の非独自性を指摘しているのは重要である。
(70) 柴辻註(52)論文。
(71) 矢田註(6)①論文。
(72) 第一条に関しては(年未詳)九月二十三日付で南部宿の問屋であり、代官名主でもある宗威軒に伝馬を負担しない者は南部宿から追放し、その屋敷を伝馬を負担する者に与えるよう命じており、伝馬確保に徹底した態度で臨んでいる(『清』四五八号)。
(73) 柴辻註(52)論文。
(74) 柴辻俊六「中世末地方寺院領の特質」(『甲斐路』特集号、昭四四。のち同『大名領の研究』に収録)。
(75) 佐藤八郎「武田信玄と身延山」(『甲斐路』一四号、昭四二)、高橋一「武田信玄と身延山久遠寺の関係」(『大正史学』一四号、昭五九)等。
(76) 会式の細かい点は信君によって決められたようである(『清』四五〇号)。
(77) 柴辻註(3)論文、同「外交からみた小山田氏」(昭和六十二年五月十日山梨考古学協会第三回地域大会『郡内の歴史と地域性を探る』発表要旨)。
(78) 柴辻註(3)(9)論文。

(79) 史料に「河内谷中」「当谷中」と領域を示す表現のあることからも理解できる。

(80) 別の機会に詳述したいが、(年未詳)九月四日付佐野越前守宛信君書状(『清』五四三号)によると、信濃埴原郷に穴山氏の所領があり、その被官が武田氏に「年中五度、六度俵子令㆓運送㆒」めているのに今度は「御普請人別ニ被㆓相触㆒令㆓迷惑㆒」めている。武田信豊・信廉といった武田親類衆も「信国之内数多」被官を有しているが、彼らと同様にして欲しいとし、さらに埴原郷二五人の諸役免許の「御印判申請度之由可㆑得㆓御内儀㆒候」とある。これも穴山氏が武田親類衆の一員であることを示すとともに武田家家臣として行動していることがわかる史料である。すなわち信濃ではあるが、諸役免許の武田家朱印状の発給を申請しているのである。

(補註) 本稿脱稿後、町田是正「甲斐国河内領穴山氏とその支配構造」(『棲神』五八号、昭六一)のあるのを知った。支配構造の解明という点では、筆者と同一の問題関心を持っているようであるが、その中心は寺院との支配関係にあるようである。また今回の論文の考察は信友までで終っており、信君については全く触れていない。よって本稿の意義は失わないと考える。信友については筆者も別稿を考えているので、その折に町田氏の研究についても検討を加えるつもりである。

(一九八八年十月三十一日成稿)

〔付記1〕本稿は、一九八六年(昭六一)国史学会三月例会で行った口頭発表「武田親族衆穴山氏の支配構造」の一部である。成稿するにあたって本学教授米原正義先生、国学院大学栃木短期大学教授下村效先生をはじめ多くの方々に種々御指導・御教示を賜った。記して深甚の謝意を表する次第である。

〔付記2〕初校後、渡辺憲一(昭和六十二年時早稲田大学社会科学部四年生)「戦国大名武田氏の権力構造—武田氏と穴山

氏、小山田氏との関係―」(『学生論文集』〔早稲田大学社会科学部創設二十周年記念〕昭六二)が発表されているのを知った。渡辺氏も矢田氏の説に批判的であり、穴山・小山田氏の支配を武田氏権力の「地方分権」と表現して、武田氏権力の優越性を指摘している。本稿と重なり合う部分が多いにもかかわらず、本稿に盛りこめなかったことをお断りしたい。合わせて参照をお願いする。

(一九八九年一月三日校正に際して)

第三章　穴山信君の江尻領支配

はじめに

甲斐の戦国大名武田信玄は永禄十一年(一五六八)十二月六日、駿河今川領に侵入を開始した。武田親類衆の一人で甲斐国河内領の領主穴山信君は現在の清水市域を中心とする江尻領を宛行われ、天正十年(一五八二)六月二日の本能寺の変に際して死去するまでこれを領有した。特に武田勝頼の時代には江尻城にあって武田氏の駿河支配・外交交渉に重き地位を占めた。

本章では、この穴山信君の江尻領支配の実態に焦点を当てて考察を試みようとするものである。信君の父である穴山信友の河内領支配、信君の河内領支配、武田氏滅亡前後の穴山氏の動向、特に穴山勝千代の生涯についてはすでに論述したことがある(1)。

穴山氏の研究史についても簡単にまとめたことがあるが(2)、若干触れておこう。

標(飯田)泰江氏(3)がまず本格的な研究に先鞭をつけられ、その後、鈴木登氏(4)・上野晴朗氏(5)・笹本正治氏(6)・矢田俊文氏(7)・佐藤八郎氏(8)・町田是正氏(9)・渡辺憲一氏(10)・秋山敬氏(11)らの業績がみられるが、いずれも一側面からの考察であって、総体的かつ詳細な検討が必ずしもなされているとはいえない。矢田俊文氏が提示された「戦国期守護」「戦国領主」

の概念に筆者があえて触れてこなかったのは、まず穴山氏の動向や支配構造の実態を正確に把握することが先決と考えているからである。その上で矢田氏が問題とされた戦国大名論の根幹にかかわる部分に及んでいきたいと思っている。矢田氏の提示した問題については、柴辻俊六氏(12)が小山田氏を考察されて、郡内小山田氏は武田氏に被官化していき、支城主として位置づけられたのに対し、矢田氏(13)は小山田・穴山・武田三氏を戦国期領主とし、これら三氏の連合政権で戦国期甲斐国の権力構造は成り立っており、武田氏は軍事指揮権などをもって戦国期守護として小山田・穴山氏を統率したとされる。これに対して柴辻氏(14)・小峰裕美氏(15)・堀内亨氏(16)が反論を加えられている。

それでは信君と駿河江尻領との関係について論述していきたい。

一　武田氏の駿河侵攻と穴山信君の江尻入部

永禄十一年(一五六八)十二月六日、武田信玄は駿河侵攻のため甲府を出馬、今川氏真の抵抗をほとんど受けることなく、同月十三日に駿府に乱入した。

三河の徳川家康も遠江に侵入し、駿府より逃亡してきた今川氏真を十二月二十七日、掛川城に攻めた。この家康の行動は同年二月、信玄と家康との間になった密約によるものであった。この交渉で活躍したのが他ならぬ信君であった。(17)しかし信玄が部将の秋山信友を遠江に進入させたため、家康は不信感を武田に対して抱くようになり、これと絶ち、やがて信玄は後北条・今川・上杉・徳川と敵対し、窮地に追いこまれる。信玄はこの危機の中、巧みな外交戦術と前後六回にわたる駿河侵攻によって、元亀二年(一五七一)頃にはほぼ駿河全土をその支配下に収めた。その間、永禄十二年秋の小田原城攻囲や三増峠の戦いなどが有名である。この信玄の駿河侵攻の過程については磯貝正義氏の著書に詳しい。[18]

信玄は駿府に入城すると山県昌景を駿府、穴山信君を江尻に配置したようである。『甲陽軍鑑』（以下『軍鑑』と略す）品三十六などによると、[19]江尻には山県昌景が在城し、天正三年（一五七五）五月二十一日の長篠の合戦で昌景がほかの武田宿将とともに戦死すると信君が江尻在城を命ぜられたといい、これが通説になっている。『軍鑑』品三十四によると、[20]永禄十二年段階では興津（清水市）入城を命ぜられたという。

しかしながら信君の駿河宛発給文書を整理すると、永禄十二年四月一日付で望月与三兵衛・望月八郎右兵衛・万沢遠江守・青木惣右衛門に駿河の内房郷・松野郷から宛行った文書がみられ、[21]五月十六日にも加瀬沢助九郎・小野間孫九郎に興津の地から数ヶ所を宛行っていることが確認できる。[22]加瀬沢助九郎の場合をあげると、「向後別而可レ抽二奉公一之旨言上之間、於二興津方所々一、拾五貫文之所相渡」すとあり、「書立別紙加二印判一也」と割注があるが、[23]その知行宛行書立には次のようにある。[24]

〔史料1〕穴山信君知行書立

一壱貫五百文　宮脇　興津土佐分
一弐貫文　本地　屋敷分
一四百文　加瀬沢内
（中略）
一弐百文　小河屋敷分
一八百文　宮脇　松山丹後分
（朱印「栄」）
以上拾五貫弐百文

永禄十二年
五月十六日
加瀬沢助九郎とのへ

このように信玄の駿河侵攻後間もなく、駿河の興津・内房などの地域の土地宛行をしていることから、信君はこの地域の支配を早くから認められたものと推測される。

興津城の現地踏査も試みたが、その規模はけっして大きなものではなく、信君が興津に入城したとしてもそれほど長期なものとは考えられないと思われる。ただし江尻城は現在遺構がほとんど残存しておらず、比較することはできない。また山県昌景の駿河支配にかかわる具体的な史料がみられないことから、昌景を江尻城主とすることや駿河支配の代官とすることは難しく、信君が早い時期に江尻に入って武田氏の駿河支配の重要な一端を担ったものと考えたい。

次に永禄十二年四月十九日付左衛門大夫宛武田信玄定書をみよう(25)。

〔史料2〕武田信玄定書写

定

一、城内之用心幷門城戸之番、昼三度、夜三度可被相改事、
一、諸城戸、今日酉刻閉門、翌日辰巳両刻之間可開之事、
一、本城之用心、別而肝要之間、不可有疎略事、
一、駿州衆惣而城内江出入、分別之外候、就中本城ニ不断、先方衆居住堅禁之候、但於無拠用所之人者、昼計可出入、是も不可過十人候、従酉刻明巳之刻迄者、一切本城江先方衆出入堅禁制之事、

附此旨無思慮出入之輩者、可為罪科之事、

一、他人之同心、被官相頼候とも、不可有許容候、但寄親、当主人深令納得者、甲府江可被得内義之事、

一、其方直之被官之外、縦雖有重科、信玄不能得下知而、為私不可被行法度事、

一、金吾(穴山信君)知行分之外、盗賊、謀叛、殺害罪科以下之糺明之義、久能之当在城衆可有談合之事、

附掛川、蒲原落居、世上静謐之砌、当国之法度可被行所、可令傍示之事、

一、三之曲輪ニ被作家、当国衆参会尤ニ候事、

一、毎日金吾(穴山信君)自身諸曲輪有見廻、堀、築地、尺木破損之所、可有再興之事、

一、敵取掛候砌、必城外之防戦禁止之候、於堀際可決勝負事、

一、在城衆幷番手衆、猥りに城下徘徊、堅停止之事、

一、大酒禁法之事、

附在城之貴賤、両飯之外、猥りに不可食餅飯之事、

一、人質之番、不可有踈略之事、

一、於乱舞、博奕之輩者、可加成敗之事、

一、在城幷(衆脱カ)番手衆之貴賤、具足、甲、手巻、脛楯、弓、鉄砲、等(鑓)、小旗、指物節々可被相改之事、

以上

永禄十二年己丑(巳)

四月十九日　在判(武田信玄)

左衛門大夫(穴山信君)殿

これは左衛門大夫に一五ヶ条にわたって城の守備について詳細に定めたもので、この時期に左衛門大夫を名乗ったのは信君であった(26)。この文書は、武田の城番の問題を考える意味でも示唆に富んだ史料といえる。第四条では駿河先方衆の出入を制限し、酉刻(午後六時)から次の日の巳刻(午前十時)までは先方衆が本城にいることを「一切」禁じた。第五条では他人の同心、被官を寄子にする場合は、寄親と当主人双方が納得し、甲府(信玄)の「内儀」を得なければならないとし、第六条では信君の「直之被官」のほかはたとえ重罪人であっても、信玄の下知を得ることなく私に裁いてはならないとしている。

さらに第七条では信君知行分のほかの盗賊・謀叛人などの糺明は、久能在城の板垣信頼と相談せよと命じ、第九条では毎日信君が自身で諸曲輪を見廻るよう命じている。その他にも敵の撃退法、大酒の禁止、人質の番、在城・在番衆の武器・武具などについて細かく規定している。これと大略同内容の城掟が同日付で久能在城衆、具体的には城将の板垣信頼に出されている(27)。ただし前掲史料の第四〜七条に相当する条文がないのが対照的である。これは信君の他の家臣との相違を示すとともに、臨時的な在番衆と恒常的な城主との差を意味するとみられるのではないだろうか。前者には信君の知行地や家臣に対しては信君の判断に任せるとあるのがその例証となろう。ただしこれを江尻城とみるか興津城とみるかは難しいが、明確にいえることは、信玄の駿河侵入後早い時期にこの地域を宛行われ、支配を行ったということである。その理由は『軍鑑』の興津在城の理由としてみえる「穴山入道奥(興)津につづきたる下山を知行せらるゝゆへ」というのが参考になる。

さて武田氏の駿河支配については、若林淳之氏の研究が本格的なものとしては唯一のものであり、あとは市町村誌(史)などの概説書の類の中で簡単に触れられているにすぎない(28)。若林氏の論考は富士郡を考察対象としており、駿河全土にまたがる考察の必要性を感じる。若林氏は伝統的勢力の諸権益を保障したり、新権益を付与するだけでなく、

①普請役の免許、②「嗜㆓武具㆒無㆓疎略㆒可㆑勤㆓軍役㆒」、③「或公用或郷中善悪改」の三つの施策によって、甲斐の国人やそれに付属する百姓を駿河に移住させ、駿河を甲州化・甲州法度化することが、武田氏の駿河支配の特質であると結論された。しかしその検討は富士郡に限られたもので不充分であり、前述のように武田氏の駿河支配に関する史料を網羅的に収集して考察する必要を感じる。それは地域差や年代を考慮しなければならないからである。表1は調査途中であるが、『静岡県史料』から作成したものであるが充分なものではないことをお断りしておく。

　こうしてみると、永禄十二年には高札が多く、やはり駿河侵略後の治安維持のためであろう。同十三年も高札および武田氏に降伏した今川旧臣に対する知行宛行・安堵したものが多く、元亀三年には駿河諸将に宛行・安堵したものが多いが、これは前年の十二月に北条氏康の死去によって甲相同盟が復活し、東からの外敵がなくなって比較的安定した時期でもあり、また来る大規模軍事行動（いわゆる西上作戦）を控えていることを考慮に入れる必要がある。元亀三年卯月十八日付浅間神社の庁守大夫宛武田家朱印状に「来六月駿州惣知行御改之上」知行を宛行とあり、検地を行ったうえで知行の宛行・安堵を意図していたと思われるが、実際には実施していないようだ。[29]天正元、二年に文書が多いのは信玄が死去し、武田の名跡を継いだ勝頼がその継目安堵を行っているからである。天正四〜七年は天正三年五月二十一日の長篠の合戦の敗北により、勝頼が軍事・政治などの諸方面で改革を行った時期であり、駿河における発給文書にもそのことが反映されている。

　また浅間神社に関するものが比較的多くみられるが、新支配地の宗教的イデオロギーの掌握に苦慮していたと思われる。[30]

　以上、簡単ではあるが、武田氏の駿河支配の概略である。詳細は別の機会に発表したいと思う。

信玄・勝頼父子が、新占領地駿河の支配に意を用いたことは想像に難くないが、天正三年五月の長篠敗戦で遠江の

表１　武田氏駿河関係文書

年代	武田氏	家　臣　団	備　　考
永禄11年	４点		
永禄12年	18	小山田信茂判物２	高札　浅間神社関係
永禄13年 （元亀元）	34	原昌胤奉書１	高札　浅間神社関係 今川旧臣への知行安堵・宛行
元亀２年	13	朝比奈信置他連署軍役書立１	
元亀３年	78	土屋正次書状１ 同　貞綱寄進状１ 朝比奈輝勝判物１	社寺への所領・所職の安堵・寄進 在地武士（今川旧臣）への安堵・宛行
元亀４年 （天正元）	33	武田信堯願文１ 原昌胤証文１	勝頼継目安堵
天正２年	45	市川昌房・原昌胤連署判物１ 武田信堯判物１ 跡部勝忠書状１ 小笠原信興判物１ 小浜景隆判物１	勝頼継目安堵 浅間神社関係
天正３年	17	小笠原信興判物１	伝馬掟１ 小山之地徳川取詰に対する感状
天正４年	22	朝比奈信置知行宛行状１ 武田信豊判物１ 跡部勝忠朱印状１ 同　　　判物１	伝馬掟書３
天正５年	20	跡部勝資書状１ 小笠原信興朱印状１	
天正６年	17		或公用或郷中之善悪改
天正７年	21	跡部勝資寺領安堵判物１	
天正８年	7	跡部勝忠手形１	
天正９年	4		
天正10年			
年 未 詳		栗原信盛書状１ 跡部勝忠手形１ 同　　　書状１ 市川昌広書状１ 武田信堯以下神馬奉納状１	
（大永２） 天文10年 天文14年	武田信虎神物奉納状 武田家知行宛行状 武田家制札		

⑴『静岡県史料』を利用した。
⑵「家臣団」は、武田家臣の内で駿河支配に関する文書に見られるものをいれた。
⑶「備考」は、その年時における武田氏の支配文書の特色を示したものである。

武田領が動揺し、駿河にも徳川氏の出兵がみられるようになり、天正十年三月十一日、名門武田氏は滅亡し、永禄十二年から天正十年に至る十三年間の武田氏の駿河支配は終りを告げ、駿河は徳川家康の領有する所となる。

次にこの十三年間にわたる武田氏の駿河支配の重要な一端を担った穴山信君の江尻領支配をみていきたい。

二　穴山信君の江尻領支配

永禄十一年(一五六八)十二月、駿府を陥落させた信玄は翌十二年になると武田氏に降伏した駿河の諸将や寺社に知行の安堵状を出しているが、信君もまた早くも知行宛行状を発している。

〔史料3〕穴山信君判物(31)

定

一弐貫文　　完原年来拘主名田

一八貫文　　松野郷

向後可抽奉公之旨言上之間、如此相渡知行候、畢竟不慕先方、可励戦功条、可為肝要候、知行積事可為惣国同意者也、仍如件、

永禄十二己巳

四月朔日　　(穴山信君)(花押)

青木惣右衛門殿

これは青木惣右衛門尉に対して信君が知行を宛行ったもので、同日付同内容のものが望月与三兵衛・同八郎右兵衛

宛など数通がみえる（前述）。次に元亀三年（一五七二）九月十一日付佐野泰光外一名連署知行書立をあげる。(32)

〔史料4〕佐野泰光・塩津某連署判物

　滝分之内　加瀬沢ニ被下分

田中下所ハままの上した

　八升蒔　此銭九百六十文　弥二郎

田此内六升まき上残下　道下

壱斗一升蒔此代九百文　かせさわ　源左衛門

（中略）

畠

　弐百文　大すけの内　手作

同

　百文　同所　同

（中略）

田上

　壱斗弐升蒔　此代金壱貫百六十　清三郎

　此内弐升蒔中

　合九貫六百四十文　野帳

　此内壱分半ニ壱貫四百文引而

残而八貫百九十四文　　定納滝分
合八貫廿文　　　　野帳
此内壱分半ニ壱貫弐百参文引而
残而六貫八百十七文　　定納本地之分
都合拾五貫十壱文

元亀三年壬申九月十一日　　佐越(佐野越前守)泰光(花押)
塩与友重(花押)
加勢沢助九郎殿

この類の文書は同日付で尾沼雅楽助宛があるが、(33)ほかにはみられないので詳細には論じることができない。「野帳」というのは検地帳と考えられ、それに基づいて知行地を決めている。

また駿河の穴山領の寺院や寺領を穴山本領の河内領の名刹南松院(身延町)・竜雲寺(同町)などの寺領・末寺として付属させており、宗教的側面からも着実にその支配を強化している。永禄十二年十月九日付で竜雲寺の永悟座元に「興津之内小嶋之郷鳳棲院」を寄進し、(34)天正三年霜月十五日久遠寺宛で「松野妙性寺幷寺務」を寄進しているのがその例である。(35)次の史料をみていただきたい。(36)

〔史料5〕穴山信君判物

松岳院之事、改而為南松院領定之畢、幷近年被勤之寺役已下令免許候、就中今度於駿州拝領之新地之内、追而見

合一ヶ寺可進覧之候、其外桃隠和尚可任尊意之由候条、弥覚公座元御談合可為肝要候、恐惶頓首、

永禄十二年

七月廿五日　信君（穴山）（花押）

（切封うわ書）
「〆　左衛門大夫
南松院　信君」
侍衣閣下

これは信君の母の菩提寺である南松院に松岳院を寺領として寄付し、さらに信玄より拝領した駿河の新領地の内で「見合一ヶ寺」を寄進するというものである。この史料などから信君は駿河の所領を武田家当主、すなわち信玄から「拝領」したと考えていたことが知られ、江尻領が武田氏から宛行われたものとみてよいだろう。

〔史料6〕穴山信君判物写(37)

別而可抽忠功之由候、殊今度言上之旨趣雖不成就、存寄所神妙也、依之松野内房名田先地合五拾貫文宛行候、如国法、軍役等可勤仕者也、仍如件、

元亀三年壬申

三月十日　信君（穴山）（花押）

望月与三兵衛殿

所領を宛行うかわりに軍役を賦課したものだが、それが「国法」であるという。「国法」とは武田氏の法度とみてよいので、穴山氏の支配はあくまで、武田氏の支城主としてのそれであるとみられる。

元亀三年十一月二日付蟠鎌右近丞宛武田家朱印状で安堵に関して「委曲左衛門大夫殿（穴山信君）可レ被二仰理一」とあり、遠江

の外交にも信君が活躍しており、(38)永禄十三年正月二十八日付久能寺宛信玄書状で富士六所別当職補任に関して、「猶同名(穴山信君)左衛門大夫可ㇾ申候」とあり、(39)駿河入部間もない信君の政治的立場の重さを察することができよう。

元亀四年四月十二日、信玄が死去し、天正三年(一五七五)五月の長篠の合戦で武田は織田・徳川連合軍に惨敗する。信君の江尻領支配は深化し、駿河支配における位置も高まる。一般的には長篠の敗戦を契機に信君は江尻城将に任ぜられたというが、前述のように天正三年以前に江尻城に在城した可能性が高く、またそうでないにしても永禄十二年頃から早くも所領を有して支配を展開し、かつ武田氏の駿河支配の一端を担ったとみてよいだろう。清水市の郷土史家佐野明生氏は、江尻城主を一代武田左衛門大夫信光、二代山県三郎兵衛尉昌景、三代穴山信君とされているが、(40)「左衛門大夫」は信君のことであり、また昌景が城主であった徴証は得られず承認できない。

天正五年二月十九日付望月三郎左衛門宛信君朱印状の日下に「江尻」と署名しており、(41)その後も「江尻」「江城」との署名がみられ(表2)、江尻城主としての信君の自覚と責任を表わしたものと考えられる。

検地について触れる。天正五年十二月二十六日付禰宜刑部大夫宛信君判物によると、(42)「内房郷神田」に関して「丑之年之検地速依ㇾ令㆓言上㆒、具聞届」け、神田六貫九〇〇文を宛行っている。

〔史料7〕穴山信君書状写(43)

興津の内小河内郷□々早々奉行をつかハし、けんちする(検地)□幷興津の郷□今度不参陣衆の分をは、可相改候、桜井によこ山なと申付候、□□□□(恐々謹言)、

以上、

九月廿六日(年未詳)　　梅雪(穴山信君)花押

佐野殿

表２「江尻」署名文書一覧

年　月　日	宛　　所	指出	形式・内容	出典
天正５年２月19日	望月三郎左衛門	江尻	禁制	清 83-185
（天正６）７月20日	佐野治部右衛門尉	江尻	下部湯屋再興	清280-570
天正８年７月19日	昌阿弥陀仏	江城	竹木伐採「以比印判可申理」	清 27-57
（天正８）９月24日	佐野七郎兵衛	江尻	柱注文	清197-369
天正８年９月27日	（草薙神社）	江尻	竹木伐取	清　3-1
（天正９）12月21日	鷗庵	江尻	切符下行	清244-483
（年未詳）３月２日	井出土佐	江尻		清157-288
（年未詳）６月６日	佐野七郎兵衛	江尻	巣鷹について	清196-366
（年未詳）９月３日	佐野七郎兵衛	江尻	板につき覚書	清197-369

これによれば、奉行を派遣して検地を行っていることがわかる。（年未詳）九月二十一日付佐野日向守友重宛信君書状は、史料７に関連するものと考えられ、「今度遅参之衆、知行悉召放」ち、「奉行を遣、百姓ニ急度可二申付一」きよう命じている。[44]

天正六、七年には江尻城の普請役に関する文書が多くみられ、[45]西方からの脅威、すなわち徳川家康に対する防衛対策として、江尻城の防備を固めたものと推察されよう。

江尻領内において信君は、ほかにも普請役・棟別役・諸役などの賦課・免許権があり、[46]土地・農民支配にかなりの権限を行使したものと考えられる。

次に職人や商人の支配についてみたい。駿河の商人では友野・松木氏が知られているが、松木氏については、次の史料がある。[47]

〔史料８〕穴山信君判物

松木与左衛門尉於御分国商諸役毎月弐疋前御赦免之御印判頂戴畢、尤
毎度可持参之処、道中為持候事、相似卒爾候条、乍恐為証文如此候、
有御不審之人者、御証判可入拝見者也、仍如件、

七月廿六日　　　　（穴山信君）左衛門大夫（花押）

甲州御分国

諸役奉行

これによれば武田の竜朱印の免許状と信君の判物が同じ効力をもったことが推測される。五月二十一日付長坂長閑斎（武田勝頼側近）宛信君書状には「松木与左衛門人質之事」について「彼者之事者、無二奉レ守二甲刕《州》御前一者ニ候之条重而も及二人質一間敷候、若有二私曲一者某可レ及二浮沈一者也」とあり、松木の人質に関して信君が勝頼に意見している。[48] また三月三日付江尻殿宛本庄忠政書状にも「松木身上之儀蒙レ仰候」「万事梅雪斎《信君》様　御口舌次第と被レ申事候条、何事も無二隔心一御申尤候」とあり、[49] 信君の重き立場を知ることができよう。

〔史料9〕穴山信君判物[50]

（花押《信君》）

一、自前々来商人、向後相拘之、可令商買事、

一、地下次諸役免許事、付除渡海、

一、根小屋竹以御下知被相定之上者、一間分可預置之事、

右自最前為被官契約神妙之間、如此令扶助畢、依奉公可宛行重恩者也、仍如件、

元亀二年三月五日

多芸縫左衛門

宛所の多芸縫左衛門については詳しいことはわからないが、神原宿（静岡県庵原郡蒲原町）の商人であったらしく、神原宿の商人の統率をする位置を承認されたと考えられる。

〔史料10〕穴山信君判物[51]

定　於半手商売之事、

一、出合之様子、償銭如取替、於水川之郷、互河端へ出合可商売事、
一、自敵方、鉄砲幷鉄無相違出之候者、弐百疋、三百疋之夫馬可遣之事、
一、書付之外之商人、商売可停止之、若違犯之族、見合荷物等可奪捕事、
右守此旨、自今以後、可商売之者也、仍如件、
（年未詳）九月晦日　（穴山）信君（花押）
松木与左衛門尉殿
畠河次郎右衛門尉殿
山本与三左衛門尉殿
星野七郎左衛門尉殿
市野利右衛門尉殿
太田四郎左衛門尉殿
山地緒兵衛殿
大西茶右衛門尉殿
多喜二兵衛殿
伴野次郎兵衛殿

これは半手商売の取引方法を規定した珍しい史料である。半手とは敵方にありながら、相手方の領主に貢米などを納めて半ばその支配をうけるという意味であり(52)、ここでは敵方の商人と取引をすることをいう。文中の水川之郷は遠江国榛原郡の内にあり（静岡県榛原郡中川根町）、ここには大井川の渡し場があった。第二条では鉄砲の入手について

みえるが、軍事体制を立て直すために武器、とりわけ鉄砲の入手に意を尽したことがわかる。第三条では松木以下一〇人に商売の特権を付与している。

〔史料11〕穴山信君朱印状(53)

追而高辻拾六貫文也、以上、

河辺之革作自前々普請役御赦免之条、田役共ニ不可有異儀者也、仍如件、

天正七年己卯

十一月十三日

馬場宮内助殿

この史料は信君が「河辺之革作」に対して普請役を免許して保護を加えたものである。皮革は軍需品として重要なものであり、戦国大名がこれを保護している例が多くみられる。天正七年十二月九日には、花村与右衛門・田口次郎右衛門尉の両名にそれぞれ知行を宛行ってその奉公を賞するとともに、「弥不レ捨二昼夜一高山飛驒守ニ令二随遂一、細工可レ勤レ之」よう命じている(54)。高山飛驒守は武田氏の総大工職の地位にあり、甲斐一国を越えた領国規模で職人を組織していた者であり(55)、駿河でも例外ではなかったのである。花村や田口らも高山飛驒守輩下だったとみてよい。

交通政策については拙稿でも触れたように、信友の時代からすでに駿甲の交通路は下山経由で開かれており、信君の時代にも次のように伝馬手形が確認できる(56)。

〔史料12〕穴山信君伝馬手形写

一伝馬壱疋、無相違可出之者也、仍如件、

（天正八年）辰八月十四日　朱印同右

源三申請

江尻、興津、由比、内房、万沢、南部、下山、岩間、甲府迄、

これは信君が下山の大工源三に与えたものであるが、江尻から甲府までの宿駅が書かれており、同様のものがほかに二通見出せる(57)。別稿でも述べたように(58)、穴山氏の伝馬制度は、あくまでも武田氏のそれの枠内であると考えている。

また天正年中の二月九日付石切の左衛門五郎宛で「細工奉公可㆑仕」ということで「向後江尻御普請役令㆓免許㆒」めている(59)。左衛門五郎は父右衛門の跡を継いで石切棟梁になっており(60)、北条家からの朱印状が多くみられ、それ以前は北条氏の支配下にあったものである(61)。武田氏滅亡後の史料には「国中之石大工申付候」などとでてくるので(62)、駿河の石切の棟梁的存在といってよいだろう。

次に金山について麓金山の史料があるが、天正五年十二月十九日付竹河肥後守宛で、「家屋敷堀間幷郷中山林」とみえ、信君が武田の金山に関与していたことが知られる(63)。

寺社に関しても信君の発給文書が多くみられるが、禁制の発行については長福寺文書が示唆的である。天正五年七月十六日付信君判物には「当寺中濫妨狼藉殺生禁断、叨（ママ）伐山林之竹木事、以㆓御印判㆒御禁法之処違背之族、於㆑有㆑之者、糺㆓名字㆒江城江可㆑被㆑注㆓進之㆒、速可㆑処㆓厳科㆒」とあり、同年十一月六日付で武田家竜朱印状の禁制が出されている(64)。

政治的には駿河諸将と武田氏の交渉でその間に入って取り次いでいる。駿河侵略時には葛山氏や富士氏の懐柔に、天正年中では小笠原信興との交渉に当たっている(65)。元亀二年六月七日付天野宮内右衛門宛勝頼書状には「猶玄蕃頭（穴山信君）江尻在番候之条、用所等可㆑被㆓相談㆒候」とみえ(66)、長坂釣閑斎宛信君書状には「就㆓当城御仕置㆒、以㆓佐野越前守㆒被㆓仰

下一条々具奉レ得二其意一候」などとあり、[67]江尻城と信君の位置の高さ[68]を知ることができるとともに、形としてはあくまでも武田氏の駿河支配の拠点であったのである。

おわりに

以上簡単ではあるが、穴山信君の江尻領支配についてみてきた。江尻領近辺における武田・穴山両氏の発給した文配文書、特に宛行状・安堵状・禁制などから地名が確認できたものを整理すると図のごとくになる。穴山信君の支配領域が知られる。

まとめておくと、信君は武田氏の他の支城主と同様に武田氏より江尻在城を命ぜられ、それに付属する江尻領の支配を委任された。また武田親類衆の一人として武田氏の駿河支配や駿河の諸将との交渉、さらには対徳川政策などにも大きく関与し、重要な位置を占めたのである。ただし、その支配の権限の多様さには注目しなければならない。

なお、天正三年(一五七五)五月の長篠敗戦後、天正七、八年頃になると信君の江尻領支配はより活発になっていくが、それが信君の戦国大名化と捉えてよいかは容易に答えをだすことはできない。『多聞院日記』天正十年三月二十三日条には信君のことを「先ノ信源(玄)ノムコ也、人数五千計ノ大将、則駿河ノ代官也」とみえ、[69]畿内の人には駿河代官と映っていたようである。

不備な点が多々あると思うが、別の機会に補足したい。

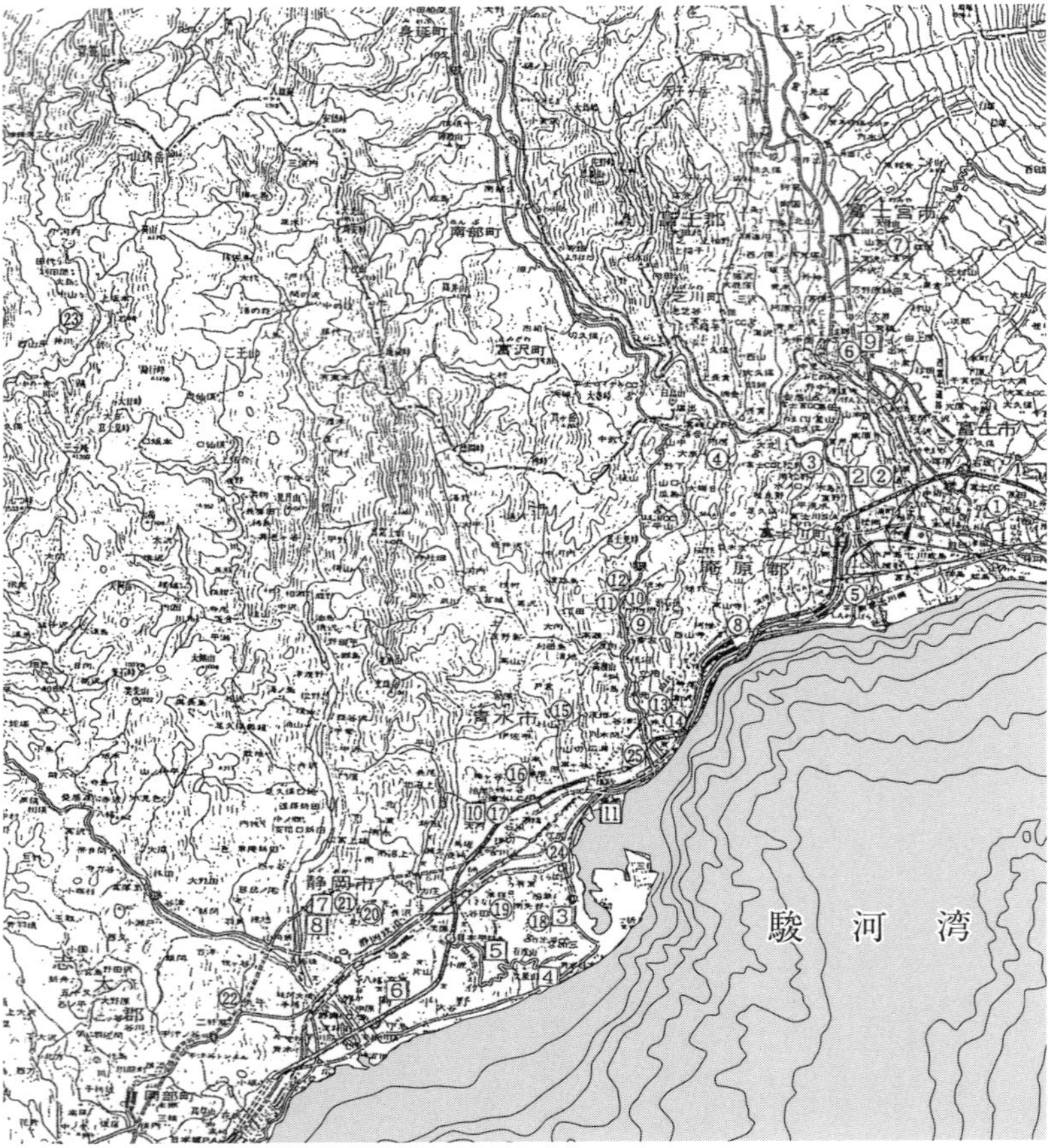

江尻近辺　穴山・武田氏発給文書分布

穴山氏　①吉原　②岩本　③松野　④内房　⑤蒲原　⑥浅間神社　⑦山宮　⑧由比
⑨宮脇　⑩小河内(松木田・加瀬沢)　⑪中一色　⑫舟場　⑬霊泉寺　⑭井上　⑮杉山
⑯庵原　⑰山原(長福寺)　⑱南矢部　⑲草薙神社　⑳安東　㉑大岩　㉒誓願寺
㉓井川　㉔江尻　㉕興津

武田氏　[1]三保　[2]岩本　[3]梅蔭寺　[4]久能山　[5]平沢　[6]八幡、八幡神社
[7]臨済寺　[8]浅間神社　[9]浅間神社(富士)　[10]山原(長福寺)　[11]清見寺

(註)すべての地名を記入したものでないことをおことわりしておく。

註

（1）拙稿①「穴山氏研究の成果と課題―河内地方の中世史像の構築のために―」（『甲斐路』五九号、昭六二）、同②「穴山信友の文書と河内領支配」（『国学院雑誌』九一巻五号、平成二〔本書所収〕）、同③「武田親類衆穴山信君の河内領支配」（『国学院大学大学院紀要―文学研究科―』二〇輯、平成一〔本書所収〕）、同④「甲斐武田氏の滅亡と穴山氏―穴山勝千代考―」（『甲斐路』六七号、平成一〔本書所収〕）、同⑤「穴山氏奉書式印判状とその奉者」（『甲斐路』六八号、平成二〔本書所収〕）。

（2）拙稿註（1）①論文。

（3）標（飯田）泰江「武田親族衆としての穴山氏の研究―特に河内領支配の在地構造をめぐって―」㈠～㈣（『甲斐路』二・三・六・一二号、昭三六～四一）。

（4）鈴木登「穴山氏の権力構造に関する一考察―その消長と被官を中心にして―」（『秋大史学』一八号、昭四六）。

（5）上野晴朗『甲斐武田氏』（新人物往来社、昭四七）。

（6）笹本正治①「早川流域地方と穴山氏―戦国大名と山村―」（『信濃』二七巻六号、昭五〇）、同②「戦国大名の職人支配―武田氏を例として―」（『年報中世史研究』三号、昭五三）、同③「武田氏と国境」（『甲府盆地―その歴史と地域性―』雄山閣出版、昭五九）。

（7）矢田俊文「戦国期甲斐国の権力構造」（『日本史研究』二〇一号、昭五四）。

（8）佐藤八郎①「南部町円蔵院所蔵『穴山信友画像』の賛について」（『甲斐路』一四号、昭四二）、同②「葵庵法号記と同画像賛の研究」（同上）、同③「穴山梅雪の享年について」（『甲斐路』一五号、昭四四）、同④「富沢町福士最恩寺所蔵穴山勝千代画像始末記」（『甲斐路』特集号、昭四四）（②以外はのち同『武田信玄とその周辺』新人物往来社、昭五四、に収録)。
(9) 町田是正「甲斐国河内領穴山氏とその支配構造」(『棲神』五八号、昭六一)。
(10) 渡辺憲一「戦国大名武田氏の権力構造―武田氏と穴山氏、小山田氏との関係―」(『学生論文集』〔早稲田大学社会科学部創設二十周年記念〕昭六二)。
(11) 秋山敬「穴山氏の武田親族意識―南松院蔵大般若経奥書の全容紹介を兼ねて―」(『武田氏研究』創刊号、昭六三)。
(12) 柴辻俊六「国人領主小山田氏の武田氏被官化過程」(『古文書研究』九号、昭五〇。のち同『戦国大名領の研究―甲斐武田氏領の展開―』名著出版、昭五六、に収録)。柴辻氏は矢田氏の批判に対して「小山田氏の郡内領支配」(『郡内研究』二号、昭六三)で「従来どおりの武田氏は戦国大名で、大名領のうちの一定地域の領域の分領委託支配が支城領であったという考え方でよい」と自説を確認されている。
(13) 矢田註(7)論文。
(14) 柴辻註(12)論文。
(15) 小峰裕美「小山田氏の郡内支配について」(『駒沢史学』二八号、昭五六)。
(16) 堀内亨「武田氏の領国形成と小山田氏」(『富士吉田市史研究』三号、昭六三)。
(17) 『清水市史資料　中世』(吉川弘文館、昭四六)六〇六号、以下『清』と略す。拙稿註(1)③論文。
(18) 磯貝正義『定本武田信玄』(新人物往来社、昭五二)、柴辻俊六「戦国期の甲相関係」(『神奈川県史研究』三八号、昭五四。のち同『戦国大名領の研究』に収録)など。
(19) 磯貝正義・服部治則校注『甲陽軍鑑』(新人物往来社、昭四〇)中巻二六七頁、「駿州江尻の城も馬場美濃守、縄ばり仕、城代には、山県三郎兵衛《(昌景)》を指置被レ成候」とある。

(20) 同右中巻二二四頁、「奥(興)津の横山に城を取、普請を被二仰付一、穴山梅雪を指置給ふは、穴山入道(信君)奥津につゞきたる下山を知行せらるゝゆへ也」。
(21) 『清』八〇・二七六・二八〇・四八八号。
(22) 『清』七〇・七一・七六・七七号。
(23) 『清』七六号。
(24) 『清』七七号。
(25) 『清』一六三号。
(26) 『清』六〇六号。
(27) 『清』五六六号。
(28) 若林淳之「武田氏の領国形成」(『地方史静岡』一号、昭四六。のち柴辻俊六編『武田氏の研究』〈戦国大名論集、吉川弘文館、昭五九、に収録〉、同「武田氏の駿河支配の特質」(『歴史手帖』五巻七号、昭五二)、『富士宮市史』上巻(昭四六)など、市町村誌の多くは若林氏執筆によるものである。黒沢脩『駿河の戦国時代』(明文出版社、昭六二)など。本書では江尻城主を初代武田左衛門大夫とし、次を信君とするが、この二人は同一人物と考えてよい。
(29) 『静岡県史料』三巻五一四頁など。
(30) 前田利久「戦国大名今川・武田氏の駿府浅間社支配」(『駒沢大学』三九・四〇合併号、昭六三)。
(31) 『清』八〇号。
(32) 『清』七八号。
(33) 『清』七二・七三号。

(34)『清』四三二号。
(35)『清』四四三号。
(36)『清』四一九号。
(37)『清』二七七号。
(38)『静岡県史料』四巻七七四頁。
(39)『清』四七号。
(40)佐野明生『江尻城主穴山梅雪―その人と生涯―』(明風後援会、昭五三)。
(41)『清』一八五号。
(42)『清』二七四号。
(43)『清』四八一号。
(44)『清』四七九号。
(45)『清』二四三号・二四五・二四七・二六五など。
(46)『清』二七二・二七八号。
(47)『清』二一八号。
(48)『清』二二〇号。
(49)『清』二一九号。
(50)『清』二六四号。
(51)『清』二二三号。

(52)『日本国語大辞典』一六巻（小学館、昭五〇）五四一頁。
(53)『清』二二五号。
(54)『清』二四六・三〇〇号。
(55)笹本註(6)②論文。
(56)『清』三九一号。
(57)『清』三〇一号、「幸福文書」。
(58)拙稿註(1)③論文。
(59)『清』一七七号。
(60)永禄十一年六月二十八日付北条家裁許状（『清』一六七号）。
(61)『清』一六五〜一七六号。
(62)『清』一八四号。
(63)『清』二九八号。
(64)『清』一九一・一九二号。
(65)『清』二八四・三二三・五三七・五六四号。
(66)『清』三一三号。三一一・三一二号も参照。
(67)『清』三〇七号。（年未詳）七月二十三日付大宮司宛勝頼書状に「自二江尻一之注進、早速被レ指二越之一、具遂二披閲一成二回札一候」（『清』二八六号）とあり、また、三一一号なども参考になる。
(68)『清』三二二号には「為レ始二梅雪斎一信上之諸卒、今朝指立候キ」とある。（天正八年カ）閏三月十八日付陸奥守信君宛勝頼朱印状にも「其表之諸城へ用心普請等、無二油断一様節々可レ被レ加二催促一事」とある（『清』四〇二号）。五五一号も参照。

(69)『続史料大成』四十二巻（『多聞院日記』五）（臨川書店、昭五三）。

（平成二年四月三十日脱稿）

〔付記〕最近、柴辻俊六氏の第二論文集『戦国大名武田氏領の支配構造』（名著出版、平三）が刊行され、その中には「武田親族衆穴山氏の領国形成」「穴山信君の文書と領域支配」の二つの論考が含まれており、本稿とかかわる部分が少なくない。柴辻論文については別の機会に触れることにしたい。

（平成三年八月、校正に際して）

〔追記〕穴山氏の「江尻領」支配についても多くの論稿が発表されている。柴辻俊六「武田親族衆穴山氏の領国形成」「穴山信君の文書と領域支配」（『戦国大名武田氏の支配構造』名著出版、一九九一年）、「武田・穴山氏の駿河支配」（『武田氏研究』二一号、一九九九年、『戦国期武田氏領の展開』岩田書院、二〇〇一年に再録）、「武田親族衆穴山信君の江尻領支配」（『地方史研究』六〇巻一号、二〇一〇年、『戦国期武田氏領の地域支配』岩田書院、二〇一三年に再録）、小川隆司「穴山信君の「江尻領」支配について」（『武田氏研究』二三号、二〇〇一年）などがそれである。穴山氏の「江尻領」支配については、武田氏の駿河支配の変遷のなかでの位置付けが重要と考える。

第四章　甲斐武田氏の滅亡と穴山氏

――穴山勝千代考――

はじめに

戦国時代の甲斐国は、国中・郡内・河内の三地域に区分される。郡内(都留郡全域)は小山田氏、河内(八代郡の一部と巨摩郡の一部)は穴山氏がそれぞれ支配していた。小山田・穴山両氏と武田氏との関係に関しては、その評価、位置づけが明確にし得ないのが現状であり、この問題は戦国大名論の根幹に関わるものとして看過することができない。郡内小山田氏については、多くの研究があり、活発な議論がなされている。柴辻俊六氏は、小山田氏の発給文書および受給文書などの詳細な検討から国人領主小山田氏の戦国大名武田氏への被官化の過程を明らかにされた(1)。これは従来の戦国大名論・国人領主制論に立脚したものとみてよいだろう。

これに対して矢田俊文氏は、従来使用されてきた戦国大名という概念の曖昧さを指摘、その不用を唱え、新たに「戦国期守護」―「戦国領主」という概念を提起された。そして戦国期甲斐国の権力構造は、戦国領主(武田・穴山・小山田氏)と戦国期守護(武田氏)の組み合わせで構成され、戦国領主武田・穴山・小山田三氏の連合政権によって維持されたと結論づけられている(2)。

この矢田氏の新説に対して小峰裕美氏(3)・笹本正治氏(4)・堀内亨氏(5)・柴辻氏(6)が異論を唱えている。なかでも柴辻氏は、

「従来どおりの武田氏は戦国大名で、大名領のうちの一定地域の領域の分類委託支配が支城領であったという考え方でよいと思う」と旧説を補強されている。また、笹本氏も武田氏の国境警備について考察され、武田氏は国人領を内包する国境を掌握し、これを通じて実際に機能する領国支配を行ったとされ、穴山・小山田両氏は武田氏と対等の関係にはなく、明らかに武田氏は両氏の上位に立つと矢田氏の所論を批判された。

このように小山田氏の研究が豊富なのに比して、穴山氏の研究は必ずしも多くはないが、それでも田中義成氏(7)・標(現姓飯田)泰江氏(8)・鈴木登氏(9)・佐藤八郎氏(10)・笹本正治氏(11)・矢田俊文氏(12)・町田是正氏(13)・渡辺憲一氏(14)・秋山敬氏(15)等の成果がある。しかし、武田氏と穴山氏との関係、権力構造論については、いまだ明らかにされていない(16)。のみならず、穴山氏の支配の実態すら明確にされていない。そこで筆者は、史料の厳密な検討を通して、穴山氏の支配の実態をまず究明することが先決と考え、「武田親類衆穴山信君の河内領支配」と題し、(1)知行宛行・安堵権(軍役賦課権)、(2)本年貢・諸役収取権、(3)法的権限(立法・裁判)、(4)商人・職人支配、(5)交通政策、(6)宗教政策、(7)官途・受領状、名字状の発給権、(8)治山・治水、(9)外交的役割の九項目にわたって、穴山氏の本領河内領(「領」と表現してよいかは検討を要する)の支配の一端を明らかにした(17)。とはいえ、拙稿も諸先学と同じく考察対象が河内領に限られており、永禄十二年(一五六九)頃から支配したと思われる駿河国江尻領については、ほとんど考察されていない(18)。

そこで本章では、すでに先学の論考もあるが(19)、武田氏滅亡の天正十年(一五八二)前後の穴山氏の動向と、同年六月二日の本能寺の変に際しての穴山信君横死後の徳川氏の甲斐侵入、領国化の動乱の中で穴山氏を継承した勝千代の動静を筆者なりに追究したい。勝千代については、佐藤八郎氏の「絹本着色穴山勝千代画像」(富沢町福士最恩寺所蔵、昭和四十二年山梨県文化財指定)の精微な研究があり(20)、勝千代の人物像についても触れられ余すところがない。したがって本章も佐藤氏の論考から多大の恩恵を受けていることはいうまでもない。

一　武田氏滅亡時の穴山信君

天正三年(一五七五)五月二十一日の長篠の合戦における敗北(21)を契機に、武田氏は攻勢から専ら守勢にまわることになり、武田勝頼はその領国の立て直しを図った。勝頼を破った織田信長は、畿内近国での合戦に忙殺され、甲斐を攻める余裕がなかったが、天正八年八月に十年来の宿敵であった大坂石山本願寺を降伏させると、その目は東国に向けられることになる。(22)

天正九年三月二十二日、徳川家康の遠江高天神城(静岡県小笠郡大東町)の攻略により、遠江における武田氏の拠点は失われた。この間の事情は、『信長公記』巻十四(奥野高広・岩沢愿彦校訂、角川文庫本三五一頁)に「武田四郎(勝頼)御武篇に恐れ、眼前に甲斐・信濃・駿河三ヶ国にて歴々の者上下其数を知らず、高天神にて干殺にさせ、後巻仕らず、天下の面目を失ひ候」とあるように、勝頼は高天神城を救援することができなかったのである。

武田勝頼は、信長の武田領国侵入の近いことを予測して、甲府の西北にあたる韮崎に新城を築き、新府と名づけ、天正九年十二月二十四日にはここに移り、信長の来攻に備えた。勝頼は、移転にともなって府中の館の建造物や家臣団の屋敷などを強制的に破壊させたといわれ、穴山・長坂・甘利氏等の家臣団屋敷が新府に配置されたというが、(23)発掘の成果を待たねばならないであろう。上野氏も述べられているように、『甲陽軍鑑』品五十七の「穴山殿御異見に(中略)当方によき御城を一ツ御構あるべく候」などの記事から、勝頼に新府築城を強く勧めたのは、穴山信君であったという。信君の所領穴山(韮崎市)の地を築城地として提供したのではないかと推測されるが、天正七〜九年頃に信君の発言力・地位が武田家にあって強まっていることなどからも、そのように推定してよいであろう。(24)

天正九年十月、伊豆戸倉城（静岡県駿東郡清水町）の笠原新六郎が武田方に内通する事件が起こった。そのことに関して曽禰河内守に指令した十月二十九日付勝頼書状の第八条目に、「為レ始二梅雪斎《信君》一信上《信濃・上野》之諸卒、今朝指立候キ、至二著城一者、毎事可レ有二相談一候」（『清水市史資料　中世』三二二号、以下『清』と略す）とあり、信君が軍事行動の大将として登場する。

信長は、（天正九年）正月二十五日付水野惣兵衛忠重宛朱印状の中で、「信長一両年内ニ駿・甲《駿河・甲斐》へ可二出勢一候」と甲州出兵の近いことを匂わせている（奥野高広『増訂織田信長文書の研究』下九一三号、以下『信長』と略す）。翌十年二月九日付で武田討滅を目的とした甲州出兵に関する軍令を出しているが（『信長』下九六七号）、これによれば、甲斐に出陣するものと領地に残留するものとを区別していることがわかる。

天正十年二月一日、勝頼の姉婿にあたる木曽谷の木曽義昌が信長に内通したことを知った勝頼は、義昌討伐のため、二月二日新府を出馬した。しかし、在駿河江尻城の穴山信君謀叛との急報に接し、甲斐に帰陣する（『信長公記』巻十五）。

武田討滅には、信長の長子信忠が先発する。信長は二月二十三日付で信忠に従った河尻秀隆に宛て、飯田・大島両城は落居したというが、高遠城には二、三付城を築き、油断のないよう、「城介《織田信忠》事、是も如二言上一信長出馬之間ハ、むさとさきへ不レ越之様、滝川《一益》相談堅可二申聞一候、此儀第一肝要候」と命じ（『信長』下九六九号）、三月一日付秀隆宛書状でも性急の前進を厳しくいましめている（『信長』下九七三号）。これは米原正義氏が述べられているように、家督継承者たる信忠が、この重要な合戦で万が一にも敗れては困るからである。[25] 二月二十九日付の信忠の報告に答えた三月三日付信長黒印状（『信長』下九七五号）には、

仍於駿州穴山《信君》依謀反、四郎《武田勝頼》甲州へ北退之旨、召仕候蔵沢走入申之由候、穴山此方へ内々申子細候、定可為実儀

候、猶々慥聞届、追々注進待入候、

とある。信君の内応は、『家忠日記』（『増補続史料大成』十九）に「江尻穴山味方ニすミ候」（一二三頁）とある三月一日であろう。しかし、信君が徳川家康と密約を交したのは、それより早い二月下旬であったことは、穴山信君覚（『清』三八八号）に次のようにあって知られる。

内覚

一、雖再三申達候、甲州無所務已前、御合力可被仰調御一行事、

一、自兼曰妻子ニ付置候者共、今以可為同前候、為御心得申達候事、

付二之曲輪、各妻子指置之候事、

一、御動一日已前、御番手衆被指越、心静諸曲輪之仕置令談合候、

以上　　梅雪斎

（天正十年）二月廿九日　　不白（信君）（花押）

徳川（家康）殿

これによれば、二月二十九日までに信君は家康に対し、再三家康の「御一行」を要求していたことがわかる。(26) これに対して家康は、同年三月二日付で信君に、「御一行」（「徳川家康書状写」『清』五一八号）を与えた。

就甲州乱入彼国可為進所之旨、所務無之以前茂、二年も三年も従安土（織田信長）被加御扶持候様、可申成候、若首尾於相違者、従此方合力可申候、為其一書進達候、恐々謹言、

天正十年

三月二日　　家康（徳川）　御判

穴山（信君）殿

これは、家康が信君に対して帰属するならば、甲斐を宛行うように、またそれ以前にも信長から扶持が加えられるように斡旋する、もし不成功ならば、家康が扶持すると申し送ったものである。三月二日頃には、家康との間に離反の条件や待遇が約束されたのであろう[27]。いずれにしろ、二月末日から三月初日にかけて、信君の謀叛は現実のものとなる。三月二日付清蔵主宛信君書状によれば、家康への使者として働いたので、「甲州本意」が成就したならば、「万疋之地」を与えるとしている（『清』四三四号）。三月四日、信君は家康と面会し、進上物として太刀・鷹・馬を贈り、家康からは刀・鉄砲百張が贈られた（『家忠日記』一二四頁）。同月五日には、酒井左衛門尉忠次が府中に、本多佐左衛門が江尻に陣替を命ぜられている（『家忠日記』一二四頁）。家康は、三月三日付で駿河清見寺、信君の本領河内領の大聖寺（南巨摩郡中富町）、南松院（身延町）、南松院末寺の松岳院に禁制を掲げている（中村孝也『新訂徳川家康文書の研究』上巻二七八～二八一頁、以下『家康』と略す[28]）。

木曽・穴山両氏が謀叛を起こすと、二月十九日付勝頼夫人願文に「なかんつくかつ頼るいたい（累代）十おん（重恩）のともから（輩）、けき新（逆臣）と心をひとつにして、たちまちにくつかへ（覆）さんとする」（『甲州古文書』二巻一六一七号）とあるように、勝頼の従兄弟信豊（典厩信繁の子）、叔父逍遙軒信綱等親類衆をはじめ多くの武田家臣が勝頼から離反し、織田軍と戦ったのは、高遠城の仁科盛信だけであった（『信長公記』三八四～三八六頁、高柳光寿「花の高遠城」『青史端紅』）。

進撃する信忠は、三月七日には甲府に入り、武田氏の諸将を斬殺し、禁制を出した。郡内小山田氏を頼って東へ向かった勝頼は、小山田信茂の謀叛にあい、三月十一日、天目山麓の田野で自刃、武田家は滅亡した（『家忠日記』等）。信長は三月五日、自ら岐阜を発ち、浪合で勝頼父子の首を実検し、十九日に上諏訪に到着する。家康は上諏訪に信長を出迎えた。二十日の夕方、信君は信長に御礼参上、この間の様子を『信長公記』巻十五（三九五頁）は、次のように

記している。(29)

三月廿日晩に、穴山梅雪御礼、御馬進上、御脇指、梨地蒔、金具所焼付け、地ぼりなり、御小刀、御つかまでなし地まき、似相申すの由御諚なされ、さげざや《（下鞘）》・ひうち袋付けさせ下され、御領中仰付けられ候き、

三月二十九日、信長は武田領の知行割を行い、駿河は家康、上野は滝川一益、信濃の内高井・水内・更科・埴科四郡は森長可、安曇・筑摩二郡は木曽義昌、伊那郡は毛利秀頼、小県・佐久二郡は滝川一益、木曽郡は木曽義昌（安堵）、甲斐国は「甲斐国、河尻与兵衛《（秀隆）》に下さる、但穴山本知分これを除く」（『信長公記』三九七〜三九八頁）とした。すなわち、信君は河内領は安堵されたが、甲斐一国は宛行われず、江尻領も信長からは認められたか否か明らかではない。(30)次の織田信長朱印状（『信長』下一〇〇八号）に注目しよう。

甲斐国本地分事、聊以不可相違、然而河尻与兵衛《（秀隆）》被遣之分与入組之儀、以年寄令相博、立堺目、全可有領知之状如件、

天正十

四月十日　信長《（織田）》（朱印）

穴山陸奥《（信君）》入道殿

「甲斐国本地分」とは、河内領のことと考えられる。しかし、甲斐は河尻秀隆に宛行われたので、その境をめぐって争いがおきないよう入組地を調整すべく、年寄が相談して土地を交換し、境界を決定して領知せよと信長が指令を出したものである。そして信長は、一一ヶ条からなる国掟を甲斐・信濃に公布したが（『信長公記』三九八〜三九九頁）、これについては三鬼清一郎氏の研究があり、史料的性格に疑問があるとされている。(31)信長は四月二日、上諏訪を発し、台ヶ原（北巨摩郡白州町）に行き、勅使万里小路充房を陣中に迎えた。三日、東国平定を上奏し、古府中に至

り武田氏館跡に宿泊、十日に出発、姥口・本栖を経て、駿河路を通って十六日浜松に着いた（『信長公記』『当代記』『家忠日記』等）。そして四月二十一日に安土に凱旋する。(32) 五月九日付越前織田寺宛信長印判状写で、「今度至二関東一出馬、甲信凶徒等誅伐、八州同時属二幕下一訖」としている（『信長』下補二三四・補二四八号）。

この間に信君が本領に発給した文書は、壬午卯月十九日付宗威軒宛判物で「南部宿中奉公人一切除レ之、伝馬衆申付可二指置一候」（『清』四六二号）とあるものと、四月十九日付万沢助六郎宛判物で旧領を安堵したもの（『新編甲州古文書』二巻一八七八号）などがある。三月日付身延山久遠寺宛禁制写（『清』四四七号）は、他の信君文書の書止文言には見えない「仍下知如レ件」とある点に若干の疑問が残る。

天正十年五月十五日、家康は駿河一国拝領の謝礼のため、本領を安堵された信君とともに安土に赴いた。『多聞院日記』五月十八日条（『史料大成』）に、次のようにある。

一、家康幷スルカ（駿河）ノ穴山入道（信君）十五日ニ安土へ来云々、事ヲ尽タル翫用意、惣見寺ヲ座敷ニ用意、唐和ノ財ニテ粧ト云々、言慮不及事共也ト、充満々々、

『信長公記』巻十五によれば、信長は街道を整備し、「所々御泊々に国持・郡持の大名衆罷出候て、及ぶ程、結構仕候、御振舞仕候へと仰出され候なり」と気を配ったようである。明智光秀が家康・信君両人の接待役となるが、やがて長谷川秀一・菅屋九郎左衛門に替る。五月十九日に惣見寺で幸若大夫の舞、梅若大夫の能が興行、二十日に酒宴が催され、「信長公御自身御膳を居ゑさせられ」たほど家康らは歓待された。二十一日には信長の勧めもあって、京都・奈良・堺遊覧のため上洛、二十九日に一行は堺に入った。六月一日、家康は朝今井宗久、昼天王寺屋津田宗及、夜堺代官松井友閑の屋敷で行われた茶会に出席した（『天王寺屋会記』）。信君が同席していたかどうか明らかにされない。二日朝、本能寺に滞留している信長に面会するため上洛しようとしたところ、本能寺の変を知り、家康は有名な

「伊賀越え」で無事三河に帰国する。信君は途中で家康とわかれて行動し、宇治田原で土民に殺害された(33)。

信君が武田氏を裏切ったことの評価については、武田家の家名を存続させるために敢えて主家に叛いたとする温情的なものもあるが、やはり〝裏切者〟との考えが多いように思う。佐藤八郎氏は、「南松院殿十七年遠忌法語」などから、「信君は救国斉家の功労者であり、武田家中興の恩人でもあった」としてその行動の正統性を説いている(34)。上野晴朗氏は、天正七年に信君は江尻城に天守閣を建て、そこを本拠として「国人領主化の確固たる道をすでに堂々と歩んでいた。外交的には信君は家康に通じる最大のパイプになっていた」とし、その発言力も「天正七、八年に急に強まったと見てよい」とする(35)。矢田俊文氏は、武田氏と穴山・小山田氏との関係を連合政権と捉え、「しかし連合のメリットが軍事体制にある限り、指揮者武田氏には連戦連勝が要求される。けれども信長の軍隊の前ではもはや勝利は不可能であった。穴山・小山田氏は個別領主の原理に基づき、武田氏から離れたのである」とするが(36)、この点は矢田氏の理論を慎重に検討した上で考えなければならない。筆者は戦国武将が滅亡する時、その家来が主家に離反する者と、忠節をつくして主家と運命を共にする者と二通りおり、それが武将滅亡の常であることから一概に決めることができないと考えている。今となっては、冷静な情況判断によって穴山家の所領を安堵することに成功したといったところまでしかいえないであろう。

二　徳川氏の甲斐領国化と穴山氏

三河に帰国した家康は、明智光秀討伐の準備をするとともに混乱した甲斐国を制圧すべく六月六日付で岡部次右衛門尉正綱に「此時候間、下山へ相うつり、城見立候てふしんなさるべく候」(『家康』上二八五頁)と命じて、急死した信君の本領河内領を押さえるため、その拠点として下山を占領させた。家康の迅速かつ功妙な手口を見て取ることができよう。六月十二日には、早くも甲斐の加賀美右衛門尉に家康は所領を宛行っている（『家康』上二八八頁）。家康は十四日、信長の弔合戦のため岡崎を進発するが、その前日の山崎の合戦で秀吉が光秀を破ったことを知ったので二十一日帰国した。北条氏政も信長横死の情報を聞き、甲斐侵入を企て、同国の国人に反乱を起こさせたことは、六月十五日付渡辺庄右衛門尉宛の書状に、「郡内江差越間、早々罷移、前々被官共、又因之者をかり集、相当之可レ致二忠信一候」（『家康』上二九二頁）と命じていることからも明らかである。大村三右衛門尉の国一揆も氏政の行動と関連しているとみてよく、甲斐の新領主河尻秀隆は国人らによって殺害された。七月三日、家康は甲信経略のため出陣したが、同日付で次のような文書を発している（『家康』上三一〇頁）。

急度申越候、仍其方何も其表案内者之事候条、本多豊後守《広孝》父子《康重》・大久保七郎《忠世》右衛門・石河長門守《康通》相談、新府中へ被移候而、信州表之計策畢竟第一候、我等儀も、今日三日出馬候間、頓而其表へ可打出候、恐々謹言、

七月三日《天正十年》　　御実名《家康》　　御居判

有富《泉》大学《信閑》助殿

穴山衆

穂坂常陸介殿

有泉・穂坂の両人は、徳川氏の信濃経略の案内者としての役割を担ったのである。それより以前の六月二十二日付「有泉大学助殿并梅雪斎人衆」宛で家康は、「今度刈坂口、郡内一揆等至二東郡一蜂起之所、各示合、始二大村三右衛門尉一無二残党一悉討捕之由、令二感悦一候、弥其国静謐之様、馳走肝要ニ候」としている（『家康』上二九八頁）。二通とも宛所がこのようになっているのは、勝千代が幼少のため、有泉大学助・穂坂常陸介等重臣が実際に従軍したからであ

ろう。家康は七月五日江尻に着陣(『家忠日記』)、六日に九一色衆の渡辺囚獄佑に「甲駿路次往還」の警固を命じている(『家康』上三二一頁)。家康は、武田氏遺領甲信両国の平定のため武田旧臣依田信蕃等に、武田旧臣の誘降に尽力するよう命じた。(37)家康が武田遺臣を優遇して懐柔に努めたのは、対北条を意識してのことであろう。(38)

北条氏政は、嫡子氏直を将として上野に遣し、六月十九日に滝川一益を破り、信濃に侵入させた。北条勢は小諸で依田信蕃を破り、信濃制圧せんとの勢いをみせる。これに対して家康は、前記のように有泉等穴山勢に大久保忠世・石河康通等の案内役となり、新府へ移って信濃領国化の作戦を行うことを「第一」と命じ、七月十日付で知久七郎頼氏に九日に甲府に着いたことを報告し、諏訪へ出陣する旨を報じている(『家康』上三二五頁)。七月十四日には、酒井忠次に信濃統治の方法を命じている(『家康』上三一九頁)。かくて家康は、甲斐と信濃の南半分をほぼ掌中に収めたが、八月には北条勢の侵攻が強く、諏訪を攻めていた忠次は新府に退却を余儀なくされ、八十日間に及んで両軍は若神子で対陣した。八月十二日の東八代郡に侵入してきた北条勢を鳥居元忠・水野勝成が敗った黒駒合戦の大勝で、家康の背後は安心となり、そのうえ甲州の旧臣を配下にすることができた。これは、八月中に武田遺臣に対する二〇通以上もの家康発給の知行安堵状によって知られるが、中村孝也氏は「対北条戦争に勝ち抜くために甲信の土豪を味方に引きつける必要から促進された施策」とされる。(39)おそらく首肯できる見解であろう。この天正十～十一年(一五八二～八三)にわたって大量の知行安堵状が出されており、武田旧臣の徳川氏への吸収の過程は村上直氏等の研究があり、(40)その大要は尽くされているが、なお筆者はこれらの安堵状を一つの史料群と捉えて古文書学的な視角から詳細に検討を加えてみる必要があるのではないかと考えている。

さてこの間、家康は秀吉に対しては、信長の次男北畠信雄と好を通じ、北条氏に対しては、下野宇都宮国綱に九月十三日付で織田氏配下の武将が来援するとの偽りの情報を流しているが(『家康』上三七三頁)、おそらく信濃での北条氏との対陣を少しでも有利に導こうとしたものであろう。結局、上野沼田は北条、甲斐・信濃は徳川の領国とし、家康の女督姫と北条氏直との婚約を条件に、両者は和睦する。この和睦後にも、武田遺臣に対して前述と同様の安堵状が多発されており、甲斐の支配が急速に進展したことがうかがわれよう。甲斐の代官に平岩親吉、都留郡代に鳥居元忠をおき、十年十二月十二日頃家康は甲府をでて浜松に帰った。

天正十一年正月十三日、家康は穂坂常陸介・有泉大学助両人に、「其家中人数悉召連、甲府へ差越、岡部次郎右衛門尉(正綱)・平岩七助(親吉)令二談合一、彼指図次第、河口・河尻か、又新府迄か相移、時宜可レ然様行等肝要候」と命じている(『家康』上四七〇頁)。十一年は、八月より甲府に三十数日、江尻に四十数日、駿府に十数日滞在している。中村氏は、「これぞとり立てていうべき程の行動もなく、全体に低調であるのは、駿・甲・信の経営がほぼ一段落に達したことを示している」[41]とされているが、甲駿支配を固めた時期と評価できよう。

見てきたように、徳川氏の甲斐領国化に穴山氏が活躍したことが、わずかな史料ではあるが、ほぼ明らかになったと思う。

表1　穴山勝千代発給文書

No.	年月日	指出	宛所	内容	出典	刊本
1	天正10・9・10	勝千代□(朱印) ㊐	本宿	伝馬定書(当宿中之事)	朝夷文書	清四六〇
2	10・10・3	勝千代□(朱印) ㊙袖	南部之宿	伝馬定書(南部宿中伝馬之事)	朝夷文書	清四六一
3	11・正・28	□(朱印)有泉大学助 ㊎奉 ㊐	河内之祢宜衆廿五人	諸役免許(借馬令赦免)	稲葉文書	清四〇八
4	11・3・14	勝千代□(朱印) 袖	河口六左衛門尉	棟別諸役免許(自前々任判形)	判物証文写武田	清二九三
5	11・3・21	勝千代□(朱印) ㊐	(南部宿)	伝馬法度(下山江通過之者)	朝夷文書	清四六四

6	11・8・5	勝千世□(朱印)　㊐	跡部犬千代	知行安堵(霊泉寺殿御判形)	佐野文書	清四八二
7	11・8・27	勝千世□(朱印)　㊐	竜雲寺納所	普請諸役免許(貴寺門前壱間)	竜雲寺文書	清四三五
8	11・9・17	有泉大学助他二人　(奉)㊐	「水野平太夫」(異筆)	代官申付(早川入用所)	水野文書	清三七七
9	11・9・17	(朱印欠)同右　(奉)㊐	佐野七郎兵衛尉	代官申付(早川入用所)	佐野文書	清三七二
10	11・9・28	□(朱印)　㊐	新見甚内	普請諸役免許(福士之内)	最恩寺文書	清四八六
11	11・12・16	勝千世□(朱印)　㊐	大聖寺	棟別普請諸役免許	大聖寺文書	清三四四
12	11・12・17	勝千世□(朱印)　㊐	周桂斎	知行宛行(興津之内)	鷲宮文書	清五三六
13	11・12・23	勝千代□(朱印)　㊐	久遠寺	禁制(殺生禁断)	鷲宮文書	清四五二
14	12・正・28	勝千世□(朱印)　㊐	大聖寺	禁制(喧嘩口論)	大聖寺文書	清三四五
15	12・2・20	勝球世　㊐	山宮大夫	御師申付(富士村山之坊)	判物証文写附一	清二九〇
16	12・12・3	御朱印有　㊐	徳間山作等	普請諸役免許(山作之奉公)	円蔵院文書	清四七五
17	14・11・15	口(朱印)　(奉)㊐	(諏訪明神社)	勧進申付(拝殿建立)	諏訪明神社	清四六七
18	15・正・26	口(朱印)　㊐	佐野兵左衛門尉	開発許可(薬袋之開)	佐野文書	清三七四
19	15・2・26	武田勝千代□(朱印)　㊐	大聖寺	寺領安堵(長光院領)	大聖寺文書	清三四六
20	(年未詳)正・22	□(朱印)　(袖)	(欠)	材木申付(小ころく三百丁)	水野文書	清三七八
21	(年未詳)3・9	□(朱印)兵左衛門尉奉之　(奉)㊐	水野平太夫・横山喜四郎	川除申付(川除可申付)	水野文書	清三七九
22	(年未詳)5・11	(欠)　㊐	万主	書状(煩于今平ゆふ候)	万沢文書	甲二―一六六〇
23	(年未詳)8・16	勝(ママ)　㊐	万主	書状(見性院殿御湯治)	万沢文書	甲二―一六六一
〔穴山勝千代家臣発給文書〕						
・	天正10・12・12	君元花押(穴山)　㊐	(欠)	一字書出(元)	網蔵文書	清四九八
・	12・3・10	穂坂常陸介君吉(花押)　㊐	清見寺御納所	手形(西河内之中宮代三百地)	清見寺文書	清一三五

蘆沢伊賀守君次（花押）

表2　穴山勝千代受給文書

No.	年月日	指出	宛所	内容	出典	刊本
1	（天正10）6・22	御実名御居判（家康）㊐	有泉大学収殿并梅雪斎人衆	書状（刈坂口郡内一揆）	記録御用所本古文書	清三八五
2	（天正10）7・3	御実名御居判（家康）㊐	有泉大学助殿・穴山衆穂坂常陸介殿	書状（信州表之計策）	記録御用所本古文書	清三八六
3	天正10・8・18	御諱御判（家康）㊐	武田勝千代	知行安堵（駿州之内山西～）	穴山文書	清五一九
・	天正10・12・5	高木九助・本多弥八郎　(奉)㊐	穴山彦太郎	棟別屋敷等免許（棟別～）	穴山文書	清五一六

表3　穴山勝千代関連文書

No.	年月日	指出	宛所	内容	出典	刊本
1	（天正11）10・5	桜北他4名徳川家奉行　(奉)㊐	芝田殿同心衆	替地宛行（穴山之内～自穴山殿御訴訟）	諏訪神社文書	清二三一

（註）①表の体裁は便宜上、『甲斐武田氏文書目録』に拠った。②(奉)は奉書、㊐は日下、(袖)は袖署判を示す。③刊本の清は『清水市史資料　中世』、甲は『新編甲州古文書』の略称である。数字は文書番号を示す。

三　穴山勝千代関係文書の検討

ここでは、勝千代の支配の実態をみる前に、その関係文書について考えたいと思うが、まず『甲斐国志』など[42]から、勝千代の人物について述べておきたい。

勝千代は元亀三年（一五七二）、当時三十二歳といわれる穴山信君の嫡男として下山城（南巨摩郡身延町下山）に誕生したという。生母は武田信玄の女で、のちの会津藩主保科正之（徳川秀忠四子、保科家養子）の養育にあたった見性院夫人である。[43]

戦国武将の幼年期の生活や動向を正確に知ることのできる史料は乏しく、不明な点が多いのが一般的で、勝千代も例外ではない。しかし、円蔵院桂岩徳芳和尚の穴山勝千代画像賛[44]によれば、「家業所レ勤、諳二詩礼於庭訓一、風流可レ愛、考二雅頌和篇一、加レ之六芸皆通、習二三略一亦秘伝」とあり、風流を愛し、和歌・雅楽の嗜みを持ち、典礼・音楽・騎馬・射術・書道・数学の六道に通じ、中国の兵書『三略』を学んだ、すなわち幅広い教養を身につけていたという。こうした画像賛は、美辞麗句を書き連ねるのが一般的で、そのまま信用できないかもしれないが、武田氏の文化の高さからいって[45]、穴山氏の嫡男として文化受容に心を向けていたことは認めてよいであろう。そして「君子威権、争二王恭美姿一、濯々如二春月柳一、奪二昌宗寵遇一、亭々似二秋水蓮一」としているのも事実であったろう。こうして勝千代は、信君の後継者として順調に成長したと考えられる。

次に勝千代関係文書について検討する順序になったが、その前に穴山氏の発給文書について触れておく。穴山氏の初代は義武とされているが、発給文書が確認されるのは、今のところ信友・信君・勝千代の三代だけである。信友の発給文書三四通（うち一通偽文書）、信君の発給文書一三二通（うち四通偽文書）、合わせて一六六通が柴辻俊六・高島緑雄共編『甲斐武田氏文書目録』ですでに確認されている。[46]この目録は、武田氏滅亡の天正十年（一五八二）三月十一日までを原則として収録しているため、穴山氏についても信君で終わっている。しかし、穴山氏は勝千代死没の天正十五年まで存続するから、その発給文書・受給文書・関連文書（ここでは文書中に「穴山」「勝千代」の文言が見えるもの）

を整理すると、およそ表1・2・3のごとくである。

勝千代の初見文書は、『清水市史資料　中世』によると、天正七年十二月九日付田口次郎右衛門尉宛勝千代朱印状写(『清』三〇〇号)となっている。しかし、同年月日付で同じ内容の花村与右衛門宛信君朱印状写(『清』二四六号)があり、勝千代はこの頃八歳で、しかも信君在世中であるから、勝千代が文書を発給する理由はないといってよく、田口宛も勝千代ではなく信君の朱印状とみなされる。勝千代の発給文書があらわれるのは、信君死去の天正十年六月二日以降であり、その初見は同年九月十日付勝千代朱印状(『清』四六〇号)である。以下、表1のように有年号文書が一九通、無年号文書四通、合計二三通が認められる。写もあって速断は許されないが、全て朱印を使用したものであろう。おそらく勝千代幼少のため、奉行・右筆といった勝千代補佐役の人々がかわって押したものと思われる。

勝千代の署名は「代」六通、「世」五通、残りは奉者・無署名である。佐藤八郎氏は「代」が正しいとされる。(47)その根拠薄弱であるが、決定的なものはないから、本章でも「代」に統一して論述する。また勝千代の朱印は二重の方形朱印であり、印文は現在の所未詳である。(補注)内容的には、父信君の付与してきた諸権利を承認する継目安堵的な性格をもつものがほとんどであり、目新しい内容を含むものは少ない。他に受給文書三通、関連文書一通が確認される。受給文書三通のうち、(天正十年)六月二十二日付徳川家康書状写(『清』三八五号)は、「有富(泉)大学助殿并梅雪斎人衆」宛であり、(天正十年)七月三日付家康書状写(『清』三八六号)も、「有泉大学助殿・穴山衆・穂坂常陸介殿」宛となっており、穴山当主、幼少の勝千代を補佐したのが有泉大学助や穂坂常陸介といった信君以来の重臣達であったことがわかる。このことは、天正十一年九月十七日付「水野平太夫尉」(異筆)宛勝千代朱印状(『清』三七七号、三七二号も参照)

の奉者が有泉大学助信閑・蘆沢伊賀守君次・穂坂常陸介君吉となっていることからも確かめられる（『清』一三五号等も参照）。なお、天正十年十二月五日付徳川家康朱印状写（『清』五一六号）の宛所となっている穴山彦太郎は、穴山氏の一族ではあろうが、詳らかにしえない。

以上が、勝千代関係文書の概要であったが[48]、次に勝千代と河内領について考えてみよう。

四　穴山勝千代と河内領

天正十年（一五八二）八月十八日、家康は勝千代に本領を安堵する内容の判物を与えた（『家康』上三四九頁）。

駿州之内、山西幷河東次津分之事、如年来、従当所務可有収納候、然者諸同心知行方之儀、如前々可被仰付之状如件、

天正十年八月十八日　御諱御判

（穴山）武田勝千世殿

山西とは、高草山（静岡県焼津市街地北四キロに所在）よりも西の駿河内志太郡域をさす地名で、現在の焼津市・藤枝市・島田市に相当する[49]。永禄十二年（一五六九）三月十六日付武田家朱印状で、浅間神社（静岡市）の神供を山西で調えることが許可されている（『静岡県史料』三巻三八六頁）。また、（元亀元年〈一五七〇〉）卯月十日付で信玄は、一色藤長宛で室町将軍足利義昭に、「京都万疋之御料所」を山西に設定して献上している（『大日本史料』十編四―二六三頁）。天正二年八月二十四日付武田家朱印状にも「駿府近辺並山西所々」とみえる（『静岡県史料』三巻五〇一頁）。河東津とは河東（駿河国東部地域）、すなわち富士川以東の富士郡・駿東郡一帯をさす[50]。甲斐河内領について記載はないが、それ以

前に安堵されたものであろう。文書の形式が家康の署判になっている点、注目される。

家康は本多重次・松平家忠・天野康景等を江尻城番に任じ、河内領寺沢に築城して菅沼定政に守備させている。勝千代は江尻に在城したであろうが、重要な政務は彼ら徳川家臣が握っていたものと推測される。そして河内領にあっても、前にみた軍事行動と同様に実際の政務に関しても有泉大学助・穂坂常陸介・蘆沢伊賀守等が補佐したものと思われる。

勝千代の支配文書の初見は、穴山勝千代印判状（『清』四六〇号）で、次のようである。

当宿中之事

右伝馬ニ可被定候間、去年梅雪斎（穴山信君）被仰出候由候、因茲当宿之内、軍役之被官居屋敷ニ相除之、徒ニ壱間宛拘置候事堅停止之畢、然者伝馬屋敷壱間之内、縦幾人雖令居住、転役之儀者可為壱間役、向後明屋敷、何之又被官雖有之、伝馬厳重可相勤之、難渋者於有之者、家財共ニ可押執之者也、仍如件、

天正十年

九月十日　勝千代（朱印）

本宿

難解な史料であるが、伝馬屋敷に居住している者は伝馬役勤仕の対象となり、軍役衆や又被官であっても例外ではないとしたものであろう。同年十月三日付で、「南部宿中伝馬之事」として「勤二伝馬一族、縦雖レ為二奉公人一、伝馬屋敷ニ令二居住一者、如二相定一可レ勤レ之、畢竟彼宿中之儀、可レ為二伝馬衆仕配（ママ）一」しと命じ、無沙汰のものは家財名田を没収するとしている（『清』四六一号）。また天正十一年三月二十一日付で五ヶ条からなる「南部伝馬法度」が出されているが（『清』四六四号）、これは天正五年十二月二十一日付信君伝馬法度と同内容であり（『清』四五七号）、信君の法度

を確認したものである。

天正十一年三月十四日付河口六左衛門尉に対して、「自二前々一任二判形一、棟別諸役家弐間分并堀間共令二免許一」め(『清』二九三号)、同年八月二十七日には竜雲寺に対して、「貴寺門前壱間押立借馬、同普請諸役等」を前々のごとく免許している(『清』四三五号)。同年九月十七日には、佐野七郎兵衛尉(「水野平大殿」(後筆))に対して、「任二梅雪斎判形一之間、早川入用所以二其方一人一可二申付一」として、早川地域の代官的地位を安堵している(『清』三七二・三七七号)。この権利は、(年未詳)二月十三日付信君判物(『清』三六四号)ですでに信君より付与されており、(年未詳)十一月二十四日付信君判物には、「可レ為二代官一」(『清』三七一号)とある。また、同十一年八月五日付で「任二(信君)霊泉寺殿御判形之旨一」せて跡部犬千代に知行を安堵し(『清』四八二号)、同十二年十二月三日には徳間郷(富沢町)山作等に「円蔵院殿・霊泉寺殿両代之御判形帯来明鏡」なので、「普請役以下諸役速免許」し、山作の奉公を命じている(『清』四七五号)。(年未詳)三月九日付で水野平太夫・横山喜四郎に対して、「内房郷中人足堅相触、川除可二申付一」しと治水を命じている(『清』三七九号)。他にも天正十一年十二月二十三日付久遠寺宛定書(『清』四五二号)、同年九月二十八日付新見甚内宛諸役免許状(『清』四八六号)などがあるが、いずれも、父信君の文書を再確認したものである。

以上のように勝千代の支配文書は、幼年であるため、朱印状であり、また早世することもあって現存しているものは、内容的には父信君の命令や付与した権利を承認した継目安堵的なものがほとんどである。このことは、信君の支配が安定していたことを裏書きし、また家康が河内領の安定を望んでいたからであろう。すなわち勝千代のうしろには家康がいたと考えられる。そのことを暗示する史料が、次の徳川家奉行連署証文写(『清』三三一号)である。

穴山之内諏訪神領拾貫六文、自(勝千代)穴山殿御訴訟ニ付、返シ被進候間、替リ相渡可申候条、不可有催促候、以上、

未(天正十一年)

拾月五日

桜井（信忠）　印
以清斎（市川元松）　印
石四右（石原昌明）
玄随斎（工藤喜盛）　印

芝田殿（七九郎康忠）同心衆

これは、天正十一年四月十八日付で諏訪神社が社領として穴山郷（韮崎市）の内五貫三〇〇文を家康からすでに安堵を受けていたが（『甲州古文書』二巻一六〇六号）、穴山勝千代がそれでも少ないからもとあった社領を返付するよう家康に要求し、それを家康が認め、所領の減った芝田同心衆に替地を与えることを約束したものである。もちろん実際は、有泉・穂坂氏ら重臣層が行ったことであろうが、穴山領が穴山氏によって支配されたことが、先の継目安堵の文書とともに理解できるのではないか。

勝千代は、天正十五年六月死去する。最初、薩埵松源（承元）寺に葬られたが、のち福士の最恩寺に改葬、最恩寺殿の法謚をおくられた。家康は穴山（武田）の名跡を自分の五子万千代に継がせた。万千代信吉は、天正十八年、徳川家康の関東移封とともに下総小金三万石に封ぜられ、同二十年（文禄元（一五九二））には佐倉一〇万石に、慶長七年（一六〇二）には水戸一五万石に加増されたが、翌八年九月十一日、万千代もまた二十一歳の若さで早世し、再び武田家は断絶するのである。

おわりに

武田氏滅亡前後の穴山氏の動向と信君頓死後の穴山勝千代の動静をみてきた。武田氏滅亡の際、信君は徳川家康の案内者として活躍し、本能寺の変後の甲斐侵入においても穴山衆はやはりその案内者の役目を荷った。あるいは、甲信諸士の徳川帰属に穴山氏がその背後で奔走していたのではなかろうかと推測される。

勝千代は夭逝したため、信君の支配を承認した文書が大半を占め、独自の支配を示す文書はみられない。しかし、それはそれで意味があり、信君の支配時代の通りに支配することがもっとも安定していたからで、勝千代の背後に家康の影がちらつく。とはいえ、勝千代が成長すれば、信君の後継者として徳川氏麾下で活躍したであろうことを思えば惜しまれてならない。

註

（1）柴辻俊六「国人領主小山田氏の武田氏被官化過程」（『古文書研究』九号、昭五〇。のち同『戦国大名領の研究―甲斐武田氏領の展開―』名著出版、昭五六、に収録）。

（2）矢田俊文①「戦国期甲斐国の権力構造」（『日本史研究』二〇一号、昭五四）、同②「戦国期富士北麓の法と銭と参詣」（『ヒストリア』八八号、昭五五）。

（3）小峰裕美「小山田氏の郡内支配について」（『駒沢史学』二八号、昭五六）。

（4）笹本正治「武田氏と国境」（地方史研究協議会編『甲府盆地―その歴史と地域性―』雄山閣出版、昭五九）。

(5) 堀内亨「武田氏の領国形成と小山田氏」(『富士吉田市史研究』三号、昭六三)。
(6) 柴辻俊六「小山田氏の郡内領支配」(『郡内研究』二号、昭六三)。その他の小山田氏の研究については、『郡内研究』二号所収の「小山田氏関係文献目録」を参照されたい。
(7) 田中義成「穴山梅雪」(『史学雑誌』五編六号、明二七)。
(8) 標(飯田)泰江「武田親族衆としての穴山氏の研究―特に河内領支配の在地構造をめぐって―」㈠～㈣(『甲斐路』二・三・六・一二号、昭三六～四一)。
(9) 鈴木登「穴山氏の権力構造に関する一考察―その消長と被官を中心にして―」(『秋大史学』一八号、昭四六)。
(10) 佐藤八郎①「南部町円蔵院所蔵『穴山信友画像』の賛について」(『甲斐路』一四号、昭四二)、同②「葵庵法号記と同画像賛の研究」(同上)、同③「穴山梅雪の享年について」(『同』一五号、昭四四)、同④「富沢町福士最恩寺所蔵穴山勝千代画像始末記」(『同』特集号、昭四四)(②以外は、のち同『武田信玄とその周辺』新人物往来社、昭五四、に収録)。
(11) 笹本正治「早川流域地方と穴山氏―戦国大名と山村―」(『信濃』二七巻六号、昭五〇)。
(12) 矢田註(2)①論文。
(13) 町田是正「甲斐国河内領穴山氏とその支配構造」(『棲神』五八号、昭六一)。
(14) 渡辺憲一「戦国大名武田氏の権力構造―武田氏と穴山氏、小山田氏との関係―」(『学生論文集』〔早稲田大学社会科学部創設二十周年記念〕昭六二)。
(15) 秋山敬「穴山氏の武田親族意識―南松院蔵大般若経奥書の全容紹介を兼ねて―」(『武田氏研究』創刊号、昭六三)。
(16) 穴山氏の研究史については、拙稿「穴山氏研究の成果と課題―河内地方の中世史像の構築のために―」(『甲斐路』五九号、昭六二)を参照。

(17) 拙稿「武田親類衆穴山信君の河内領支配」(『国学院大学大学院紀要―文学研究科―』二〇輯、平一(本書所収))。

(18) 別稿を予定している(「穴山信君の江尻領支配」(佐藤八郎先生頌寿記念論文集刊行会編『戦国大名武田氏』、本書所収))。

(19) 『韮崎市誌』上巻(昭五三)、佐野明生『江尻城主穴山梅雪―その人と生涯―』(明風後援会、昭五三)等。

(20) 佐藤註(10)④論文。

(21) 上野晴朗氏は、信君以下親類衆のほとんどが無傷であり、勝頼に臣従する意識が弱く、『甲陽軍鑑』品五十二で「典厩・穴山殿に腹を御きらせ有べく候」と高坂弾正忠が長篠敗戦の責任を両名にあるとしたことを指摘している(『定本武田勝頼』新人物往来社、昭五三、一七五頁)。

(22) 定岡明義「織田信長の関東経営への布石」(『政治経済史学』八五号、昭四八)では、信長は長篠の戦勝によって武田領国を手中に収める自信と関東経略の意識を明確にもったのではないかとされている。

(23) 上野註(21)三〇六頁。

(24) 上野註(21)三〇一頁。

(25) 米原正義「無敵軍団織田一門衆」(『歴史読本』昭和六十一年九月号、特集「織田信長一族の謎」)。『蓮成院記録』三月条に「今度上様東国御出馬付、当国衆自二昨日一上洛、(中略)他国立殊更遠国迷惑之由也、甲雙《(斐)》・越後之弓矢天下一之軍士之由風聞、一大事之陣立也」とあるのは興味深い。

(26) 上野氏は天正八年頃、岡部正綱・曽根昌世・穴山信君等は徳川氏に通じていたのではないかと推測されている。上野註(21)二九七頁。『甲陽軍鑑』品五十七、『武田三代軍記』など参照。

(27) 中村孝也氏は、「穴山信君は甲州西河内領(南巨摩郡)の名族であり、家康に臣礼を執ったというわけではなかった」

（『家康の臣僚』一七六頁）とされる。
(28) 中村孝也『新訂徳川家康文書の研究』（日本学術振興会、昭五五）。
(29) 『武徳編年集成』『当代記』等参照。
(30) 『多聞院日記』天正十年三月二十三日条に「穴山ト云ハ本来祓川ノ者ニテ、先ノ信源(玄)ノムコ也、金子二千枚ノ礼ニテ帰忠云々、本来スルカノ屋形ヲ裏帰タル仁也云々」とある。
(31) 三鬼清一郎「信長の国掟をめぐって」（『信濃』二八巻五号、昭五一）。
(32) 信長の甲州征討については、柴辻俊六「織田政権東国進出の意義」（『日本史攷究』一六号、昭四五。のち同『戦国大名領の研究』に収録）、定岡明義「織田信長の武田氏経略に関する一考察―天正十年を中心として―」（『政治経済史学』一〇〇号、昭四九）等参照。
(33) 『日本耶蘇会年報』に、「信長の凶報堺に達するや、この町を見んとて行きし三河の王、及び穴山殿は直ちに彼等の城に向いしが通路は既に守兵に占領せられたり。三河の王は兵士及び金子の準備十分なりしを以て、或は脅し、或は物を与えて、結向通過するを得たり、穴山殿は遅れ、又少数の部下を従えしため、更に不幸にして一度ならず襲撃せられ、先ず部下と荷物とを失ひ、最後に自身も殺されたり」とあり、『譜牒余録』『北条記』『信長公記』等にも記事がみえる。遠藤富造「穴山梅雪公の宇治田原墓所に詣でて」（『甲斐路』一四号、昭三六）参照。
(34) 『韮崎市誌』上巻四二六～四二七頁。『身延町誌』、『早川町誌』等も同様。
(35) 上野註(21)三〇六頁。『甲陽軍鑑』品五十七は信君と信豊が勝頼の女との婚約をめぐって対立したとする。
(36) 矢田註(2)①論文。
(37) 武田遺臣の徳川被官化の過程や徳川氏の武田旧領の領国化の過程については、中村『徳川家康公伝』（昭四〇）、村上直氏「徳川氏の甲斐経略と武川衆」(『信濃』一三巻一号、昭三六)、同「甲斐における辺境武士団について」(上)(下)(『信濃』一四巻一・二号、昭三七)等の研究があるので、本章では概略述べることとする。

(38) 中村註(27)著書、一九六頁。

(39) 中村註(28)著書、上三三九頁。

(40) 村上註(37)論文。

(41) 中村註(37)著書、二一九頁。

(42) 巻九十八人物部七(雄山閣出版、四巻一四四頁)。

(43) 村松蘆洲「穴山梅雪夫人と保科正之」(『甲斐史学』八号、昭三四)、秋葉一男「徳川家康・秀忠の子二人を養育した見性院」(『新編埼玉県史だより』三〇、昭六三)等参照。『甲斐国志』四巻七七頁。

(44) 佐藤註(10)④論文。

(45) 渡辺世祐『武田信玄の経綸と修養』(創元社、昭一八)等。

(46) 『甲府市史史料目録』(昭六一)。

(47) 佐藤註(10)④論文。

(48) 穴山氏奉書式印判状と奉者については、別の機会に述べるつもりである(「穴山氏奉書式印判状とその奉者」(『甲斐路』六八号、平成二、本書所収))。

(49) 『角川日本地名大辞典』22静岡県(角川書店、昭五七)九八四頁。

(50) 同右二八九頁。

(補註) 穴山勝千代が使用した朱印の印文については、『新編甲州古文書』『清水市史資料　中世』をはじめ多くの刊行書が未詳、あるいは「勝千世朱印」としている。本稿でもそれによったが、脱稿後、国学院大学文学部助教授で中国書道史が御専門の佐野光一先生に勝千代朱印の写真をお見せしたところ、印文は二字で「武田」と読めるのではないかとの御指摘を受けた。もしそのように読めるのであるならば、勝千代とそれを擁する家臣たちは、武田の正統を継承するものとの意識をもっていたと考えられるのではないか。秋山敬氏が「穴山氏の武田親族意識―南松院蔵大般若経奥書の全容紹介を兼ねて―」（『武田氏研究』創刊号、昭六二）を発表され、穴山氏の武田親族としての意識について詳細に検討されており、それとの関係でもう一度考えてみる必要があろう。ひとまず、指摘のみにとどめ、別の機会に穴山信友・信君使用の印判とともに考察を加えたい。御教示いただいた佐野先生と紹介の労をおとりいただいた国学院大学文学部教授二木謙一先生に深甚の謝意を表する次第である。

〔付記〕　本稿は昭和六十一年一月、国学院大学文学部に提出した卒業論文の一部に加筆・訂正を行ったものである。成稿するにあたって、国学院大学教授米原正義先生に御指導いただいた。深甚の謝意を表する次第である。

〔追記〕　拙稿発表後、柴裕之「徳川領国下の穴山武田氏」（柴辻俊六編『戦国大名武田氏の役と家臣』岩田書院、二〇一一年、『戦国・織豊期大名徳川氏の領国支配』岩田書院、二〇一四年に再録）が発表されている。

第五章　穴山氏奉書式印判状とその奉者

はじめに

戦国大名甲斐武田氏に、奉書式印判状がみられるのはすでに周知の事実であるが、武田親類衆の一人で河内領の領主である穴山氏にもまた、奉書式印判状が確認できる。

武田氏の研究は豊富で、(1)古文書学的観点からも柴辻俊六氏が武田氏関係文書の概要とその特色について述べられている(2)。しかしその奉書式印判状については、柴辻氏の前掲論文に簡単に述べられているのと(3)、上野晴朗氏の考察がある(4)にすぎない。柴辻氏も「そこには地域割分担はもとより、職掌別分担の原則もみられず、武田家の場合、その原則が何であったかは、今後の検討課題である」とされているように(5)、詳細な検討が必要であろう(6)。

また、穴山氏の研究(7)ついては拙稿にまとめてあるので参照されたい(8)。本章では穴山氏の奉書式印判状とその奉者について考察を加え、穴山氏研究進展の一助としたい。

一　穴山氏の奉書式印判状

まず、穴山氏の奉書式印判状を整理すると次表のようになり、二一例が確認できる。その内訳は、信君が有年号一四通、無年号三通の一七通、勝千代が有年号三通、無年号一通の四通である（検討を要するものも含む）。

武田信玄（晴信）は、天文十年（一五四一）六月十四日に父信虎を駿河に追放し、武田家の家督を相続すると、まもなくその年の十月四日から竜朱印の使用を開始するが、(9) 奉者が登場するのは永禄九年（一五六六）七月二日付小平木工助および丸茂弥兵衛宛の武田家朱印状からである。(10)

穴山氏奉者表

No.	年月日	文書名	宛名	内容	奉者	出典
1	永禄5・卯・15	穴山信君朱印状写	望月藤左衛門尉	川除材木	佐野兵左	清―201―381
2	（永禄10）卯丁5・晦	穴山信君判物	佐野文三	棟別免許	跡部藤三	清―281―572
3	（永禄10）卯丁5・晦	穴山信君判物	早川彦三郎	諸役免許	跡部藤三	清―189―347
4	永禄12・壬5・	穴山信君朱印状	青柳二右兵衛尉	知行宛行	穂坂与一	清―259―528
5	氷禄12・壬5・19	穴山信君朱印状	佐野二郎右衛門尉	知行宛行	穂坂与一	清―280―568
6	永禄12・10・6	穴山信君朱印状	石河弥左衛門尉	諸役免許	以春軒	清―204―390
7	元亀1・8・21	穴山信君朱印状	佐野七郎兵衛	材木徴収	以春軒・穂坂織部助	清―194―362

8	天正4・10・20	穴山信君朱印状写	河西伝右衛門尉	紺屋役赦免	万沢主税助	清―248―497
9	天正8・2・12	穴山信君朱印状写	小沼雅楽	諸役免許	穂坂	清―36―74
10	(天正8)・9・24	穴山信君朱印状	佐野七郎兵衛	柱注文	ひこ(江尻)	清―197―370
11	天正8・10・12	穴山信君朱印状写	欠	普請役免許	若林外記	清―256―520
12	天正8・10・12	穴山信君朱印状	大崩之孫左衛門尉	普請役免許	若林外記	清―258―526
13	天正8・10・28	穴山信君朱印状	西嶋之江禅庵	諸役免許	下庵	清―186―337
14	天正9・5・23	穴山信君朱印状	番匠与十郎	知行宛行	(穂坂)常陸介	清―205―393
15	天正11・1・28	穴山勝千世朱印状	河内之祢宜衆 廿五人	諸役免許	有泉大学寮	清―211―408
16	天正11・9・17	穴山勝千代朱印状写	佐野七郎兵衛	継目安堵	大学(有泉) 蘆伊(芦沢) 常陸(穂坂)	清―198―372
17	天正14・11・15	穴山勝千代朱印状	欠	諏訪社拝殿建立勧進	七人衆	清―237―467
18	卯・3・3	穴山信君朱印状	佐野次郎衛門尉	召使許可	馬場彦尉(彦兵衛カ)	清―281―571
19	(年未詳)2・21	穴山信君朱印状写	大工源三左衛門	造事命令	以春軒	清―207―398
20	(〃)6・6	穴山信君朱印状	佐野七郎兵衛	棟別免許	常陸(江尻)	清―196―366
21	(〃)3・9	穴山勝千代朱印状	水野平太夫・横山喜四郎	川除命令	兵左衛門尉(佐野)	清―200―379

※『清水市史資料　中世』が典拠。形式的にみると№20などのように奉者がいて、「江尻」とあって、さらに朱印があるものや、№12などのように奉者がいて、朱印があって、袖に信君の花押があるものなどがあるが、こういった古文書学的問題は別稿で詳細に検討をする予定である。

ところが、穴山氏の奉書式印判状は、それより四年早い永禄五年卯月十五日付の望月藤左衛門尉宛信君印判状写を確認することができる。(11) これはどういうことであろうか。写であるため確実なことはいえないが、内容的には偽文書と速断することはできない。ただその後、永禄十年まで穴山氏の発給文書に奉書が見出せないことと、柴辻氏が触れられているように、永禄九年七月以前にみられる奉者のある竜朱印状がすべて偽文書と判定されること(12)などから疑問が残る。やはり、武田氏の奉者創出に倣って穴山氏もまた設置したものと考えたほうが妥当ではないだろうか。この点は再考を要する。

奉者が一番多くみられるのは、天正八年(一五八〇)である。この頃(天正七、八年)、信君は駿河国江尻城(静岡県清水市)の修築を精力的に行っており、(13) またその発給文書に「江尻」とか「江城」と署名することもあった。(14) 上野晴朗氏も述べられているが、天正七〜九年頃の信君は、武田家中における地位が高まり、(15) まだまだ検討を必要とするところであるが、独立化の道、すなわち戦国大名に脱皮しようとしている時期であると考えるならば、この天正八年に奉者が多見するのと大きく関連するかもしれない。ただこの点は、信君の江尻領支配を解明したうえで、私なりの答えをだしたいと思っている。内容的には、諸役・棟別・普請役の免許など、免許文言を有するものが多いが、多岐にわたっている。

二　穴山氏の奉者

次に、穴山氏の奉書式印判状にみえる奉者についてみてみたいが、このことは穴山氏の家臣団に関係する問題でもある。

穴山氏の家臣団編成を扱ったものに鈴木登氏(16)・佐野明生氏(17)の論考がある。しかし両者ともに奉者の考察はされていない。穴山氏の家臣団研究は全て不充分であるので、今後の課題としておく。

まず、奉者一人一人についてみていきたい。佐野兵左衛門は、政光といい、越前守泰光(18)の子という(19)。前述のように「佐野兵左」として出てくるが、その文書が疑わしいのである。ただ、(年未詳)四月二十一日付佐野兵左衛門尉宛信君朱印状などがあり(20)、実在の人物とみてよいだろう。若林外記は、『甲陽軍鑑』にでてくる若林三郎兵衛の後名であると『甲斐国志』は推定している(21)。その他の以春軒・ひこ・下庵は奉者になっていること以外は不明である。次に確かな史料から考えてみることにしよう。

万沢主税助は、永禄十三年(一五七〇)二月七日付で、「遠江守拘来知行名田」等の「万沢違(遺)跡」を安堵されている(22)。さらに元亀元年(一五七〇)十二月晦日付で主税助が若輩であるため、討死した遠江守の内房郷代官の職務を佐野越前守に申し付けていたが、「自今以後者、任㆓先代筋目㆒可㆓申付㆒者也」と命じられている(23)。万沢氏は甲斐・駿河の国境に位置する関係で、武田氏からも直接知行を宛行われ、軍役の負担を義務づけられていたことは、笹本正治氏の研究によって明らかにされている(24)。

次に穂坂常陸助であるが、『国志』巻之百十六、士庶部第十五の該当項をみよう(25)。

一、穂坂常陸助（同村）　穴山氏ノ部将ナリ、武功ノ事往々諸史ニ記セリ、天正壬午年梅雪死シテ、勝千代幼シ、常陸・有泉大学等ト議シテ能ク本部ノ軍ヲ護ス、同六月叛人大村党楯籠ル所ノ大野ノ砦ヲ抜キ、首級ヲ献ジテ、神祖ノ啓行ヲナシ御感書ヲ賜フ、（全文附録ニアリ）遂御先手ノ軍ニ加ハリ進退ス、同十二年小牧ノ役ニ本多豊後守ト同ク春日井小幡ノ塁守衛ヲ命ゼラル、（四戦紀聞等ニ常陸助忠文ト記ス、未ダ可否ヲ知ラズ）同十三年七月三日卒ス（身延ノ過去帳ニ慈雲院宗鎮日守）男金右衛門ハ幕府ニ奉仕シ大坂ノ役ニ御旗奉行タリ、其男長四郎慶長十七年越後（流罪ノ事編年集成ニ見ユ、按ニ穂坂荘ハ北山筋ニ在り、穴山村ニ近シ、盖シ穂坂ハ穴山氏ノ世臣カ、篠原村法久寺ニ常陸幷越後ナル者ノ墓・牌子ヲ置ク、其筋ニ委シ、軍鑑常陸ノ弟掃部助アリ身延ノ過去帳ニ法名ハ宗将七月十七日卒トアリ、又織部与市ナル者梅雪ノ文書ニ見エタリ、与市ハ常陸ノ初名ナリト云、

穂坂常陸介の実名は、天正十二年（一五八四）三月十日付の芦沢伊賀守君次との連署手形に「穂坂常陸介君吉」とあるところ[26]から君吉である。この君吉の君の字は、信君の一字を拝領したものであろう。[27]年未詳十月二十一日付望月与三兵衛宛信君判物に、「松野の郷かくれ物有レ之由候、穂常令二談合一」むとある。[28]また（天正八年カ）南松院明院瑞世奉加帳には、有泉大学助等とともに「穂坂常陸助」の名がみえる。[29]

天正八年閏三月二十四日付で穂坂常陸介に対して、信君は、「八日市場之内榑坪分九貫三百文の地」を常陸介「一期之後」久遠寺に寄付することを承認しているが、[30]八日市場（中富町）周辺が常陸介の知行地であったのであろうか。

次に有泉大学助であるが、『国志』巻之百十六、士庶部第十五の「有泉大学助」の項をあげる。[31]

一、有泉大学助　穴山ノ同心頭ナリ、穂坂ト同ク武名ヲ顕ス、後ニ勝千代ノ陣代トシテ諸方ノ軍行ニ従ヘル事史録ニ見エタリ、元亀二未正月岩間ノ河西氏所蔵、有泉平三昌輔花押又南松院大般若経ノ奥書ニモ此名アリ、初平三ト呼シナラン、河住氏蔵ム天正壬午六月大須賀文書ニ有泉大学頭奉レ之、下山一宮所蔵同十一未正月有泉大学寮奉レ之、薬袋佐野氏所蔵同月十七日大学・蘆伊・常陸トアリ、勝千代継目ノ朱印ナリ、此頃大学ト更ムルカ、頭・寮ナド記スハ一時ノ譜称ナリ、

有泉大学助は、（天正九年カ）七月二十八日付円蔵院「明院和尚御瑞世御備ニ付而」寄付した信君判物に、[32]

十両　梅雪斎
十両　自内方
五両　局

　　　　　　　　　　　大学助

とある大学助と同人であろう。

さらに、蘆(芦)沢伊賀守についてみる。『国志』巻之百十六、士庶部第十五の該当記事を掲げよう。(33)

一、蘆択伊賀守元辰　同前武名ノ士ナリ、下山宿ノ本陣所蔵ノ系図ニ拠ルニ本姓大江、毛利氏ヨリ出ヅ、其先信州蘆沢ニ食邑シテ氏トス、天文十二癸卯八月七日美作守元豊ナル者年二十四戦死シテ、其家断絶ス、家士海老原治部勝政幼子四歳ナルヲ抱持シテ走来リ、穴山家ニ倚レリ、内縁アル故ナリ、成長シテ頼母元辰ト名ク、後伊賀守ト称ス、按ニ諸記ニ伊賀守信之ト云ハ蓋シ此人名ヲ改ムルカ、梅雪ノ時ニ当レリ、後武田万千代殿ニ仕フ、身延過去帳ニ慶長二酉十二月九日卒ス、法名日寿同祖師堂ノ過去帳十三日法寿ニ作ル、逆修ト見エタリ其男頼母信重徒五位下伊賀守ニ叙ス、万千代殿逝去ノ後、常陸介殿(徳川頼宣)ニ仕ヘ、又中納言殿(徳川頼房)ニ仕フ、正保四年十月十七日卒ス、子孫世々水戸ノ元臣タリ、(後略)

この記述の中では、伊賀守の実名を元辰としているが、前述のように清見寺文書の中に「蘆沢伊賀守君次」とみえるところから、君次が正しいとみるべきであろう。

天正十年三月十一日の武田氏滅亡、六月二日の本能寺の変、穴山信君の急死によって、幼い勝千代が穴山氏当主となる。(34) 彼を補佐したのが、穴山家臣中の有泉・蘆沢・穂坂の三名であった。

急度申越候、仍其方何も其表案内者之事候条、本多豊後守(広孝)父子、大久保保七郎(忠世)右衛門、石河長門守(康通)相談、新府中へ被移候而、信州表之計策畢竟第一候、我等儀も今日三日出馬候間、頓而其表へ可打出候、恐々謹言、

(天正十年)七月三日　御実名　御居判

有富(泉)大学助(信閑)殿

穴山衆

穂坂常陸介殿(35)

これは、織田信長が本能寺の変で横死すると、北条・徳川両氏が、東西から甲斐へ侵入することになり、家康が、勝千代、実質的には有泉大学助・穂坂常陸介両名に対して出陣の旨を伝え、本多・大久保氏等と相談して信濃へ出兵することを命じたものである。これ以前の六月二十二日付で家康からやはり、有泉大学助および梅雪斎人衆に宛て、書状が出されており、刈（雁）坂口郡内一揆等を鎮圧したことを賞され、「弥其国静謐之様馳走肝要」を命じられている(36)。このように勝千代が幼年のため、有泉・穂坂・蘆沢の三名が実際の政務を担当し、また軍事行動においても彼らが穴山衆を率いて参加したものと推測される(37)。

おわりに

以上、穴山氏の奉書式印判状とその奉書について若干の考察を行った。

穴山氏の奉者の設置は、武田氏の奉者成立にならったものではないかと考え、その実態を把握することを中心に論述したつもりである。柴辻氏もすでに触れられているが(38)、ほぼ同様の性格を持つと思われる郡内小山田氏には、奉行人が奉じた、いわゆる奉書形式は現在のところ一通も確認されていない。この点は武田氏領国制下における穴山氏と小山田氏の位置が相違するのではないかとの想定がなりたつが、今後の課題としたい。

なお、穴山氏の奉行人の中で比較的史料があり、興味深い動向をみせる佐野越前守については、稿を改めて述べることにする。

註

（1）柴辻俊六編『武田氏の研究』（戦国大名論集10、吉川弘文館、昭五九）の「解説・参考文献」参照。

（2）柴辻俊六①「戦国大名文書の分類と特色」（『甲斐の地域史的展開』雄山閣出版、昭五七）、同②「甲斐武田氏関係文書の考察」（『中世東国史の研究』東京大学出版会、昭六三）。

（3）柴辻註（2）②論文、同「甲斐武田氏家臣の文書」（『歴史手帖』四巻七号、昭五〇、のち同『戦国大名領の研究―甲斐武田氏領の展開―』名著出版、昭五六、に収録）。

（4）上野晴朗『定本武田勝頼』（新人物往来社、昭五三）。

（5）柴辻註（2）②論文五四七頁。

（6）山中（山室）恭子「武田氏龍印判状を素材として」（『戦国史研究』三号、昭五七）、中丸和伯「後北条氏と虎印判状」（稲垣泰彦・永原慶二編『中世の社会と経済』東京大学出版会、昭三七）、小和田哲男「後北条氏奉書式印判状と奉行人」（『神奈川県史研究』一四号、昭四七）等参照。

（7）標（飯田）泰江「武田親族衆としての穴山氏の研究―特に河内領支配の在地構造をめぐって―」㈠～㈣（『甲斐路』二・三・六・一二号、昭三六～四一）、笹本正治「早川流域地方と穴山氏―戦国大名と山村―」（『信濃』二七巻六号、昭五〇）、拙稿「武田親類衆穴山信君の河内領支配」（『国学院大学大学院紀要―文学研究科―』二〇輯、平成一）等。

（8）拙稿「穴山氏研究の成果と課題―河内地方の中世史像構築のために―」（『甲斐路』五九号、昭六二）。

（9）柴辻註（2）②論文五三三頁。

（10）『信濃史料』一三巻三〇頁、柴辻俊六・荻野三七彦編『新編甲州古文書』一巻三七六頁九一八号。

（11）『清水市史資料　中世』（清水市、昭四五）三八一号、以下『清』と略す。

(12) 柴辻註(2)②論文五三六頁。
(13) 江尻城鐘銘写(『清』二四三号)、『清』二四五・二四七・四二三号等。
(14) 『清』一八五・四八三号等。
(15) 上野註(4)著書。
(16) 鈴木登「穴山氏の権力構造に関する一考察—その消長と被官を中心にして—」(『秋大史学』一八号、昭四六)。
(17) 佐野明生『穴山梅雪—その人と生涯—』(明風後援会、昭五三)。
(18) 佐野越前守は興味深い人物なので、別の機会に述べたい。
(19) 『甲斐国志』巻之百十六、士庶部第十五(雄山閣校注本四巻三八一頁)。以下『国志』と略し、雄山閣本を使用する。
(20) 『清』五四九号。五四七・五五〇号も参照、天正十五年正月二十六日付で勝千代から薬袋(南巨摩郡早川町)を安堵されている(『清』三七四号)。
(21) 『国志』巻之百十七、士庶部第十六(四—三八七頁)。
(22) 『清』四八九号。
(23) 『清』四九〇号。
(24) 笹本正治「武田氏と国境」(地方史研究協議会編『甲府盆地—その歴史と地域性—』雄山閣出版、昭五九)。
(25) 『国志』四—三七九~三八〇頁。
(26) 『清』一三五号。
(27) 拙稿註(7)四一八頁。
(28) 『清』二七九号。

(29)『清』四三〇号。

(30)『清』四四四号。

(31)『国志』四―三八〇頁。

(32)『清』四二六号。

(33)『国志』四―三八〇～三八一頁。

(34)武田氏の滅亡と穴山氏の動向、特に穴山勝千代については、拙稿「甲斐武田氏の滅亡と穴山氏―穴山勝千代考―」（『甲斐路』五十周年記念特集六七号、平成一〔本書所収〕）を参照されたい。

(35)『清』三八六号。

(36)『清』三八五号。

(37)穴山氏の家臣を知るのに便利な史料は、南松院明院瑞世奉加帳（『清』四三〇号）である。

　就于瑞世之一件御奉加「（異筆）明院和尚瑞世也」

拾両　梅雪斎

拾両　御裏

五両　御局幷有大（有泉大学）

　御家中衆　位次不同

壱両　鷗庵（佐野）

壱両　耕雲斎

壱両　萬遠（万沢）

壱両　帯美（帯金）
壱両　穂常（穂坂）
壱両　跡因（跡部）
壱両　蘆伊（蘆沢）
弐分　釣翁斎
壱両　善忠
壱両　松次
弐分　同内
弐分　木村

鷗庵は佐野氏、万遠は万沢遠江守、帯美は帯金美作守（天正十年二月五日付帯金美作守宛信君判物、『清』五二一号）、穂常は穂坂常陸介、蘆伊は蘆沢伊賀守のことである。ここに姿を見せる人々は、穴山信君・勝千代二代を補佐した重臣たちとみてよいだろう。

(38)　柴辻俊六「国人領主小山田氏の武田氏被官化過程」（『古文書研究』九号、昭五〇、のち同『戦国大名領の研究』に収録）。

〔付記〕　本稿をはじめ一連の穴山氏に関する拙稿を作成するにあたっては、畏友小松健二氏に種々御助力をいただいた。記して深甚の謝意を表するものである。

〔追記〕　拙稿発表後、竹田進吾「戦国期穴山氏家臣薬袋佐野氏について」（『甲斐路』八一号、一九九五年）が出されている。

第六章　穴山信君と畿内諸勢力
——武田外交の一断面・史料紹介を兼ねて——

はじめに

筆者は、釧路市立美術館で開催された「初公開・市河文書の世界　釧路市指定文化財　市河文書公開展—幻の軍師山本勘助の発見」（二〇〇七年十二月十五日〜二十四日）の展示指導と講演のために同館を訪れた（1）。その際に拝見したのが、本章で紹介する（仮称）「於曽家文書」である。二〇〇七年十二月十六日（日）の講演後のことであった。（仮称）「於曽家文書」の所蔵者は、谷瑠美子氏（北海道釧路市）で、伝来については系図等関係史料がないため、その詳細は不明とせざるを得ないが、谷氏による戸籍などの調査に基づけば、甲斐の土豪於曽氏の出と考えられ、明治十六年九月十三日に岩手県南岩手郡東中野村から北海道山越郡山越内村に移住してきたとのことである（2）。そこで本章では、便宜上、（仮称）「釧路・於曽家文書」と称することとする。

「於曽家文書」は、武田信玄書状一巻と大和孝宗ほか四名の武将書状五通一巻の二群からなる。宛所は「彦六郎」「武田玄番頭」「武田左衛門大夫」とあり、すべて穴山信君と考えられる。本来であれば、「穴山家文書」と称すべきものであり、なぜ於曽家に伝来したかは興味深い課題として残して置く。武田信玄書状以外の差出は、すべて畿内の武将と推定される。

本文書群は、畿内情勢や武田氏と畿内武将たちとの交渉、武田氏外交における穴山信君の位置を知る上で貴重な史料と思われる。確定できなかった部分も多いが、研究の進展を願って史料紹介を行うこととした。

それでは、以下新出の「釧路・於曽家文書」を紹介していきたい。

一　武田信玄書状一巻

まず、彦六郎宛武田信玄書状一巻を紹介する（図版1）。法量は、縦二八・〇cm、横四二・四cmで巻子装となっている。

就身延山会職（式）、両口之往覆（復）如恒
例申付候、然者舞師之事、諏方
祭礼為稽古雇候き、因茲従門徒
擯出之由候、言語道断驚入候、惣而或
誦経或法会交候儀者、一宗之法
度候条、不可有俗家之綺候歟、楽人
之事者俗之業候間、如此之擬不審候、

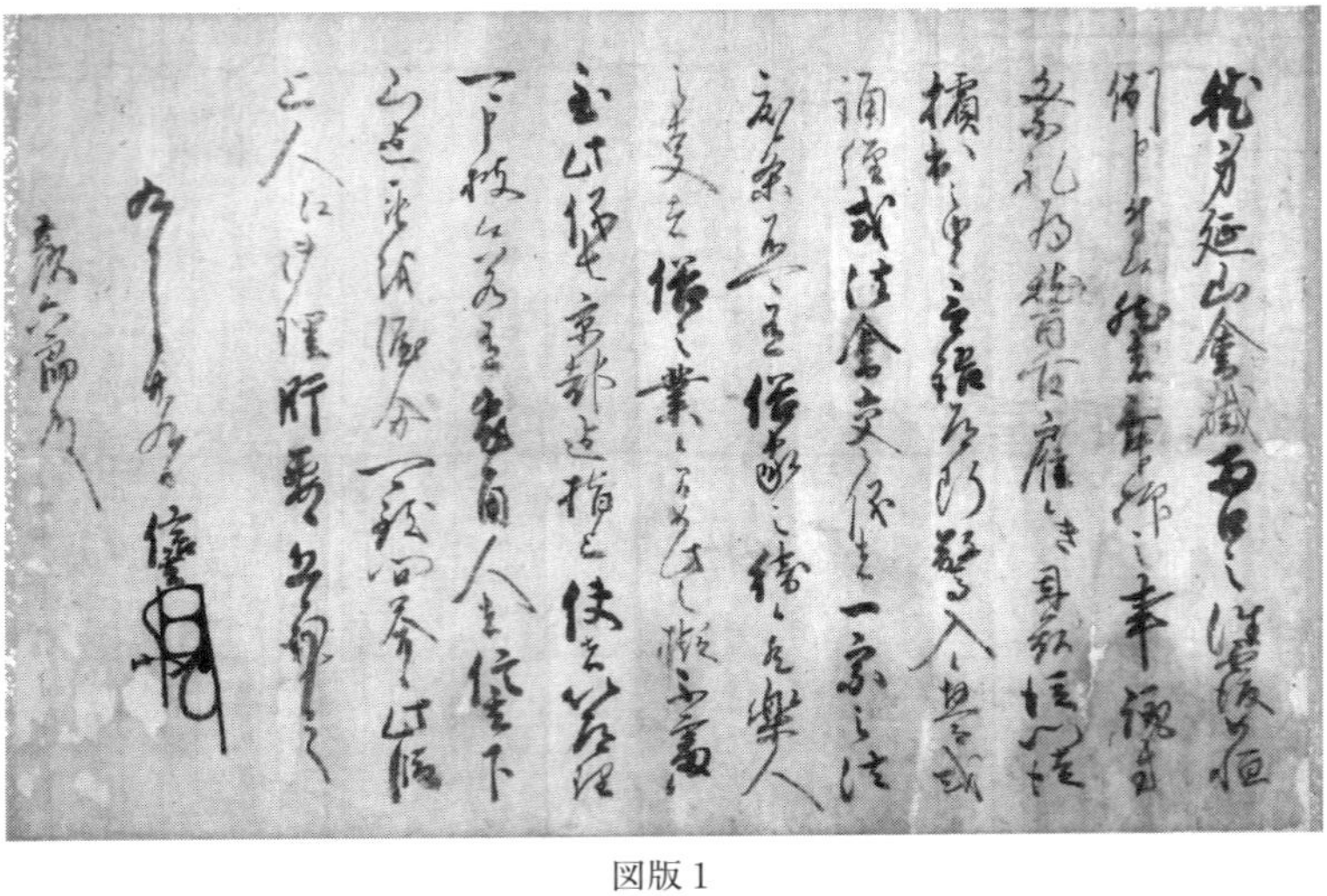

図版1

至此儀者京都迄指上使者、以道理
可申披候、若有兎角人者、信玄下
山迄罷越、涯分可致問答候、此段
上人江御理肝要候、恐々謹言、
（年未詳）九月廿九日　（武田）信玄（花押）
（穴山信君）彦六郎殿

本史料は、すでに紹介されている武田信玄書状写の原本と考えられる。[3]

武田晴信が信玄と称するのは永禄二年（一五五九）以降、穴山信君は永禄三年には彦六郎と名乗っており、彦六郎から左衛門大夫に通称を変えるのが、永禄九年閏八月以降であることから、本書状は永禄二年から同九年の間のものと推定される。[4]柴辻俊六氏は永禄初年と推定されている。

関連史料として、（年未詳）三月二十五日付彦六郎（穴山信君）宛武田信玄書状写（久遠寺文書『県史』一―一二一〇号）に「身延山之住侶両三輩、揚日叙上人之悪名捧解状、披看之、其過失一無証拠、速彼悪徒等可有追放寺中、然則於分国不可許容、以此旨染一筆候」とあるものや、（年未詳）十月二日付武田彦六郎（穴山信君）宛久遠寺日叙書状写（久遠寺文書『雑々留記』、『清水市史』四四九号）の「就舞師之儀、太守（武田信玄）之御札委令披覧候」などとあるのをあげておきたい。

柴辻氏は、「身延山久遠寺宛の五通の書状は、本城主武田氏、支城主穴山氏の権限分与ないし力関係を見る上で格好なものである」とする。[5]

二　穴山信君宛書状一巻

甲斐国河内領の領主で、武田信玄の娘を正室とし、武田親類衆の中で重きを成した穴山信君に宛てた文書五通を一巻に仕立てたものである。内容的には五通とも畿内の武将から信君に対して宛てたもので、天正二年・三年に出された文書である。穴山信君宛の大和宗孝・(姓未詳)房家・三好存康・六角(大原)高盛・六角承禎宛の書状、合計五通が一巻に収められている。包紙が付属するものが二通、包紙だけのものが一通である。包紙は横に貼られている。穴山信君宛の書状五通が何らかの意図をもって、江戸時代のある時点で表装されたものと推測される。

次に「穴山信君宛書状」一巻に収められた五通を紹介する。

(1)大和孝宗書状(図版2)

先度以書状申入候、然者、
信長去三日上洛候、来月
六日到河内表高屋・大坂
可被相働と存候、弥其方御出馬
可被相念事尤候、　公儀
御座所猶以御忍候段難成候、
其御分別肝要存候、将又
池田遠江守為可得貴意

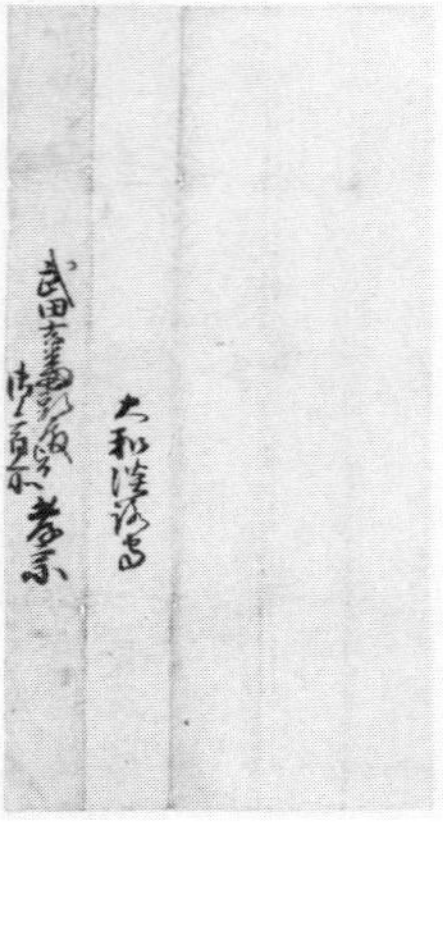

下国候、別而　公儀忠功之
仁候条、御馳走可然存候、委曲
任彼三方候、恐々謹言、
三月十五日　(大和)孝宗（花押）
武田玄蕃頭殿
参　御宿所
大和淡路守
（包紙ウハ書）「
武田玄蕃頭殿参　孝宗
御宿所　」

本紙の法量は、縦一一・二m、横四四・二cmで、包紙の法量は縦二一・九cm、横一一・三cmである。差出の大和淡路守孝宗は、十五代将軍足利義昭の近臣で、後に義昭の鞆行きに従っている。宛所の「武田玄蕃頭」は穴山信君のことである。

信長の上洛、河内の高屋城攻め、大坂本願寺攻め、公儀（足利義昭）の動向、池田遠江守下国の記載から、天正二年（一五七四）の畿内情勢に合うと考えられる。

元亀四年（一五七三）三月七日、将軍足利義昭は織田信長と断交している。（元亀四年）四月四日付の顕如上人文案に「池田遠江守　公儀へ参

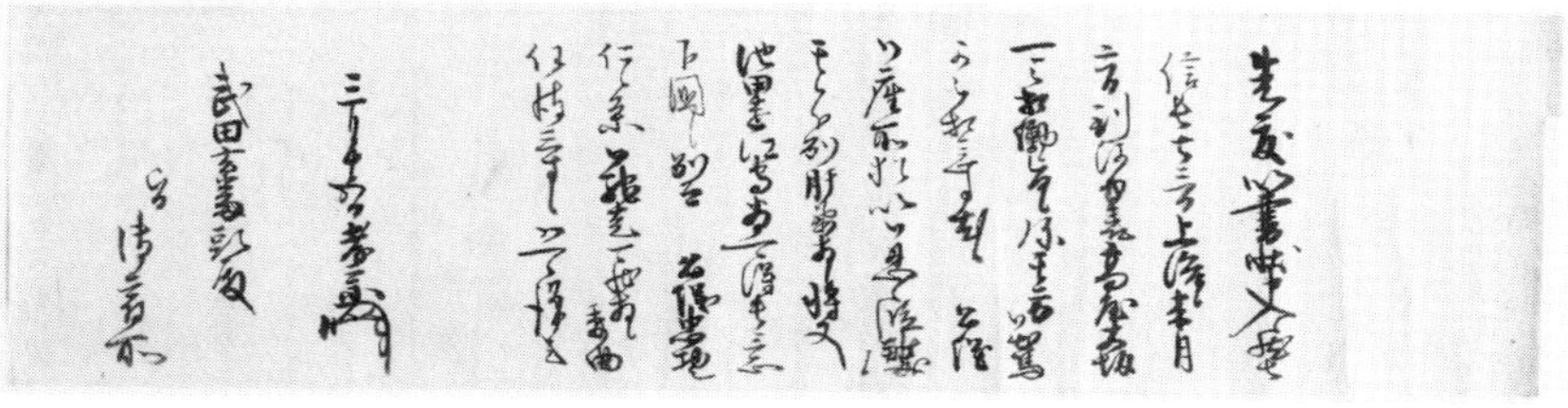

図版 2

候、畠山・遊佐已下同然之由候」（「顕如上人書札留」『大日本史料』十編九）とあり、畠山秋高・遊佐信教ともに足利義昭方に付いた[6]。同年四月七日、織田信長の軍事力の前に義昭は降伏している。義昭は七月一日に槇島城で再度挙兵している。六月二十五日には、守護代遊佐信教が守護畠山昭高を殺害している。武田信玄書状写（津金寺文書『県史』五―一七一三号）には「今度任于大坂（本願寺）幷朝倉義景催促、到遠州出馬候」とあり、本願寺からの要請も出馬の理由の一つにあげている。

（元亀四年）二月十六日付東老軒宛武田信玄書状（「手鑑万代帖」『県史』五―三〇〇一号）を掲げる。

態令啓札候、従京都為　御使節、大和淡路守・武田梅咲軒下国、貴寺（本願寺）・信長（織田）和平儀、信玄（武田）可致媒介之旨、被
仰出候、雖斟酌候申述候、被応　将軍（足利義昭）之命尤ニ候、依御報以使可申候之趣、宜令洩申給候、恐々謹言、

八月十三日　　信玄（花押影）

東老軒

本書状にみえる大和淡路守が孝宗であり、緊迫した畿内情勢が看守できる。

(2)（姓未詳）房家書状　一通（図版3）

此表之儀、花城院
御存知之旨、被成入魂
候之処、以御分別可為
御取持由御存分通
承諾被申候ハ、然者
勝頼江以直書被申候、

可然様、御取合所仰候、
猶委曲使僧含申候条、
期来音時候、恐々謹言、
五月廿二日　　房家（花押）
武田玄番頭殿
参　御陣所

法量は縦八・八cm、横二五・六cm。差出の房家は不明。宛所の武田玄蕃頭は穴山信君のことで、文中の花城院は不明である。天正二年頃のものと推定される。

(3) 三好存康書状　一通（図版4）
（包紙ウハ書）
「　　三好孫六郎
武田玄蕃頭殿　存康
御宿所　　」

態令啓候、仍今度至
遠州高天神被取詰
被任御存分之由珍重候、
就其以直札申候、可然様
御取成肝要候、為御音
信候輪五懸進之候、

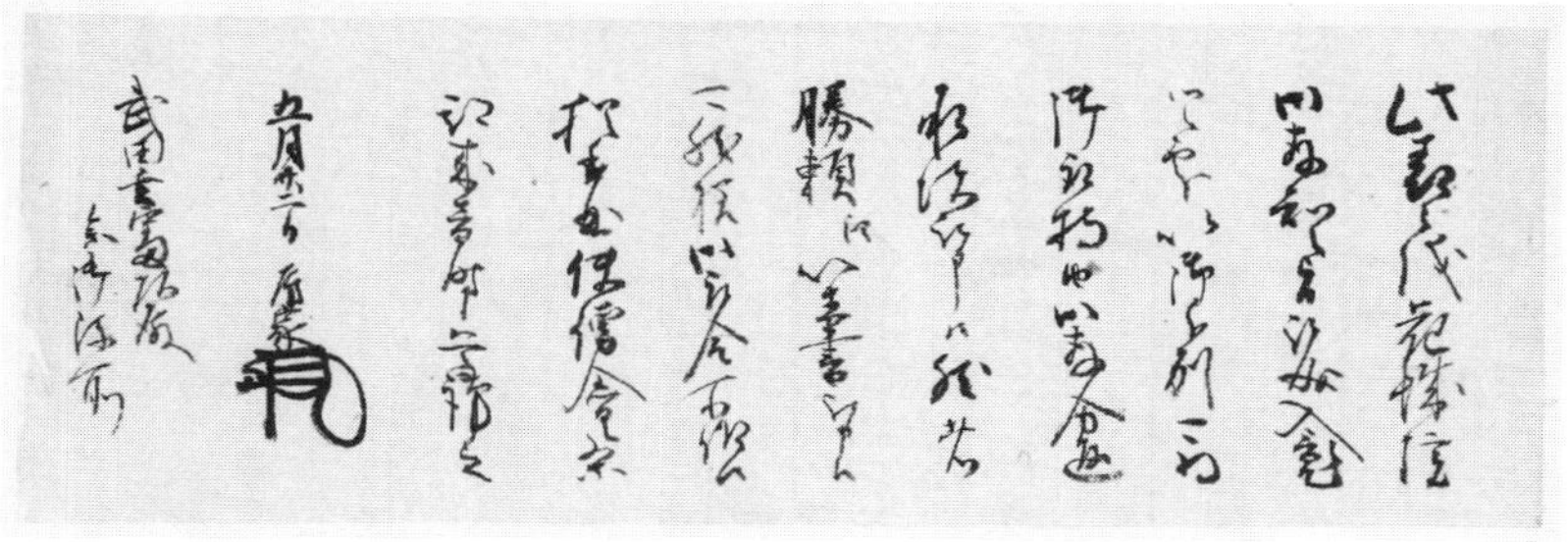

図版3

誠祝儀迄候、将又其表

於尾濃御行専一候、爰

元之儀大坂相談得

上意計策無油断候、

向後尚以深重可申

談候、恐々謹言、

八月十日　存康（三好）（花押）

武田玄蕃頭殿

参　御宿所

本史料の法量は、縦一一・二cm、横三九・〇cm、包紙は広げた状態で貼られているが、その状態で縦二〇・三cm、横八・七cmである。差出の存康は十河（三好）存保と同一人と考えられる。また『大日本古文書　東福寺文書』一巻一三四頁掲載の元亀元年七月三好重存（義継）禁制の「孫六郎（花押）」と同一の花押にみえる。三好義継は、天正元年十一月十六日に河内若江城で自刃している。この孫六郎は義継ではなく、存保ではなかろうか。宛所の武田玄蕃頭は穴山信君のことである。文中に高天神城攻略、大坂、すなわち本願寺との交渉がみえることから、年代は天正二年と推定される。

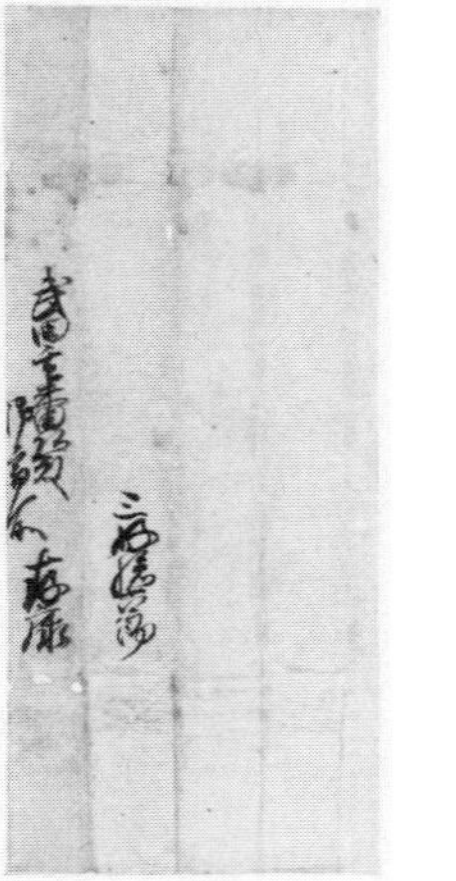

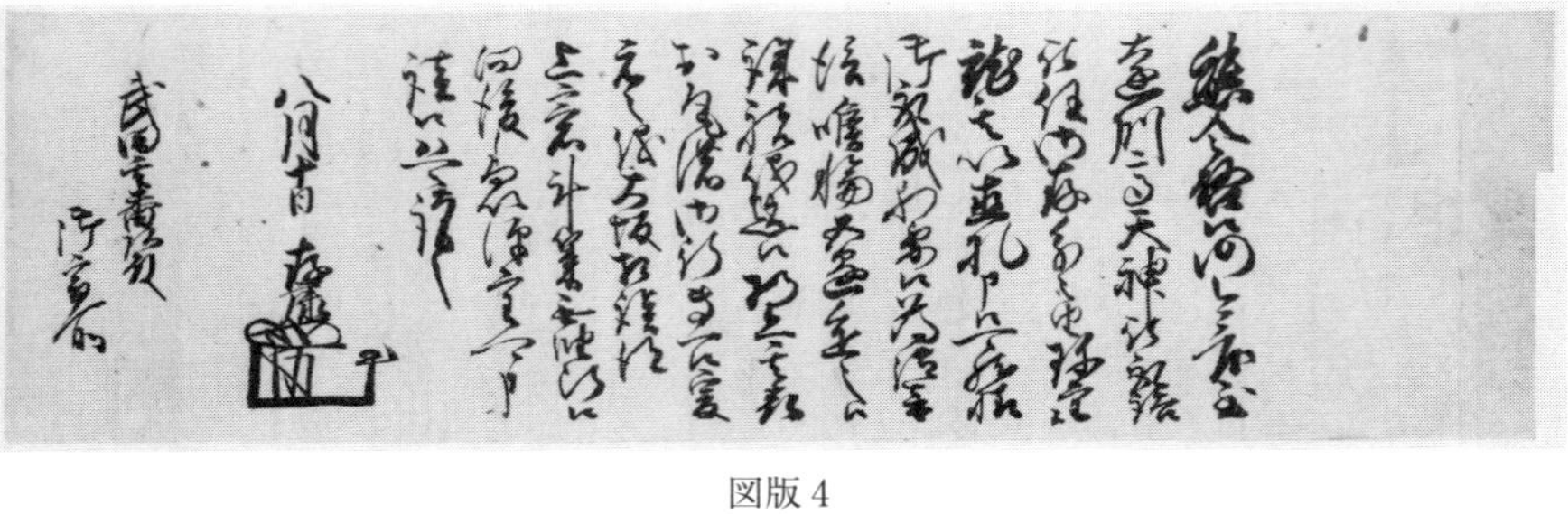

図版4

天正二年六月十一日付の大井高政宛武田勝頼書状写（「武州文書」『県史』五―九一九号）には、「当陣之様子無心許之旨、跡部大炊助（勝資）所へ態飛脚祝着候、其城用心等、無由（油）断之由、肝要至極候、当城（高天神城）之儀、自去十二日取詰、諸口相稼候故、昨日号塔尾随分之曲輪乗取候、本・二両曲輪計指漸候、但三日之内ニ、可責破候、可心安候」とあり、天正二年七月十九日付浦野新八郎宛武田勝頼判物写（「新編会津風土記」『県史』五―七二一号）には、「近年到駿・遠両州参陣、云劬労云忠節神妙候、今度高天神属手裏之上者、当国静謐眼前候」とあり、天正二年七月二十四日付武田信豊宛武田勝頼判物写（「古今消息集」巻一『県史』五―六一六号）に「近年至駿・遠両州出陣、御苦労無是非次第候、然而今度高天神属手裡上者、遠州静謐眼前候条」とあるのが参考となる。[7]

天正二年四月二日に和睦していた本願寺顕如が、信長に対して挙兵する。三好康長・遊佐長教等が高屋城に立て籠ってこれに呼応する。昨年十一月に紀伊国由良に移っていた義昭から一色藤長に対して、本願寺の蜂起と呼応して行われている作戦が遅々として進まないことを叱責した御内書を出している。そして、六月十七日に勝頼が高天神城を攻め落とすのである。七月には信長が伊勢長島の一向一揆攻略のために出陣し、九月にはこれを殲滅する。その間に出されたのが本書状である。

（4）六角（大原）高盛書状　一通（図版5）

至遠山口御進発之由、
殊於彼表敵城数ヶ所
被責落旨、不珍無比
御働御名誉大慶不
過之候、就中此表之

儀落合罷下刻、具
啓達候、然而去朔日・
二日以猛勢敵取寄相
城十二仕、堀柵結廻候、
雖然無指義候、当城弥
堅固候、其表御行之
様子委預示候者、可
為本望候、此節御入
魂頼存外無他候、勝頼へ
捧愚札候、御取成可畏
存候、猶落合可申入候、
恐々謹言、
二月廿一日　（六角）高盛（花押）
武田左衛門大夫殿
御宿所

本文書の法量は、縦八・一cm、横三〇・三cmである。差出は六角（大原）高盛で、六角承禎次男、甲斐国に下向している(8)。宛所の武田左衛門大夫は穴山信君のこと、文中の遠山口は美濃国東部、落合は六角氏家臣の落合八郎左衛門尉のことであろう。当城

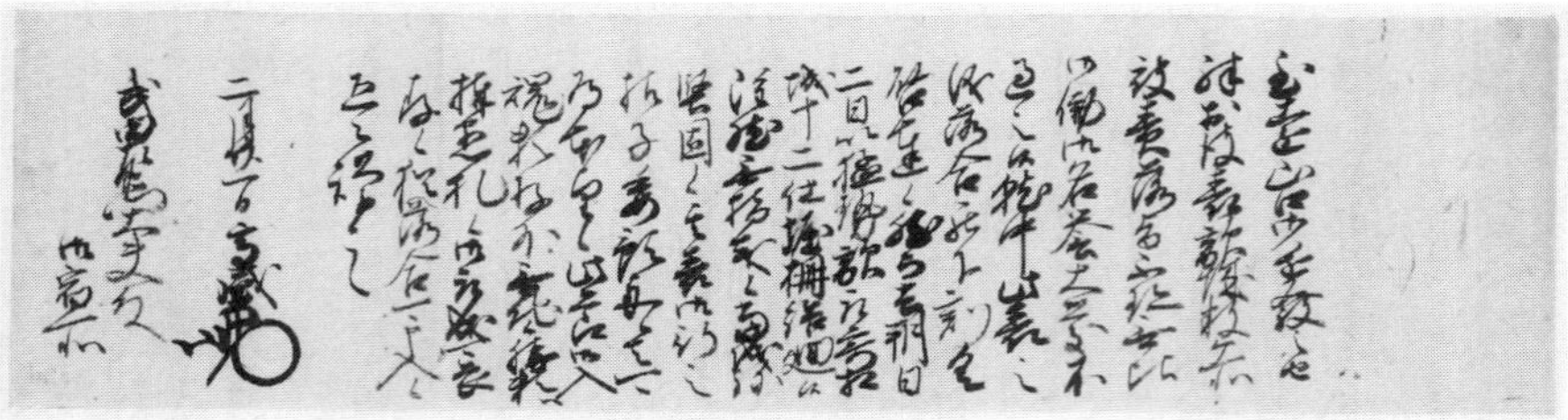

図版5

は不明とせざるを得ないが、近江国甲賀部石部城ではないかと考えている。年代推定は状況から天正三年とする。本書状は、次に紹介する六角承禎書状と同日付でほぼ同内容であることから、六角承禎書状の添状と考えられる。

(5)六角承禎書状　一通(図版6)

至遠山口御進発、殊
於彼表敵城数ヶ所被
責落旨、其聞候、不始于
今、無比類義大慶不過
之候、此表之事家光差
下候砌、具可令申候、去朔
日・二日為調略敵以猛
勢取寄進候と相城
十二仕候、堀柵結廻候、
及一戦、責事不成故候
歟、右之働候、其表御行
於火急者、当城之儀猶
以可相踏堅固候、無御隔
心有姿示給候者、尤可為

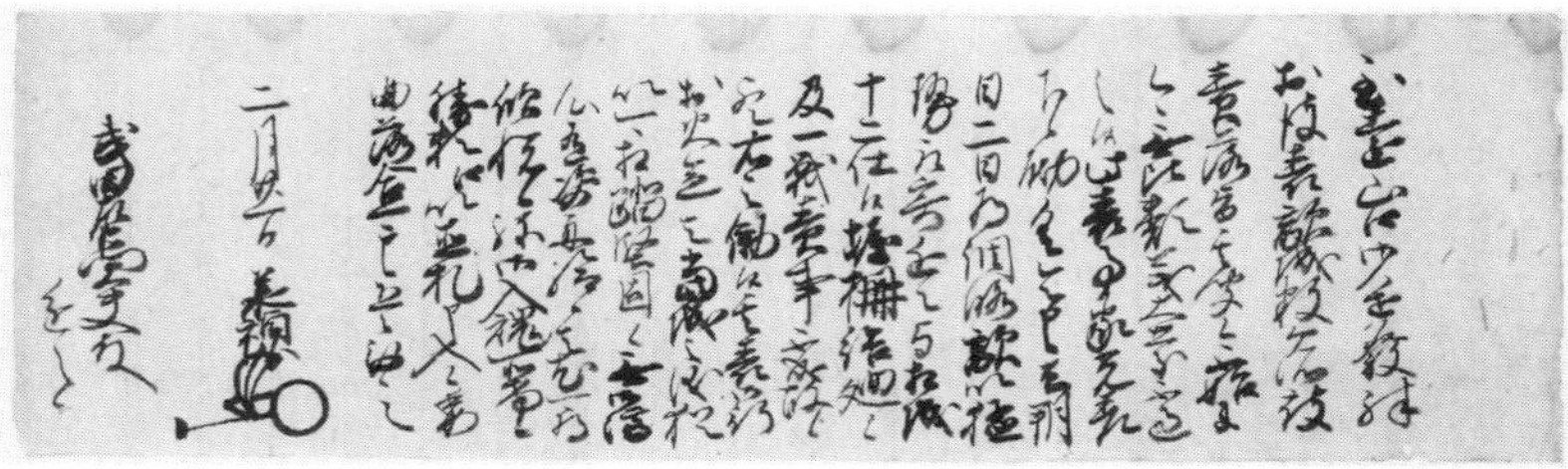

図版6

欣悦候、弥御入魂所希候、
勝頼江以直札申入候、委
曲落合可申候、恐々謹言、
二月廿一日　承禎（六角）（花押）
武田左衛門大夫殿
進之

本書状の法量は、縦八・三cm、横二七・五cmである。差出は六角承禎（義賢　一五二一〜一五九八）で、六角定頼の長男、宛所は武田左衛門大夫、穴山信君のことである。文中の遠山口は美濃国東部、落合は六角氏家臣の落合八郎左衛門尉のことである。当城は不明とせざるを得ないが、近江国甲賀郡石部城ではないかと考える。年代は(4)六角（大原）高盛書状との関連から天正三年と推定する。

天正二年四月十三日、信長が近江石部に籠城している六角承禎父子を囲んで、後に岐阜に帰り、ついで徳川家康の要請により、高天神城救援のため三河岡崎まで赴いている。しかし、間に合わず、ついで七月十二日に伊勢に出陣する。

六角承禎書状（本堂平四郎氏所蔵文書　『県史』五―一一五四号）を引用する。

（端裏切封）「　（墨引）　」
自是可申覚悟候処、幸便之状染筆候、至于三州表有御出馬、諸城被攻落旨、御高名之至珍重存候、弥可為御本意候間、御行無御由断才覚可為肝要候、随而中務太輔（六角賢永）差下候処、御入魂之旨、別而芳情不浅候、猶以毎事無隔心御指南専一候、切々可申処、路次不合期故無音、所存之外候、南方之体此仁淵底候間、不能再筆候、猶高盛（六角）・落合

八郎左衛門尉可申候、恐々謹言、

(天正三年)五月四日　　　　　　　　承禎(六角義賢)(花押)

(穴山信君)武田玄蕃頭殿

進之候、

この書状の宛所は穴山信君で、六角高盛・落合八郎左衛門尉の名を文中に見出すことができる。長篠城奪還のため武田勝頼が三河・尾張へ侵攻するが、六角氏と結んで信長・家康に対していることがわかる。五月二十一日、勝頼は織田・徳川連合軍の前に長篠の合戦で大敗を喫することになる。

(6)松井宗甫書状(包紙のみ)(図版7)

「　　　松井法眼

武田左衛門大夫殿　御陣所　宗甫」

本紙はなく、包紙が貼られている。

広げた状態で、縦一七・五cm、横一一・七cmである。差出の松井法眼宗甫は不明、宛所の武田左衛門大夫は穴山信君のことである。

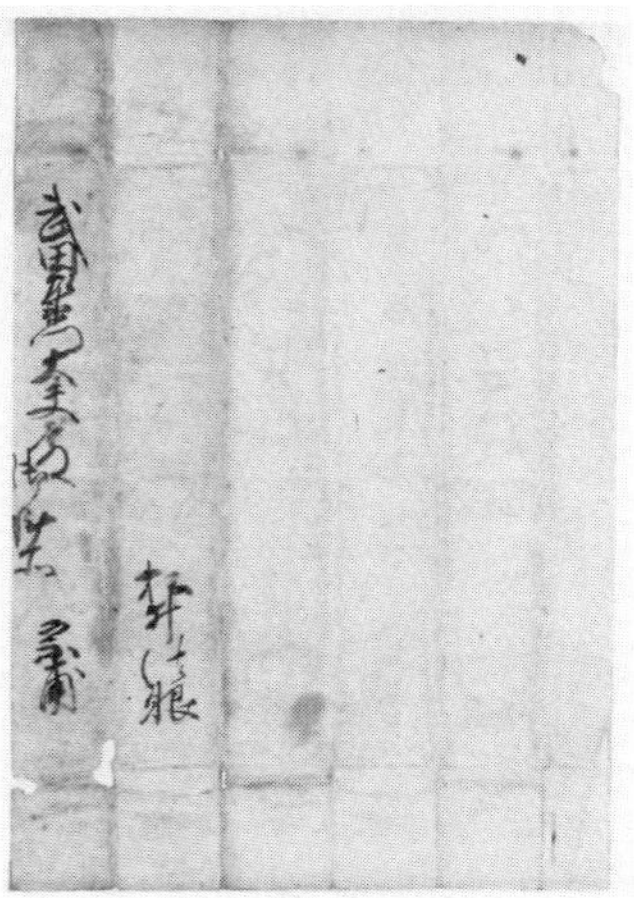

図版7

おわりに

以上、「釧路・於曽家文書」を紹介してきたが、不明な点も多く、今後確定していくことが課題である。

最後に本史料群の意義について触れて章を閉じたい。

①柴辻氏は武田氏研究の限界と問題点について、「この問題は武田家の滅亡によって、その家伝文書が消滅しているところから、相互の交信文書で確認することは困難であり、武田側から発信した書状類で、先方に残ったものを中心とせざるを得ないといった限界がある」(9)といった研究状況に、新たな史料を加えることができた。本史料は武田氏の畿内との交渉を知る上で貴重なものである。

②武田氏の有力親族衆の一人である穴山信君の位置づけ、とりわけ外交的役割について考えることのできる史料である(10)。

③「釧路　市河家文書」「柿崎文書」「本庄家文書」などの存在から屯田兵などさまざまな理由で北海道へ移住してきた武士が多く存在した。家伝の文書を整理し、その時点でその家で重要と思われる文書を残し、持参したものと思われる。そこには現在の物差しでは想像することのできない困難や想いが介在したと推測される。ここで紹介した「釧路・於曽家文書」もまた同様の史料であり、大切に後世に残していきたいものである。今後も北海道の地から貴重な武家文書が発見・報告される可能性が高いと思われる。そして新たな史実が明らかになることを期待するものである。

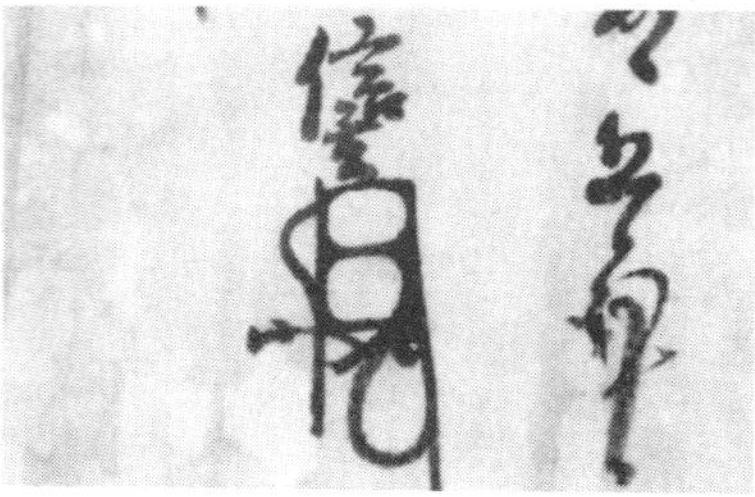

(1)

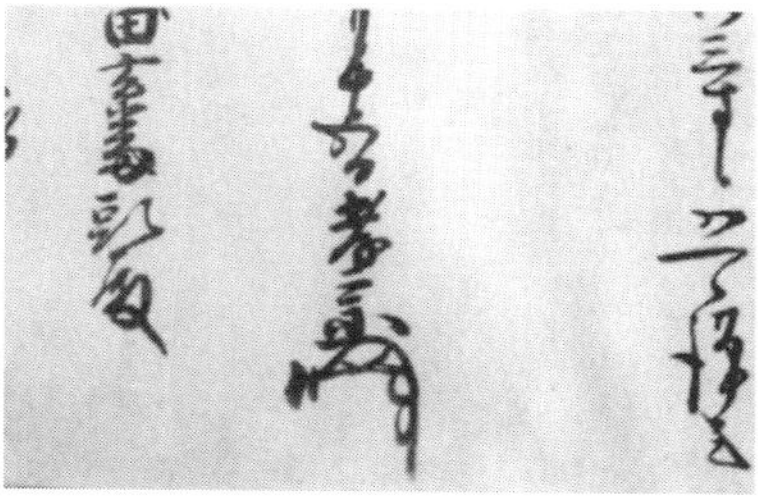

(2)

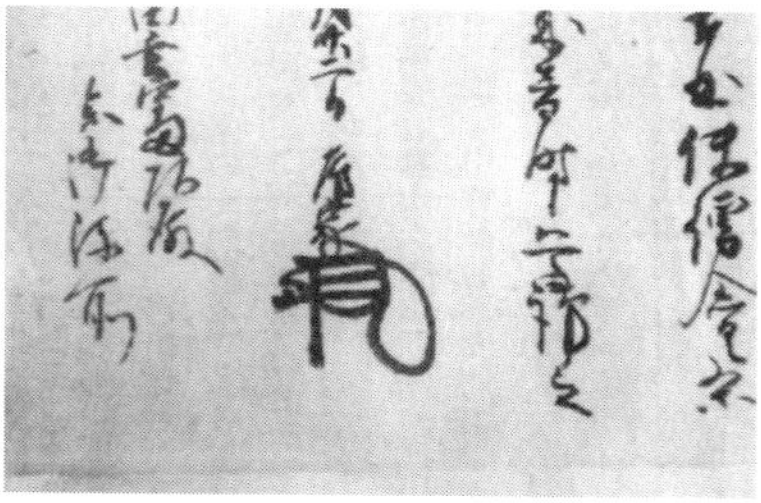

(3)

(4)

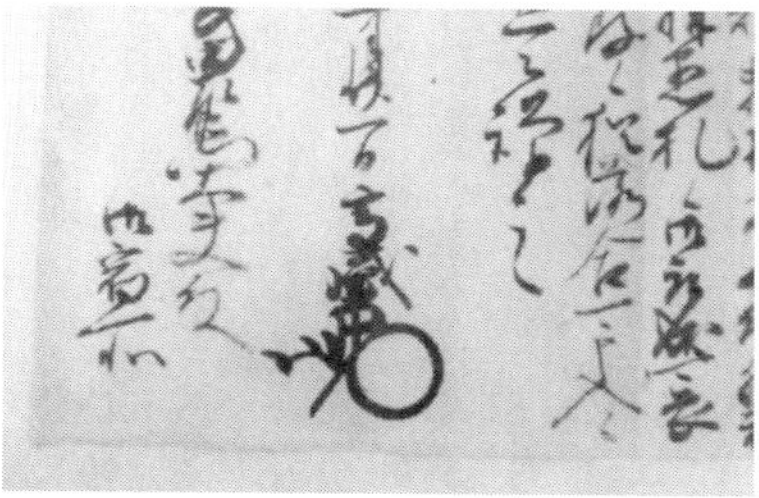

(5)

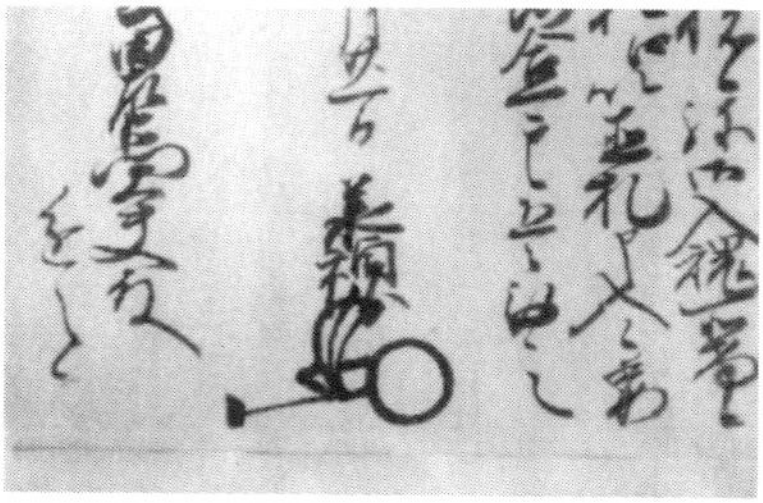

(6)

花押拡大図

註

（1）「釧路　市河文書」は、現在山梨県立博物館の所蔵となっている。

（2）明治維新以降、全国各地から北海道移住が行われており、その中には多くの武士出身者が含まれている。武家文書も武士出身者の移動に伴い、北海道にもたらされている。米沢上杉氏家臣では、柿崎家・本庄家の事例が確認できる。高嶋弘志「厚岸柿崎家文書の紹介」（『釧路公立大学紀要　人文・自然科学研究』四号、平成四）、同「厚岸本庄家文書の紹介」（『釧路公立大学紀要、人文・自然科学研究』五号、平成五）。

（3）「感応寺文書」（「諸州古文書」七　山梨県史編さん室編『山梨県史』資料編4　中世1　県内文書（山梨県、平成一一）一一一号、以下『県史』4―一一一号と略す）、身延文庫所蔵『雑々留記』（清水市史編さん委員会編『清水市史資料中世』（吉川弘文館、昭四五）四四二号）。なお、山梨県史編さん室編『山梨県史』資料編5　中世2　県外文書（山梨県、平成一七）は『県史』5―〇〇号と略す。

（4）年代推定の基礎となる穴山信君の通称、官途について触れておきたい。
彦六郎：『高白斎記』天文二十二年（一五五三）正月条、（永禄三年）十二月二十三日付穴山信君宛今川氏真書状写（「楓軒文書纂」『県史』5―八七四号）の宛所「武田彦六郎殿」。
左衛門大夫：永禄九年閏八月二十四日付天輪寺侍衣閣下宛穴山信君書状の差出に「左衛門太夫信君」（南松院文書『県史』一一六三号）とあり、（天正元年）九月十八日付穴山信君宛武田勝頼書状（本成寺文書『県史』5―二三一八号）の宛所に「左衛門大夫殿」とある。
玄蕃頭：（天正二年）五月二十三日玄蕃頭宛武田勝頼書状写「旧宮原村桜林保格旧蔵文書」（若尾資料「巨摩郡古文書」

『県史』4―二二三号・二五七号)、天正七年二月五日付山本弥右衛門宛武田勝頼印判状(松木文書　清水市史編さん委員会編『清水市史資料　中世』三二八号、清水市、昭和四五)に「玄番頭殿御宿所」とある。

陸奥守…(天正八年)閏三月十八日付穴山信君宛武田家条目(竜朱印状)(武田家文書『県史』4―一一五六号)の宛所が「陸奥守殿」とある。

以上から、左衛門大夫を名乗るのは永禄九年から天正元年と考えられる。玄蕃頭を名乗るのは天正二年から七年である。天正八年陸奥守、同年末に梅雪斎不白と名乗る。天正八年頃には江尻・江城と記し朱印を押している。

(5)　穴山氏については拙稿もあるが、近年の成果として柴辻俊六「武田親族衆穴山氏の領国形成」、同「穴山信君の文書と領域支配」(共に『戦国大名武田氏領の支配構造』名著出版、平三)、同「武田・穴山氏の駿河支配」(のち同『戦国期武田氏領の展開』岩田書院、平一三、に収録)をあげておく。

(6)　弓倉弘年「織田信長と畠山氏家臣」(『和歌山地方史研究』二二号、平四。のち同『中世後期畿内近国守護の研究』清文堂出版、平一八、に収録)。神田千里『信長と石山合戦　中世の信仰と一揆』吉川弘文館、平七。

(7)　柴裕之「戦国大名武田氏の奥三河侵攻と奥平氏」(『武田氏研究』三五号、平一八)、同「戦国大名武田氏の遠江・三河侵攻再考」(『武田氏研究』三七号、平一九)、同「武田勝頼の駿河・遠江支配」(柴辻俊六・平山優編『武田勝頼のすべて』新人物往来社、平一九)。

(8)　佐々木哲『系譜伝承論―佐々木六角氏系図の研究―』(思文閣出版、平一九)。

(9)　柴辻俊六「戦国期武田氏の京都外交」(『武田氏研究』二六号、平一四。のち同『戦国期武田氏領の形成』校倉書房、平一九、に「朝廷・幕府外交」として収録)。

(10)　柴辻俊六「武田親族衆穴山信君の江尻領支配」(『地方史研究』三四三号、平二二)。信君の外交に触れ信玄末期から勝頼初期、天正三年頃までは武田氏外交の一端を担っていたことは確かとする。註(12)で筆者の報告レジュメに触れている。配慮に感謝する。

〔付記1〕　本稿は、平成二〇年八月九日(土)開催の第三四六回戦国史研究会例会、平成二〇年八月二三日(土)開催の第五二回四国中世史研究会例会の報告をまとめたものである。本稿を作成するに当たって所蔵者の谷瑠美子氏に深甚の謝意を表する次第である。

〔付記2〕　三好氏研究を精力的にされている天野忠幸氏より京都府立山城郷土資料館で展示された「狛文書」(個人蔵)に(元亀二年カ)正月十九日付十河存康書状があるとの御教示をいただいた。記して謝意を表する次第である。

〔追記〕　(1)の大和孝宗書状の年代推定に関して、東京大学史料編纂所『大日本史料』第十編二十九(東京大学出版会、二〇一七年)では、天正三年に比定している。

なお、本章はＮＨＫ大河ドラマ「風林火山」展覧会での調査活動をきっかけに釧路市美術館で開催された「釧路市指定文化財　市河文書公開展」(二〇〇八年)の際に、同市在住の谷瑠美子氏が持参された古文書を調査したことが成稿の契機であること付記して置く。「於曽家文書」は現在、山梨県立博物館の所蔵となっている。

付論　穴山信君と鷹

はじめに

戦国時代の武将たちは鷹を好み、珍重した[1]。それは鷹狩によって得た獲物を食膳に供することを好んだのはいうまでもないが、また鷹の鋭い眼の輝き、諸鳥（獲物）を追う勢い、勇猛さが、当時の武将たちの心と一致したからであろう。

そして武将たちは、戦国乱世を生きぬくための身体錬磨の法として鷹狩を行った。また、他の大名と友交関係を保つための贈物として鷹を好んで贈ったのである。

本稿では、穴山信君（梅雪）と鷹について若干の考察を加えてみたい。

1　戦国武将と鷹

まず、武将と鷹について概観してみたい。

戦国武将と鷹・鷹狩に関する研究は、近年盛んに行われるようになった。山名隆弘氏の織田信長・豊臣秀吉・徳川家康の三天下人と鷹狩に関する一連の研究をはじめ[2]、芥川竜男氏[3]・加藤秀幸氏[4]等の研究がある。また地方でも研究成果が発表されている[5]。

山名氏の研究は、信長・秀吉・家康三人の天下人の鷹狩、鷹の贈答について考察を行い、それを政治史の中に位置づけたという点で、大きく評価することができよう。

戦国武将が好んで行った鷹狩は、身体錬磨のためでもあったが、また領地内検分・陣立の演習・政治的示威という点でも意義があった。また鷹は、大名間の友好と盟約の象徴として多く贈答品として使用された。

一方、戦国武将は良鷹を得るためにその確保策を講じたり、鷹狩に使用するための鷹を育成するために優秀な鷹匠を手許に置いたりした。前者についていえば、巣鷹を保護してその確保に勤めたのである。

詳しくは山名氏等の論文を参照されたい。

2　穴山信君と鷹

穴山信君と鷹をめぐる史料は極めて少なく、次にあげる三通の史料がみられるだけで、決して多くを知ることはできないが、検討してみよう。

〔史料1〕

早川入之た（鷹）かは、近年用捨」故、毎年しかと」不納候、当年ハ」別而人情可」為見候、無沙汰」候ハ、必
くわたい（過怠）」あるへし」為其一筆遣之」仍如件、

（年未詳）三月十九日　（穴山信君）（花押）

七郎兵衛(6)

〔史料2〕

（穴山信君朱印）
毎年巣鷹相」納之処、油断故」当夏中候者、不」見出候、為過怠棟」別可召置候、但雨」端（畑）者新巣納候間」可為
半棟別、奈」良田者本棟別ニ」可請取候、為其印」判遣候者也、仍如」件、

（年未詳）六月六日

（穂坂）常陸奉之

（穴山信君）江尻

佐野七郎兵衛殿(7)

二通とも年未詳である。宛所である佐野七郎兵衛は、早川流域の諸村金山・材木・棟別等種々の用向きを司っており(8)、天正十一年（一五八三）九月十七日付佐野七郎兵衛尉宛穴山勝千世印判状(9)には、「早川入用所以其方一人可申付」とあり、代官的存在であった。

史料1は、早川流域の鷹が最近、進納されていないので、これからは毎年納めるように命じているものである。史料2は、毎年鷹を納めているのに、今年は納めることができないので、棟別は召し置く、すなわち棟別役免除を取り消す、しかし雨畑は新巣を献納したので、半棟別にするとある。

右の二通の史料より、信君は良鷹をコンスタントに確保するため、佐野七郎兵衛に対して巣鷹保護の任にあたらせており、豊臣秀吉や徳川家康のように厳然たるものではないにしても、奉行的存在として巣鷹保護に従事させられたのであろう。

次に（永禄十年〔一五六七〕三月十六日）付塩津助兵衛尉宛の穴山信君印判状をみてみよう(10)。

〔史料3〕

（穴山信君）梅雪の朱印

鷹打物左衛門尉恩前出置之者也、如件、

（永禄十年）丁卯

三月十六日

塩津助兵衛尉へ

右の史料に現れる鷹打惣左衛門尉の「鷹打」は、惣左衛門尉の職名で、鷹の扱いに関する職務を意味すると考えられよう。この史料からも穴山信君の良鷹確保に対する意欲の一端を窺うことができよう。

また当時の史料ではないが、『甲斐国志』に「巣鷹山」が多くみられる。『甲斐国志』に次の記述がある。(11)

〔史料4〕

巣鷹山

十谷　在西河内山四ヶ所　雨畑　同前山十三ヶ所

（中略）

釜額　東河内山一ヶ所　常葉　同前　杉山　同前

右、巣鷹山ノ事山川部ニ銘々載之、武田ノ文書ニモ間々鷹ノ事見エタリ（後略）

雨畑については史料2にみられはっきりするが、東河内領に所在する釜額・常葉・杉山（いずれも現在の下部町内）については、穴山時代の史料がなくはっきりしない。しかし、この三ヶ所も穴山時代に開発されたと考えたほうが妥当であろう。

武田信玄も富士山麓の鷹巣保護のために、樵夫の立入を厳禁している。(12)この他にも信玄は種々の施策を行っており、今後の課題として戦国大名武田氏と鷹について考えてみるつもりである。

おわりに

以上、穴山信君の鷹確保について考察を加えてみたが、史料も限られており、また筆者の勉強不足もあって、何ら結論は出し得なかった。しかし、戦国武将と鷹についての研究が進展している今日、その研究進展の一助となればと考え、恥ずかしさを顧みず、筆を執った次第である。

なお、本会会長であった故野口二郎氏の「甲斐の白鷹」(13)は、鷹の日本渡来からはじめて甲斐の貢鷹等幅広い視野にたって甲斐の白鷹について論じられており、大変参考になったが、本章とは直接関係しないので、本文では触れなかったことを付記しておく。

最後に、今後、視野を広げて戦国大名と鷹について、武田氏を事例に考えていくつもりであるので、諸先生・先輩方の御教示をお願いする次第である。

註

(1)『古事類苑』動物部(吉川弘文館、昭四五)五八五～五九六頁。放鷹については遊戯部参照。

(2)山名隆弘「織田信長と鷹狩」(『国史学』八二号、昭四五)、同「太閤秀吉の鷹狩」(『国学院雑誌』七〇巻一〇号、昭四四)、同「徳川家康と鷹狩」(『国学院雑誌』八二巻四号、昭五六)。昭和五十八年度国史学会大会において「天下人と鷹―鶴取の鷹をめぐる秀吉と政宗―」と題して発表された。

(3)芥川竜男「戦国武将と鷹―太閤秀吉の日向鷹巣奉行設置をめぐって―」(『日本中世の政治と文化』吉川弘文館、昭五五)。

(4)加藤秀幸「家康公の鷹狩」(『大日光』日光東照宮、昭四七)、同「鷹狩り文化史」(『太陽・季刊アニマ鷲と鷹』平凡社、昭五〇)他。

(5)長谷川成一「鷹・鷹献上と奥羽大名小論」(『本荘市史研究』一号、昭五六)他。

(6)『清水市史資料　中世』(吉川弘文館、昭四五)三六五号文書、穴山信君判物。
(7)同右、三六六号文書、穴山信君印判状。
(8)『甲斐国志』巻之四　士庶部第十五(雄山閣出版)。
(9)「清水市史資料　中世」三七二号文書。
(10)同右、四〇一号文書。
(11)『甲斐国志』巻之一　国法之部(雄山閣出版)。
(12)『富士宮市史』上巻(昭四六)五一六頁。
(13)野口二郎「甲斐の白鷹」(『甲斐路』七号、昭三八)。佐藤八郎先生の御教示による。

〔付記〕本稿を執筆するにあたって、山梨郷土研究会常任理事佐藤八郎先生には、種々御教示を頂いた。ここに記して感謝致します。

第二部　武田親類衆の支配構造

第一章　武田逍遙軒信綱考

はじめに

武田逍遙軒信綱[1]は、甲斐の戦国大名武田信虎の三男で、信玄（晴信）や信繁の同母の弟である。信綱は武田親類衆の筆頭格として駿河江尻城主穴山信君（梅雪斎不白）とともに武田家中にあって重きをなしたといわれている。そのことは、江戸時代に画題として好んで描かれた「武田二十四将図」に武田信玄の左右に必ずといってよいほど武田信綱と穴山信君が配置されていることなどからも推察できよう。またその容貌が兄信玄と酷似していることから信玄の生前、あるいは没後に「影武者」として信玄の身代りをつとめたとも伝えられている[2]。

よく知られていることとして信綱が絵画を描くのを好んだことで、それ故文化に通じた文人武将ではあるが、合戦には弱く、政治に暗い武将であったとの評価がなされている。それは、天正十年（一五八二）三月の武田氏滅亡に際して信綱が主家を裏切り戦わずして逃亡したことも非難の根拠の一つとなっているようであるが、武田信豊・一条信龍・穴山信君・小山田信茂といったほかの武田親類衆や家臣等も多く国主勝頼から離反しており、このような現象は武田氏に限られたことではなく、駿河今川氏や越前朝倉氏にもみられるごとく、戦国武将滅亡時の一般的現象であったのである。

そこで本章では、武田信綱の活動を検討することで、「武田親類衆の動向と性格」の一端を垣間みようとするものである。

なお、武田親類衆の個別研究は、支城主研究の盛んな隣国の後北条氏に比べて必ずしも多いとはいえない。わずかに武田信繁[3]・同信豊[4]・穴山信友・同信君[5]・木曽義昌[6]があるにすぎない。このことは古文書・記録など史料の残存数が極めて少ないことも原因の一つである。『甲陽軍鑑』(以下『軍鑑』と略す)などの軍記物では信綱らの名前が頻出し、その活躍が描かれているが、確実な古文書からは残念ながら彼らの活動を知ることは困難なことである。本章もよって曖昧な記述に終始することになるかもしれないが、御寛宥をお願いする次第である。

一　武田信綱の経歴と人物像

まず、逍遙軒信綱の経歴についてみたいが、手始めに『甲斐国志』(以下『国志』と略す)の信綱の記事を引用しよう[7]。

一、武田刑部少輔信廉　信虎三男、母大井氏、幼名孫六ト云、逍遙軒是ナリ、永録末年マデ文書ニ信廉トアリ、爵名ハ府中長禅寺所蔵天文廿二年大井氏画像ノ讃辞、又信州下郷起請文等ニ見ユ、府中大泉寺蔵ム天正二年戌五月信虎画像ノ讃ニ逍遙主宰ト記ス、蓋去年信玄逝去ノ頃ニ落髪セシヤラン、自レ是後ハ信綱ト書ス、法名ナリ、駿州大宮神馬奉納記ニモ逍遙軒信綱ト記セリ、桜井村ニ居趾アリ、建逍遙院、逆修牌子ヲ置ク、謚云逍遙院殿海天綱公庵主、背ニ信綱花押アリ、手自鐫刻スル所ト云伝タリ、軍鑑及諸記名為信連、始ヨリ逍遙軒或ハ孫六入道ト記シ、甚者ハ信綱ヲ実名ト思ヘリ、宜訂定之、軍鑑騎馬八十トアリ、天正壬午三月為織田氏府中立石ニ於テ殺サル、又鮎川ノ端ニテ殺サルトモアリ府中ニ立石ト云処ナシ、穂坂ノ立石原ノ事カ、未審、相川ハ府ノ西ニアリ、三国志ニ森長一家ノ家人各務某討之云、一男二女アリ、

右の『国志』の記載を整理すると、(1)信綱は武田信虎の三男に生まれ、母は兄信玄・信繁と同様大井信達の女である、(2)幼名を孫六といい、古文書によると永禄末年までは信廉と名乗り、天正元年（一五七三）四月十二日の長兄信玄の逝去後は落髪して逍遙軒と号し、信綱と称している、(3)逍遙軒の実名を『軍鑑』では信連とし、信綱を実名と考えているのは誤りである、(4)天正十年三月十一日の武田氏滅亡後、織田信長によって斬殺された、院号は逍遙院殿海天綱庵主といい、桜井（甲府市桜井）の逍遙軒居館跡の逍遙院が牌所である、[8](5)信綱には一男二女があった、の五点に要約できる。

次に諸系図の記述をみていきたい。

『武田源氏一流系図』には、信綱を信虎の四男として「逍遙軒信綱─女三人一人松尾次郎妻、一人小笠原掃部大夫信峯妻、一人又仁科五郎殿妻以上三人也、」とあり、[9]『一本武田系図』の記載も『武田源氏一流系図』のそれとほぼ同様である。女を二人で、仁科五郎盛信と小笠原信嶺の妻としている。[10]『円光院武田氏系図』は信虎の三男として「武田逍遙軒」と記しており、信綱の前に「信基」がない。[11]前出の二つの系図には三男として上野介信基の名がみられる。[12]いずれにせよ、系図の内容と『国志』の記事はほとんど一致しており、『国志』はこれらの諸系図を参考にして記述されたものであろう。信綱の子供については、前掲の『国志』の記事につづいて、「平太郎信澄　天正四丙子年十二月廿七日逝ス、年十七　法名雪庵宗梅禅定門逍遙院ニ有レ墓、女子一松尾ニ嫁ス、案二古系図一松尾新十郎の妻ナルベシ、一小笠原掃部大夫信嶺ノ妻ナリ、姉妹未レ詳」とあり、[13]女子については系図の記載と一致するが、男子の平太郎信澄については明確にする材料に欠けるので、指摘するに留めておくしかない。

『国志』の記事からでは、信綱の人物像、あるいはその活躍ぶりを知ることができず、よって武田家臣団における

位置づけを知ることができない。やはり『軍鑑』などの軍記物を含む諸記録に頼らざるをえない。『軍鑑』などによれば、信綱は兄信玄とともに、信玄死去後は後継者勝頼とともに数々の合戦に参加している。[14]『軍鑑』品第十七「武田法性院信玄公御代惣人数之事」[15]には武田親類衆の一人として、

一、逍遙軒様　旗色きれて見えず　八十騎

とあり、ほかの兄弟である典厩信繁（二〇〇騎）、一条右衛門大夫信龍（二〇〇騎）、信玄子息の親類衆である仁科五郎盛信（一〇〇騎）、葛山十郎信貞（一二〇騎）とあるのに比して少ない。『高白斎記』天文二十年（一五五一）七月二十六日条には「孫六」とでてくる。[16]『軍鑑』品第三十三によると、武田義信事件に際して義信の守役であった飯富兵部少輔虎昌の同心、被官三〇〇騎を虎昌の弟三郎兵衛（山県昌景　五〇騎）、小曽氏（一〇〇騎）、跡部勝資（一〇〇騎）、信綱（五〇騎）に付属させたという。[17]『軍鑑』では、信綱は腑甲斐無い人物として描かれている。天正元年六月、信綱は大将として出陣したが、「逍遙軒御遠慮浅き故」徳川軍に敗れ、[18]また天正十年三月の武田氏滅亡時には勝頼から離反して織田氏に殺されているなどがそれである。[19]ただし、主家を裏切ったのは一人信綱だけではなく、武田信豊・穴山信君・木曽義昌など親類衆をはじめ多くの家臣が同様の行動をとったのであり、「旗本衆の事は申に及ばず、在々処々の奉公人・侍衆・知行の百姓共色をたて」るほどであった。[20]信綱の行動は戦国大名の滅亡にあたってよく見られるものといってよいのである。

一般啓蒙書では、[21]信綱は信玄の実弟として、兄信繁とともに、天文十年六月十四日の兄信玄の父信虎駿河追放事件にも反することなく、信玄のよき協力者として常に行動を共にし、永禄四年（一五六一）九月十日に信繁が川中島の合戦で壮絶な戦死を遂げると、穴山信君と並んで武田親類衆の筆頭格として信玄を援け、元亀四年（一五七三）四月十二日の信玄死去後は、叔父として勝頼を補佐したとされる。しかしこのことは想像の域を脱することができず、実証

する史料はほとんどないというのが現状である。

信綱の生年月日、年齢さえも確かなことはわかっていないが、服部治則氏は兄信繁が永禄四年の川中島合戦戦死の時、三十七歳で生年は大永五年（一五二五）となることから、三歳年下と仮定すれば、享禄元年（一五二八）生まれとなり、天正十年の没年は五十五歳と推測されている。一つの目安とはなる。いずれにしろ前後一～三歳の差であろう(22)。最後に信玄死去後遺言通り満三年たった天正四年四月十六日、乾徳山恵林寺において盛大な信玄の葬儀を行っているが、その際の信綱についてみておきたい。

葬列は、信玄の御影（肖像）を仁科五郎盛信（信玄五男）、位牌を葛山十郎信貞（六男）、御剣を小山田左衛門大夫信茂、御腰物を秋山惣九郎・原隼人佐がそれぞれもち、龕（柩）の前を逍遙軒信綱（信玄弟）・穴山玄審頭信君、後を武田左典厩信豊（信玄甥）・武田左衛門佐が担ぎ、その周囲を一門の面々がとりまいた。大守勝頼は肩に紐（棺を引く綱）をかけ、春日弾正忠虎綱を例外として一門・家臣はすべて烏帽子色衣でこれに参列した(23)。この記事からも天正段階に信綱は穴山信君とともに武田親類衆あるいは武田家臣団の中にあって重き地位にあったことが推測されよう。

二　武田信綱関係文書の検討

武田家臣団の発給文書は総体的に少なく、信綱もその例外ではない。信綱の関係文書をみると、発給文書が一六点、受給文書がなく、関連文書が四点で、その総数は管見の限り、武田氏奉加目録に名前を見ることができるものを含めても、わずか二〇点にすぎない（表1参照）。

表1　武田信綱発給文書

No.	年月日	差出	宛名	内容	出典	刊
1	(天文17)霜・14	信廉(花押)	千野左兵衛尉	西方衆逆心之仁還所	千野文庫	信―11―409
2	(永禄3)8・10	信廉(朱印)	小井弖藤四郎	知行宛行	工藤文書	信―12―301
3	(〃10)8・7	刑部少輔信廉(花押血判)	吉田左近助 浅利右馬助	起請文	生島足島神社文書	信―13―92
4	(元亀4)5・10	信綱(花押)	千野左兵衛尉	知行宛行約束	千野文書	信―13―538
5	(〃)5・28	逍遙軒(花押)	千野神三郎	知行安堵	〃	信―13―589
6	天正3・8・19	信綱□	正覚院	知行宛行	萬蔵院文書	甲―一―212
7	(天正8)3・10	信綱(花押)	神五左ヱ門尉	書状(感状)	祢津文書	信―14―508
8	(天正9)3・29	逍遙軒□		普請役勤仕を命ずる	牛伏寺文書	信―15―42
9	(〃)9・11	逍遙軒信綱□(花押)	牛伏寺	寄進	牛伏寺文書	信―15―41
10	1・12	信綱(花押)	千左兵 小又	軍勢催促	千野文書	信―13―141
11	2・27	逍遙軒(花押)	小川田屋守	竹木伐採規定	牛伏寺文書	信―15―42
12	8・23	信綱(花押)	千野左兵衛尉	書状	千野文書	信―13―590

※武田氏奉加目録四通にその名が見える。

関連文書

No.	年月日	差出	宛名	内容	出典	刊
1	(天正1)8・25	勝頼(花押)	山県三郎兵衛	書状(長篠後詰「逍遙軒」)	大阪城天守閣	大日本史料
2	(天正2)3・28	勝頼(花押)	逍遙院大益和尚	寺領安堵「逍遙軒直判歴然」	逍遙院文書	甲一―59―93
3	(天正4)10・15	教雅	越後三条談義所	書状「同孫六」	歴代古案	信―14―97
4	(天正5)3・25	小原丹後守継忠(花押)	印首座	書状「奉対逍遙軒様」	甲州古文書	信―14―202

信綱発給文書の初見は、(天文十七年(一五四八))霜月十四日付千野左兵衛尉宛武田信廉書状である。[24] (永禄十年(一五六七))八月七日付信濃下之郷の生島足島神社所蔵の武田将士起請文には、「刑部少輔信廉」とあり、おそくともこの頃までには信綱は刑部少輔を称していることがわかる。[25] (元亀四年(一五七三))五月二十八日付千野神三郎宛書状から「逍遙軒信綱」と署名しており、[26] このことからも同年四月十二日の兄信玄の戦陣での病没が契機となって喪に服すべく落髪し、「逍遙軒信綱」と称したとする『国志』の推定は当を得ているといえよう。

次に信綱の花押について述べる。信綱の花押は現在のところ三種類が確認でき、それを示せば図1のようである。(1)を信綱花押Ⅰ型、(2)を同Ⅱ型、(3)を同Ⅲ型と仮に呼んでおく。(1)は大善寺所蔵の武田家奉加目録、[27] (2)は永禄十年八月七日付の生島足島神社文書から採ったもの、[28] (3)は(天正九年(一五八一))九月十一日付の信濃牛伏寺文書[29]から採用したものである。

(2)と同様の花押は牛伏寺文書の二月二十七日付[30]と同月二十九日付[31]の二通にみられる。どちらも年代は未詳であるが、逍遙軒と署名があることから天正元年以降の可能性が高い。特に注視されるのは、後者に花押とともに朱印の捺

（天正9. 9. 11）

⑶花押Ⅲ型
（『甲斐武田氏文書目録』）

（永禄10. 8. 7）

⑵花押Ⅱ型）
（『甲斐武田氏文書目録』）

⑴花押Ⅰ型
（『武田遺宝集』）

（天正3. 8. 19）

⑴印判Ⅰ型
（『甲斐武田氏文書目録』）

⑵印判Ⅱ型
（『東大史料影写本』より筆写）

（逍遙院　筆者撮影）

図１　逍遙軒信綱の花押・印判

印がみられることである。そして最後に「大嶋へ可レ被レ申者也」とあることから信綱の信州大嶋在城以降のものということになる。信綱が大嶋に入城した時期は明らかではないが、天正十年二月の織田信長の武田征討の時には在城している。(32)

次に朱印についてみたいが、朱印は二種類が確認できる。図1に掲げる。(1)を信綱印判Ⅰ型、(2)を同印判Ⅱ型としておく。(1)は前述の年未詳三月二十九日付信綱判物に花押Ⅱ型とともに押印されたもので、二重正方形の朱印で印文は「信綱」と読めないだろうか。(2)は縦長の長方形朱印で印文は「逍遙軒」とあるようだ。朱印の初見は(永禄三年)八月十日付小井弓藤四郎宛信廉朱印状写であるが、写であるため確認できない。(33)正文で朱印がみられるのは、天正三年八月十九日付正覚院宛信綱朱印状のようであるが、(34)これを信綱朱印の初見と仮定した場合、あくまで推測の域であるが、その印判使用の契機を同年五月二十一日の長篠の合戦の敗北に求めることが可能かもしれない。勝頼もこの敗戦後、鉄砲の収集を強化したり、家臣団の再編成を行ったり、武田分国の建て直しに尽力しはじめるのである。(35)ただ前述の通り、信綱の発給文書は少なく、こういった考察は無意味かもしれない。そして(天正九年)九月十一日付牛伏寺宛信綱朱印状(36)を最後に信綱発給文書はみることができなくなる。

受給文書は現在のところ一点も確認していない。

信綱が文書中にみられる関連文書もわずかしかなく、天正二年三月二十八日付逍遙院大益和尚宛勝頼書状、(37)(天正四年)十月十五日付越後三条談義所宛教雅書状、(38)天正五年三月二十五日付小原丹後守継忠書状(39)ほか五通だけである。最初の勝頼書状は逍遙院住持大益和尚に「逍遙軒(武田信綱)直判歴然」なので寺領を安堵したもので、この逍遙院が信綱の館跡といわれるが、明らかではない。

ここで特に注目しておきたいのは、信綱の菩提寺という逍遙院に信綱が生前の天正七年に自ら彫ったという位牌が現存している。この位牌は高さ一メートル余もある大きなもので、表に戒名、裏に法要の年と信綱自身の花押とを彫刻してある。戒名は信濃佐久郡岩村田の竜雲寺の高僧北高全祝和尚が授けている。その彫文を掲げると、次のようになる。

（表）「逍遙院殿海天綱公庵主」
（裏）「天正七己卯年吉辰　（信綱花押）」

この花押は前述の考察にいう信綱花押Ⅲ型である。この位牌は甲府市の指定文化財になっている。(40)

なお、武田親類衆が武田家竜朱印状の奉者になっている例は、管見の限り穴山信君の一例(41)を除いては確認できない。信綱も一通だけ、永禄十二年十月三日付武田家朱印状(42)に奉者として「逍遙軒」と登場するが、この文書は年代・文言等の検討から疑わしいものと思われる。よってその例証とすることはできない。

以上が信綱関係文書の考察であった。次に信綱の支配や権限について考えていきたい。

三　武田信綱の権限

次にいよいよ信綱の支配文書の検討から、その政治的権限を考えてみたい。

まず、信綱の初見文書でもある（天文十七年〔一五四八〕）霜月十四日付千野左兵衛尉宛信廉書状をみてみよう。(43)

〔史料1〕武田信廉書状

西方衆逆心之仁還所、今度於御陣中各へ被仰出、御分国御追放候、有賀方之儀、今迄相拘色々仕候へ共、不事成候間、其分申出し候、誰成共可□才被官被仰付候而、彼仁之知行所被官以下於彼所務之分未進之分、被官之仁、

御書付可有仁者、則可入御披見候、自余之諸物ニハ、取合不可有之候、猶口上ニ申含候、恐々謹言、

（天文十七年）霜月十四日　　（武田）信廉（花押）

千野左兵衛尉殿

これは天文十七年七月十九日、信玄が塩尻峠の合戦で小笠原長時を破ったのちの戦後処理に関するものである。七月十日、諏訪西方衆という諏訪湖西方の武士や諏訪神家の一族矢島・花岡氏らが長時に通じて武田に反旗を翻して諏訪に乱入した逆心事件が起こり、諏訪地方は一時的に混乱状態となった。武田方にあった神長守矢頼真や千野靫負尉は家族・家財などを捨てて、上原城に逃げこんだという。しかし信玄が甲府から出馬し、塩尻峠の合戦で大勝すると、西方衆は家を焼かれ、所領を没収され、追放されて浪人となったのである。その事情を物語っているのが史料1である。「御書付可レ有仁者、則可レ入二御披見一候」とみえるのが信玄の支配の尖兵としての信綱の姿をみることができよう。

永禄三年（一五六〇）八月十日付で信綱は、信濃武士の小井弓藤四郎に朱印状で知行を宛行っており、「幸神田之事者、上意ニも惣次御赦免候間、尤存候[44]」とあるのが注目される。信綱は諏訪の支配を中心に、信玄の信濃支配の一端を担っていたと考えられよう。

信綱は前述のように義信事件の動揺を防ぐため家臣に命じた起請文の提出に応じている。親類衆では武田信豊のそれが現存している。信玄の実弟であっても他の家臣と変わらず、起請文の提出を求められている事実は、武田氏の家臣統制を考える上で興味深い。

信綱は元亀二年（一五七一）、勝頼の甲府招請によりかわって高遠城代になったというが明らかでない。

さて信綱は、元亀三年十月三日に開始される信玄の遠江・三河への大規模な軍事行動にも従軍している。

兄信玄が死去した元亀四年四月十二日から一ヶ月後の五月二十八日付で信綱は、千野神三郎に対して次のような文書を発している。(45)

〔史料2〕武田信綱判物

舎兄(千野忠隆)宮内少輔就無比類打死、堅自上意御取立、其方還俗候旨申聞上者、彼知行等聊無異儀被請取、軍勤之奉公、
可被名跡次候、随而御約束之間御重恩、就中、涯分可申聞者也、仍如件、

(元亀四年)癸酉
五月廿八日　逍遙軒(武田信綱)(花押)
千野神三郎(忠清)殿

千野神三郎の舎兄である宮内少輔が討死したので、「堅自上意御取立」によって仏門に入っていた神三郎が還俗して、千野氏の跡目相続・知行安堵を承認したものである。(46) これが古文書で確認できる「逍遙軒」の初見である。(47) 文中の「上意」は武田家当主、すなわち勝頼を指すものと推測される。

次に、年未詳八月二十三日付千野左兵衛尉宛信綱書状をみよう。(48)

〔史料3〕武田信綱書状

有賀方被官両人候処、浜河方へ相渡之上逐電、不審千万候、幸私方私領被拘候間、如何様ニも被廻計策、相尋候て可給候、其上召使式者以因一種借用候なと申族可有之候歟、罪科不可極候、宮内丞降参仁候は借用候て、他国人之方へ可相渡処、難渋候ハヽ、速可有言上候、参誰人召使之由被尋尤候、風聞申者諏方主税助方被召使候由候、一二種有催促、有難渋可承候、勝頼へ可申候、恐々謹言、

八月廿三日　信綱(花押)

千野左兵衛尉（昌房）殿

この史料は年未詳ではあるが、「信綱」と署名していることから、元亀四年（天正元年〔一五七三〕）以降の可能性が高い。諏訪の土豪有賀氏の被官二人が浜河方に渡したところ逐電してしまった。幸いにも信綱の私領でもあるので探索して返還に努力するというもので、人返し規定であろう。そして最後に難渋することがあったならば、信綱に申請せよ、そうすれば「勝頼」、すなわち武田当主への取次、裁許を求めると明示している。また（元亀四年）五月十日付千野左兵衛尉（昌房）宛信綱書状によれは、「其以前其方舎弟之僧、為二宮内少輔名請一、急速可レ被二出仕一之旨上意候」とあり、[49] 史料3に関連するものであるが、信綱は勝頼の上意を千野氏に取り次いでいるのである。

次に軍事面をみておきたいが、参考になるのは（年未詳）正月十二日付千野左兵衛尉・小松又七郎宛信綱書状である。[50] これは千野・小松両名に軍勢催促をしたものであり、その遅延を窘めている。この点はほかの家臣団と何ら変わらないといってよい。

天正三年八月十九日付正覚院宛信綱朱印状では、市蔵の内において百姓前五貫文を寄進しているが、[51] 正覚院は古府中にあった寺院で、現在の万蔵院のことである。市蔵は古代には市之倉・市之蔵といい、甲府盆地の東端、笛吹川の支流金川の扇状地に位置しており、現在の一宮町にあたる。[52] この市蔵は信綱の所領であった可能性が指摘できる。

次に信綱の牛伏寺宛の判物をみてみよう。[53]

〔史料4〕武田信綱寄進状案

此已前、寄進来候壱貫伍百文之寺領之増分壱貫五百、合参貫文令寄納候間、愚領於小池（筑摩郡）之内、被隠居立、至在留者、祈念頼入候者也、仍如件、

辛巳（天正九年）　　逍遙軒

九月十一日

牛伏寺

信綱《朱印》（花押）

これは、信綱が牛伏寺に対して、隠居分として自己の知行地である筑摩郡小池の内から宛行ったものである。小池郷は鎌倉時代よりみえる地名で、現在の松本市内である。[54] 牛伏寺は「うしぶせでら」ともいい、山号は金峰山、本尊は十一面観音である。[55] この史料によって、筑摩郡小池郷にも信綱の知行地のあったことがわかる。しかし『信濃史料』の編者は、「コノ文書、ナホ研究ノ余地アリ、後考ヲマツ」と疑問を呈している。さらに（年未詳）二月二十七日付小川田屋守宛信綱竹木伐採禁制により、伊那郡小川郷にも信綱の知行地があったと考えられる。[56]

〔史料5〕武田信綱判物

下伊奈之内逍遙軒知行於小川郷中、自余之主人をもとむるのみならす、けんいをかり、大嶋《伊那郡》之惣次之御ふしん《普請》を
ふさたし《無沙汰》、郷なミ《次》の人やく《役》をけたい《懈怠》致候ともから《輩》、向後改雖之《ママ》、彼郷中を可有追放、もし違義候ともから《輩》あら
ハ、めし執、大嶋へ可進之候者也、

三月《天正九年》廿九日

逍遙軒《朱印「信綱」》（花押）

これは信綱が小川郷に対して、郷内の百姓の諸役の懈怠を禁じたものであり、「逍遙軒知行」とあるところから、小川郷が信綱の知行地であることは明らかとみてよい。[57]「大嶋之惣次之御ふしん《普請》」とは織田氏来攻に備えての大嶋城修築のことであろう。[58]

次に伊那支配に関する興味深い史料をあげよう。[59]

〔史料6〕小原継忠判物写

坐光寺《伊那郡》如来堂之坊主、奉対逍遙軒《武田信綱》様、寺領之儀御訴訟申ニ付而、被拘来寺務之内、参貫文被下置候由、御下知

候、然則寺中造営等之儀、不可有疎略候、恐々敬白、

天正五年　　　　　　　　小原丹後守

三月廿五日　　　　　　　　継忠（花押）

印首座

これは坐光寺如来堂の坊主が、信綱に寺領のことについて訴訟したところ、寺側の主張を承認する「御下知」が下ったことを、印主座に武田家奉行小原継忠が伝達したものである(60)。この「御下知」の主体であるが、素直に考えるならば勝頼ということになろうか。

信綱や親類衆と信濃の関係を示す史料を次にみよう(61)。

〔史料7〕穴山信君書状

昨日者早々相越候、愚意言上候哉、但小田原衆在府之由候条御隙入候哉、無心元候、仍其方如存知、信州埴原郷被官年中五度、六度俵子令運送奉公候、今度御普請人別ニ被相触令迷惑候、典厩・逍遙軒之被官、彼郷中幷信国之内数多有之由候条同前ニ被申付候様ニ自土右(土屋右衛門尉カ)宗富方へ被遣一札候様ニ可才覚候、同者於植原郷廿五人諸役御免之御印判申請度之由可得　御内儀候、尚塩津治部右衛門可申候、恐々謹言、

(年未詳)九月四日　　　　　　(穴山)信君（花押）

佐野越前守殿

信州埴原郷の信君の被官は年に五、六度俵子の運送の奉公を行っているのに、さらに普請役も賦課され「迷惑」している、同じ親類衆の信豊や信綱の被官も埴原郷や信濃国に多数いるので、それと同様に命じてくれるよう斡旋し、さらには埴原郷二五人の諸役免許の武田当主の印判状が発せられるよう、「御内儀」を得るよう、佐野越前守に指令

している。この史料から、親類衆の所領が信濃に多くあったことや親類衆の性格が窺えて興味深い。

最後に数少ない史料ではあるが、いくつかの武田一族の奉加帳などから、信綱の姿を拾ってみよう。

大善寺所蔵の「武田家奉加目録」をみよう。(62)

〔史料8〕武田家奉加目録

太刀一腰　馬壱疋　（武田晴信）（花押）
御北様　百疋
御前様　百疋
太刀一腰　信繁（花押）
太刀一腰　信廉（花押）
太刀一腰　信是（花押）

御北様は晴信ら兄弟の母大井氏、御前様は信玄の正室三条氏のことである。大井夫人の生前ということで天文二十一年以前のもの、「柏尾山造営勧進状案」によれば、天文十九年以前という。(63)いずれにしろ天文年間のもので、信玄以下兄弟が顔を揃えて寄進したものである。これにみえる信綱の花押は信綱花押Ⅰ型である。年月日未詳の高野山引導院（現持明院）に黄金を寄進した信綱一門の寄進目録にも晴信（信玄）の五両、以下信繁・信廉・信是が「黄金壱両」とある。(64)晴信とあることから永禄二年以前と考えられる。

駿河の富士大宮浅間神社に神馬を奉納した武田信堯等神馬寄進状写にも「逍遙軒信綱」とある。(65)この文書は年代未詳であるが、服部治則氏によると、天正六年十二月二十八日から同八年正月十二日の間のものと推定されている。(66)ほかに万福寺のものがある。[67]

四　文化人信綱

信綱は前述のように、武将というよりも画家として知られている。その代表的なものは重要文化財指定の武田信虎

表2　武田逍遙軒作品一覧

No.	作品名	所蔵者	備考
1	武田信虎画像	大泉寺	天正二年端午　春国の賛
2	大井夫人画像	長禅寺	天文二十二年　安之和尚賛
3	穴山信友夫人画像（伝）	南松院	永禄九年十二月上旬
4	雪田和尚画像（伝）	恵運院	永禄六年二月　春国和尚賛
5	桃隠和尚画像（伝）	南松院	元亀元年十一月　春国和尚賛
6	鎧不動尊画像（伝）	恵林寺	
7	十王図（十幅）（伝）	高野山成慶院	
8	十二天画像（十二幅）（伝）	高野山成慶院	
9	文珠大士画像	篠原コレクション	著者　未調査
10	渡唐天神像	長禅寺	「逍遙軒信繁謹描拝賛之」
11	本殿扇絵（伝）	福蔵神社	
12	鎧不動尊彫像（伝）	恵林寺	

および同夫人画像であるが、ほかにも信綱の作品と伝えられているものが数多くみられる。それを示すと表2のようになる。しかし確実に信綱の手によるものであるとの論証を得ることは、必ずしも容易ではないものがほとんどである。

大井夫人画像の大泉寺安之和尚の賛には、信綱の母への孝行心を垣間見ることができる記述がみえる。大井夫人は天文二十一年（一五五二）五月七日、五十五歳で死去したが、この肖像画は一周忌に母の面影を描い

たものという。信綱筆と確定してよい作品は、この大井夫人像と武田信虎像ぐらいであろう。信虎像は天正二年（一五七四）三月、高遠で八十一歳を一期として死去した父信虎を信綱が追慕の気持ちをもって描き、その端午の日に春国光新の賛をあおいだもので、信虎法体の姿、すなわち晩年の面影をみることができる。その賛に、

況孝子之哀慕乎、粤逍遙主宰、手写庵主之真容、而被露孝意矣、

とあり(68)、やはり信綱の父信虎への思いを知ることができる。

長禅寺所蔵渡唐天神像には「逍遙軒信繁」とあり、追筆の可能性が高いので、にわかに信綱筆とは速断できない。また現存していないが『国志』の記事によると、千塚村（甲府市）の八幡宮には信綱奉納の仮面が、上野村の薬王寺には信綱筆の十二天画像一二幅が伝存していたという。甲府市の篠原良雄家には、軸部に「文殊大士武田逍遙軒真筆恵山什物」と墨書してある文殊菩薩画像があるというが(69)、私は実見していない。なお、ほかの作品については『武田遺宝集』の原色図版解説や図版総合解説にみえるので参考にされたい(70)。

以上、先学の成果に依拠しながら、文化人信綱の一側面をみたものである。ただ信綱筆とすぐには言えないものが多く、美術史専門家の本格的な研究に期待するものである(71)。

おわりに

以上信綱について述べてきたが、従来信綱は武田信虎および同夫人像の作者として、武人よりも文人として著名であり、武田家内における地位や権限についてはあまり触れられてこなかった。本章ではその点少しは明らかにできたものと思う。

註

（1）信綱を「のぶつな」としているものが多いが（坂本徳一『武田信玄写真集』〔新人物往来社、昭六二〕など）、「しんこう」とするのが正しい。「武田逍遙軒信廉」とするのも正確ではない（竹内勇太郎『歴史と旅』昭五十二年三月号「信玄と武田二十四将」）。

（2）『甲陽軍鑑』品三十九（磯貝正義・服部治則校注、新人物往来社本、中巻五七頁）の信玄の遺言の記事や『軍鑑』品五十一（下三三三頁）の板部岡江雪との対面の記事など。

（3）佐藤八郎「武田信繁とその家訓」（『徽典会会報』六号、昭四四。のち『武田信玄とその周辺』新人物往来社、昭五四、に収録）、金井喜久一郎「武田典厩信繁」（『高井』三九号、昭五二）、桃裕行「武田信繁家訓について」（『宗教社会史研究』雄山閣出版、昭五二）など。

（4）服部治則「武田相模守信豊」（『山梨大学教育学部研究報告』三三号、昭五八）、黒田基樹「親族衆武田信豊の研究」（『甲斐路』六一号、昭六二）など。

（5）標（飯田）泰江「武田親族衆としての穴山氏の研究―特に河内領支配の在地構造をめぐって―」㈠～㈣（『甲斐路』二・三・六・一二号、昭三六～四一）、鈴木登「穴山氏の権力構造に関する一考察―その消長と被官を中心にして―」（『秋大史学』一八号、昭四六）、笹本正治「早川流域地方と穴山氏―戦国大名と山村―」（『信濃』二七巻六号、昭五〇）、拙稿「武田親類衆穴山信君の河内領支配」（『国学院大学大学院紀要―文学研究科―』二〇輯、平一〔本書所収〕）、同「穴山信友の文書と河内領支配」（『国学院雑誌』九一巻五号、平二〔本書所収〕）、同「甲斐武田氏の滅亡と穴山氏―穴山勝千代考―」（『甲斐路』六七号、平二〔本書所収〕）など。

(6) 柴辻俊六「戦国期木曽氏の領国経営」(『信濃』三四巻一一号、昭五七)など。
(7) 『甲斐国志』巻之九十五　人物部第四、佐藤八郎他校訂雄山閣出版本四巻六九頁。
(8) 逍遙院のある桜井が信綱の居館跡といわれるが、それを示す遺構などがなく明確にしえない。数野雅彦氏教示。
(9) 『甲斐叢書』八巻(第一書房、昭四九)。
(10) 同右。
(11) 同右。
(12) 『軍鑑』品十七「武田法性院信玄公御代惣人数之事」に「一、松尾《逍遙軒聟》(百騎)」とある(上巻三三八頁)。
(13) 註(1)。松尾氏については佐藤八郎「民部少輔殿覚之書―松尾信是官途考―」(『甲斐路』二五号、昭四九。のち同『武田信玄とその周辺』に収録)が参考になる。
(14) 『軍鑑』中巻二四一・二六五・二九九・三二一・三三一頁。後備え・留守居が多い。信綱被官落合彦助と百姓の公事(品四十七、下巻二三五頁)など興味深い記事もある。『甲乱記』(『武田史料集』〈新人物往来社、昭四二〉)一二三・一五八頁など、『武田三代軍記』(同右)一七四・一九四・二〇二・二一〇・二八四頁など。
(15) 『軍鑑』上巻三三八頁。
(16) 『武田史料集』九八頁。
(17) 『軍鑑』中巻一八九頁。
(18) 『軍鑑』品五十一(下巻三〇六～三〇七頁)。
(19) 『軍鑑』品五十七(下巻四二九頁)。
(20) 『軍鑑』品五十七(下巻四三四頁)。

(21) 坂本徳一『武田二十四将伝』(新人物往来社、昭五五)、野沢公次郎「武田信玄家臣団人物事典」(磯貝正義編『武田信玄のすべて』〔新人物往来社、昭五三〕所収)など。
(22) 服部治則「長篠合戦における武田将士の年令について」(『甲斐路』二六号、昭五三)。
(23) 御宿監物書状(「武家事紀」『信濃史料』一四巻一五八頁)。以下『信』と略す。
(24) 『信』一一巻四〇九頁。
(25) 『信』一三巻九三頁。
(26) 『信』一三巻五八八頁。
(27) 『武田遺宝集』(武田信玄公宝物保存会、昭四七)。
(28) 同右。
(29) 東京大学史料編纂所架蔵影写本牛伏寺文書。『信』一五巻四一頁。
(30) 『信』一五巻四二頁。
(31) 『信』一五巻四二頁。
(32) 『日本城郭大系』8(新人物往来社、昭五五)、小穴芳実編『信濃の山城』(郷土出版社、昭六三)など。
(33) 工藤文書『信』一二巻三〇六頁。
(34) 万蔵院文書『新編甲州古文書』一巻(角川書店、昭四一)一〇四頁二一二号。以下『甲』と略す。
(35) 上野晴朗『定本武田勝頼』(新人物往来社、昭五三)など。
(36) 『信』一五巻四一頁。
(37) 逍遙院文書『甲』一巻五九頁九三号。

(38)『信』一四巻九七頁。
(39)『信』一四巻二〇二頁。
(40)『甲府市文化財ウオッチング』、『甲府市史　史料編』一巻（平一）六九一号。
(41)『清水市史資料　中世』（吉川弘文館、昭四五）二六九号。
(42)『甲』二巻三五四頁一八三五号。
(43)『信』一一巻四〇九頁。
(44) 註(33)。
(45) 千野文書『信』一三巻五八九頁。
(46) 千野文書『信』一三巻五八八頁も参照。
(47) 同右には信綱と署名がある。
(48) 千野文書『信』一三巻五九〇頁。
(49) 註(46)。
(50)『信』一五巻一四一頁。
(51)『甲』一巻一〇四頁二一二号。
(52)『角川日本地名大辞典』19山梨県（角川書店、昭五九）一三三頁。
(53) 牛伏寺文書『信』一五巻四一頁。
(54)『日本歴史地名大系』二〇巻〔長野県〕（平凡社、昭五四）六二三頁。
(55) 同右六二四頁。

(56)『信』一五巻四二頁。

(57)註(54)四八一頁、小川村の項によれば、武田氏領有以前は知久郷に属し、知久氏領であったと考えられ、元亀二年(一五七一)三月の大島城(長野県北安曇郡松川町元大島)修築の「定」(武田信玄朱印状、工藤文書)には「小河郷」とみえる。

(58)この頃、勝頼は織田氏来攻を予測して親類衆を信濃の要地に配備している。仁科盛信を高遠城に在城させているのもその一例であり、信綱の大島配置もその例であろう。

(59)『信』一四巻二〇二頁。

(60)甲州栗原筋小原郷の領主。永禄五年、勝頼に付属された士隊将八人の一人。奉行・代官を歴任、天正十年三月田野で殉死(小和田哲男・山本大編『戦国大名家臣団事典』東国編〔新人物往来社、昭五六〕柴辻俊六氏執筆)。

(61)『清水市史資料　中世』(吉川弘文館、昭四五)五四三号。

(62)『甲』一巻六八三号。

(63)『武田遺宝集』二〇八頁、『甲府市史』史料編一巻五七八頁。

(64)『甲府市史』一巻六一三頁三四四号。

(65)富士大宮司文書、同右八六〇頁六九二号。

(66)服部治則「武田勝頼家臣の官途名・受領名について」(『甲斐路』二一号、昭四七)。『甲府市史』資料編一巻の解説は天正七年前後と推定されている。

(67)万福寺文書(『甲』一巻二九七頁七一五号)。

(68)『武田遺宝集』原色図版解説八七頁。

(69)　同右一〇九頁。

(70)　『軍鑑』品九（上巻一五〇頁）に信綱の歌会参加の記事がみられるが、画業だけでなく、ほかの文化的業績があったであろうことは想像にかたくない。

(71)　守屋正彦「『甲斐国志』に見る中世武田氏の絵画」（『甲府市史研究』五号、昭六三）にも述べられているが、この方面の研究は遅れている。

〔追記〕　本稿発表後、柴辻俊六「武田信綱と直江信綱」（『戦国史研究』三二号、一九九六年）、丸島和洋「戦国大名武田氏の一門と領域支配」（『戦国史研究』五三号、二〇〇七年）などが出されている。

第二章　信濃仁科氏の武田氏被官化と仁科盛信

はじめに

国人領主仁科氏は、信濃国安曇郡に割拠した名族である。現在の行政区画では、ほぼ長野県大町市に相当する。戦国大名武田氏は、武田信虎の頃から信濃を窺い、天文十年（一五四一）武田信玄が父信虎を追い、天文十一年信濃侵攻が本格化すると、信濃武士の被官化を積極的に推進する。禰津・望月氏と婚姻関係を結び、木曽氏とは婚姻関係を結ぶと同時に、一族の列に加えるなどの方法をとる。(1) ここで取り上げる仁科氏も同様で、信玄の五子盛信を仁科氏に入れて一族に加えている。これは駿河葛山氏に氏貞を入れたのと同じ方法であり、(2) 後北条氏における氏照―大石氏、氏邦―藤田氏、氏房―太田氏、また織田信長の信孝―神戸氏等に見られる戦国期の一般的な方法と思われる。すなわち、その地域を支配する上で重要な氏族や国境の氏族などに一族を入れたり、婚姻政策によって、その支配を強化していくのである。

ここでは、仁科氏を例にとって武田親類衆の形態のうち、当主の子息、あるいは一族の子を名族の養子として入れ、その地域の支配を円滑に行うための楔とする場合について考えてみたい。

それでは、仁科氏の研究について少し触れておこう。

仁科氏の研究については、古代の安曇野という観点で、一志茂樹氏をはじめその業績が多くみられる。特に一志氏のそれは多く、『仁科神明宮』などに代表されよう。(3) しかし、中世、取り分け戦国期を扱った専論はなく、ただ『南安曇郡誌』(4)や『大町市史』(5)にその叙述があるに過ぎない。また近年『小谷村誌』が刊行された。(6) これらの書籍は地方誌ではあるが、特徴的なことに仁科氏に関する記述にその紙数を多く割き、また細部にわたっており、内容的には大筋において妥当なものといえる。

そこで本章では、室町期までは『大町市史』『南安曇郡誌』等先学に学びつつ、その動向を概観し、戦国期に焦点を合わせて、武田氏の領国支配の展開に留意しつつ、仁科氏の動向について考察を加えてみたい。なお、『大町市史』原始・古代・中世資料編には、仁科氏関係史料がほぼ収録されており便利である。本章も同書に負うところ多大である。

一　戦国期以前の仁科氏の動向

仁科氏の割拠した安曇郡は、地理的には周囲に山地が多く、急峻なため気候や地味も決して農業に適しておらず、その意味では後進地域といえる。しかしながら、御厨であった関係から、中央との接触は早くからあり、同地域の支配者仁科氏の動向は、多くの信濃国人の中にあって興味深いものがある。

また、この地域は古代から交通の要衝であった。三坂峠は北陸道から分岐した官道として注目される。詳述を避けるが、『大町市史』は「穂高神社文書」の明応十年（一五〇一）「三宮穂高神社御造営足日記」の「千石大道」とイコールと考えている。

さて、仁科氏の本姓については平氏・源氏、あるいは阿部氏とするなど諸説がみられるが、近年では阿部氏説が支持されている。それは康平五年（一〇六二）の前九年の役の時、敗れて信濃に落ちのびたとするものだが、阿部貞任は同年九月に殺害されており、史実ではない。しかし、『大町市史』は「阿部渡」という地名や阿部神社の存在等から阿部氏説を補強している。また、永和二年（一三七六）から文禄五年（一五九六）に及ぶ「仁科神明宮造営棟札」にも、その造営鍛冶職として「阿部氏」がみえるのも、その根拠としている。その阿部氏が、伊勢神宮御厨の内にある地名「仁科」をとって苗字としたとするのである。

建久三年（一一九二）頃の御厨の様子を記した「皇太神宮建久已下文書」に麻績御厨（筑摩郡麻績村）・長田御厨（長野市若穂）・藤長御厨（長野市篠之井）とともに仁科御厨（内宮）がみえる。その後『神宮雑例集』『神鳳鈔』等にもみえる。(7)これらの史料により、仁科御厨は平安中期の成立と考えられている。

治承三年（一一七九）十月二十五日付の安曇郡八坂村藤尾覚音寺の本尊千手観音立像の胎内に納入されていた木札墨書銘に「大施主平朝臣盛家」「仁料（科）」とあり、他に五名の名前が記されているが、これが仁科氏の確実な史料の初見である。『大町市史』は、本姓阿部氏が平清盛の孫である小松殿三男が信濃へ流され、養子として仁科孫三郎を名乗って平姓を称するようになったとする。いずれにしても平安末期から鎌倉初期には、仁科氏はすでに平姓を名乗り、「盛」を通字としたことは明らかであり、この慣習は戦国期まで続くのである。翌年の治承四年、以仁王の平氏追討の令旨が発せられ、同五年、仁科氏は他の信濃国人とともに木曽義仲に従軍し、北陸に転戦している。この時期の仁科盛家と仁科氏の活躍は「平家物語」などの諸記録にあり、『大町市史』が作成した表が便利であるので参照されたい（『大町市史』二三六頁　表1）。義仲に従軍したのは、仁科次郎盛家であることは諸記録でほぼ一致している。吉田経房の日記『吉記』の寿永二年（一一八三）七月三十日条に、後白河法皇が義仲に対して院宣を下し、京都の警備を命じているが、その中に「仁科次郎盛家鳥羽四至内」とある。[8]寿永二年閏十月一日、義仲は備中水島で平氏に大敗するが、盛家は生存している。

さて、建久三年七月、源頼朝は征夷大将軍に補任され、鎌倉に幕府を開き、武家政治が開始されるが、承久三年（一二二一）五月に承久の乱が勃発する。『承久記』によると、「仁科二郎平盛遠」が熊野詣に参加した際、その子供二人が美少年であったため、後鳥羽上皇に見出され、西面武士に列せられたが、そのことで北条義時の怒りを買い、所領二ヶ所を没収された。このことが事件の発端であるという。[9]しかし『吾妻鏡』には、右の記事は全くみられず、史実かどうか判断し難いが、後の動向からして上皇と何らかの接触があったとみて大過ないであろう。いずれにしても、仁科氏の問題が承久の乱の勃発の要因の一つであった可能性があることは興味深い。信濃の御家人の多くは幕府軍の内の東山道軍に属したが、仁科盛遠は前述のごとく院方としてこれを迎え討った。しかし盛遠はこの乱で戦死したようである。結局幕府軍の圧勝で乱は簡単に終息する。

ところで、仁科氏の本拠である仁科庄は、鎌倉時代末の嘉元四年（一三〇六）の段階では室町院領であったが、室町時代中期の寛正五年（一四六四）には万寿寺領になっている。仁科庄はやはり仁科氏の基盤であったと考えられる。千国庄は『吾妻鏡』文治二年（一一八六）三月十二日条で「六条院千国庄」とあり、[10]建久元年十二月、僧某下文（「新見文書」）にもみえる。この二庄は仁科氏の所領であったと考えてよい。千国庄の住人であろうと思われる、千国・飯森・沢戸（渡）氏が諸史料に仁科氏の被官としてみえることからも肯ける。

さて、仁科氏について史料が決して多くない中で注目されるのは、仁科神明宮に永和二年から安政三年（一八五六）まで、二〇年に一度の式年造営の棟札が二七枚完全に残されていることである。これらの棟札は国の重要文化財に指定されている。そのうち、天正四年（一五七六）までの一一枚を表にしたものが『市史』に掲載されている（『大町市史』二五九～二六二頁　表2）。これによって仁科氏の歴代が明確にわかり、盛国―盛房―盛豊―持盛―盛直―明盛―盛国―盛能―盛康とすることができる。また棟札の奉行人は仁科氏の一族かその有力被官であると考える。関・八木・野口・八町・長生寺（渋田見）氏および仁科四郎三郎等は『大塔軍記』や『二木家記』等の軍記物や、永禄十年（一五六七）の生島足島神社起請文のうち仁科盛政、ならびに同親類被官衆起請文にみえる。この起請文については後述する。

南北朝期に入ると、仁科氏は南朝方として現れる。建武三年（一三三六）正月、後醍醐天皇は京から比叡山に逃避すると、仁科氏も高梨氏や肥後菊池氏とともにこの行幸に従っている。延元元年（一三三六）五月二十五日の湊川の合戦で尊氏軍に敗北すると、天皇は再び延暦寺へ登り、仁科信濃守重貞（氏重）は小笠原政道らとともに天皇に供奉している（『参考太平記』巻十六）。その後も新田義貞に従って、南朝方として奮戦しているが、延元六年十月十日以降史料上からその名前が消える。

『建武年間記』延元元年四月の記事に、建武政権の京都警護の武者所の結番の第二番として「仁科左近大夫盛宗」とある。[11] しかし、間もなく盛宗は南朝方から離反し、室町幕府恩賞方の一員となっており、それは（暦応二年（一三三九））十月二十五日「仁科左近大夫将監（盛宗）」宛少弐頼尚書状による。[12] また深掘政綱に対する恩賞の仲介を依頼していることがわかる。観応の擾乱の時には、盛宗は足利直冬方として活躍している。それは観応二年（一三五一）八月二十日付「仁科左近大夫将監（盛宗）」宛日向守護畠山直顕書状によって、大隅の在地武士祢寝清成一族の戦功を、直冬に披露することを依頼していることからも明らかである。[13] また、（観応三年）閏二月十日付で盛宗は、吉河次郎三郎経兼に鳥取県那賀郡三隅城の警備を命じており、直冬の中国・九州地方の転戦に従軍していたことがわかる。このことは、正平九年（一三五四）四月十七日付河原太郎右衛門尉盛家奉書からもわかる。[14] これは地頭職を宛行うことを奉じたもので、盛宗は直冬の側近にあったとみてよかろう。しかしこれ以後盛宗は史料上から消え、直冬も正平二十一年(北朝貞治五年)頃から消息がわからなくなる。

仁科氏は諏訪氏・金刺氏、上伊那郡の知久・藤沢・佐久、小県郡の禰津・望月・海野氏ら滋野一族らとともに南朝方にあり、小笠原貞宗、佐久郡の大井・伴野氏等小笠原一族は北朝方であった。興国五年(一三四四)伊那郡に後醍醐天皇皇子宗良親王が入り、三一年間滞在し「信濃宮」と呼ばれた。延元二年(北朝建武四)二月、後醍醐天皇の従兄弟明光宮は信濃にいたが、禰谷氏・仁科氏、越後の南朝方の勢力を背景として康永四年(南朝興国六)挙兵する。

しかし、正平十年(北朝文和四)八月桔梗ヶ原の合戦で敗北すると、信濃南朝は衰微する。文中三年(一三七四)北朝応安七)宗良親王は吉野に帰り、仁科氏の動向も史料上から消える。永和元年(南朝天授元)の仁科神明宮木造棟札に「仁科弾正小弼平盛国」があり、北朝年号を使用していることからも、信濃は北朝方となったといえよう。そして、今までの国人対立は守護対反守護闘争と姿を変えて激化していくのである。それは、守護小笠原氏と村上・仁科ら有力国人によって構成された大文字一揆の対立であり、応永七年(一四〇〇)の大塔合戦として現出される。この時の仁科当主は弾正少弼盛房であり、『大塔物語』によるとその被官として、駿河守盛光・千国鬼八郎・沢戸五郎・穂高・戸度呂木(等々力)・池田・庄科等二百余騎の名がみえる。(15) 応永二十三年の大文字一揆注進状から、その原因が春近、住吉庄の支配権をめぐって起こったものであり、「当御代之始、仁科弾正少弼盛輝、安曇、筑摩両郡為御料所ノ御代官下国仕修」とあり、署名には仁科氏の名はない。(16)

さて、幕府は国人を鎮撫するため、応永九年信濃を幕府料国とするが、国人の反抗は終わらず、上杉禅秀の乱を契機に、守護小笠原政康との対立が激化する。嘉吉二年(一四四二)政康が死去すると、小笠原氏内部の対立が起こり、府中小笠原氏と伊那小笠原氏とに分裂し、その家臣も二分化する。文明十二年(一四八〇)八月十六日仁科盛直を府中小笠原長朝が打ち破っている。(17) 寛正六年五月十八日に幕府奉書で仁科持盛に、若狭入道による堀内七郎の知行地の押領をやめさせるよう命じている。仁科氏の安曇野における権限がわかる。この持盛は永享八年(一四三六)・康正二年(一四五六)の二回仁科神明宮棟札にみえる。この持盛の時期には、父盛房とかわって、親幕府の政策をとっていたことが理解できる。(18)

以上をまとめると、鎌倉時代は木曽義仲に従い、承久の乱の時は院方へ馳せ参じ、南北朝時代には信濃における南朝の主力として活躍し、室町時代は反守護の旗頭として村上氏とともに大文字一揆を形成し、その後は幕府方として行動したといえよう。このようにみてくると、仁科氏は信濃の名族として、常に反体制側の中心人物として登場してくるということができる。そしてその主君が、体制側に破れると、仁科氏も暫く史料から姿を消すという形を繰り返すこととなる。

二　戦国期の仁科氏の動向

1　仁科氏の武田氏被官化過程

いよいよ戦国期の仁科氏の動向に目を移そう。

天文十年(一五四一)六月に父信虎を追放すると、武田信玄は同十一年七月諏訪頼重を降伏させて、諏訪を領有し、天文十四年高遠・福与城を攻略し伊那郡を平定し、同十六年佐久志賀城に笠原清繁を破る。同十七年二月上田原で村上義清に破れるが、同七月小笠原長時を塩尻峠に破り、松本平を制圧する。天文十九年十月戸石城で村上義清に破れるが、天文二十年には上田平も制圧する。

この間、天文十七年二月に信玄が義清に破れると、四月「村上、小笠原、仁科、藤沢同心ニ当方へ下宮まで打入たいら討放火候て則帰陣候」とあり、(19)この仁科氏は『二木家記』や『小笠原系図』によって「仁科道外」に比定することができるのではないか。そして一志茂樹氏らの研究によって道外は盛能に比定され、天文五年仁科神明宮式年造営の棟札にその名がみえる。六月十日にも仁科氏は長時等とともに下社に攻め入っている。塩尻峠の合戦では、その直前に撤兵している。

天文十九年七月、林・深志城が自落し、十五日「仁科道外出仕」している。(20)『二木家記』によると、二年前の天文十七年の塩尻峠の合戦の時の様子が次のようにある。(21)

〔史料1〕『二木家記』

（前略）（諏訪を）仁科道外望被申候ハ、下の諏訪被下候へ、左候ハハ甲斐国迄の先掛を仕、晴信と一合戦任候ハんと望申候処に、長時公被仰候ハ、我等縁のさきを望申推参なりと被仰に付て、仁科道外ほね折っても詮なしと被申、晴信朱印有とて、軍前をはつし、備を仁科へ引取申候、就其城渡不申候、（後略。ついで晴信着陣）

これによって、道外は長時と意見の対立があり、さらに「晴信朱印」すなわち、すでに晴信との間に密交渉があったというのである。

信憑性の高い信玄の側近駒井高白斎の日記『高白斎記』には、天文十九年に仁科道外の武田氏出仕の記事がみえ、『二木家記』との間に二年のズレがあるが、『二木家記』の記事を信用せずというよりも、天文十七年より両者の間に交渉があり、天文十九年になって、晴信に臣下の礼をとったと考えたいのである。というのは、それより前の四月二十一日に高白斎は諏訪高島城に着いたのだが、「御使之旨仁科上野介方ニ申渡」し、「仁科道外ニ致二対面一、用躰申談」ずべきを命じている。(22)すなわち、武田氏と仁科氏の間を取り持ったのが、仁科上野介盛政であって、その尽力によって道外は出仕したのであり、武田氏と仁科氏の交渉関係はそれよりも遡ることができると考えられるからである。

さて、信玄は長時を追うと林城は破却され、深志が築城され、馬場信春が在城する。同年十月、戸石城で村上義清に、武田勢力が破れると、他の国人とともに小笠原長時に対して、仁科道外よりも音信があったという。仁科道外は武田氏に一応帰属しながらも、いまだ不安定な地位にあったのであろうか（このときの戦いを野々宮、中塔合戦という）。天文二十年十月二十二日には、すでに二十日に深志に着城していた信玄の元に仁科氏の親戚で被官である「ホリカネ（堀金）出仕」している[23]。この堀金氏は永禄十年（一五六七）の生島足島神社起請文にみえる「堀金平大夫盛広」がその関係者であろう。

天文二十一年に晴信は小岩岳城を攻めるが、『南安曇郡誌』ではその城主に仁科盛国の子古厩平兵衛盛兼を想定されており、『市史』も系図を信ずる限り古厩平兵衛盛兼以外にないと『南安曇郡誌』を全面的に支持しているが、確実な史料もなく、筆者は何ともいえない。

ところで、前述のごとく、天文十九年に仁科道外（盛能）が出仕するが、天文二十二年正月二十四日には「仁科匠作始テ出仕」しており[24]、『市史』は弘治二年（一五五六）仁科神明宮棟札にみえる仁科修理亮盛康に比定されている。天文二十一年八月十一日、信玄は下水内郡小川村の国人大日方讃岐入道に所領を宛行っており、北信地域の国人の懐柔の布石を打ったといえよう。次に（天文二十二年）八月九日付大日方美作入道、同上総介宛武田晴信条目をみよう[25]。

〔史料2〕武田晴信条目案

条目

一、飯田、雨降（安曇郡）間之事、仁科庄作（匠）江種々加異見相渡候、於奥郡本意者、何方江成共可出替地之事、

（中略）

已上

（天文二十二年）八月九日　　　　　　　　（武田）晴信（花押）

大日方美作入道殿

同　上総介　殿

これは五ヶ条からなり、省略したが第二条では春日越前守以下春日一族の帰属を賞して、「大日方父子如二異見一く扶助を給与するとし、第三条でも落合氏の帰属を賞し所領の宛行を約束しており、第五条では「其口之備皆父子（大日方）へ可二相談一」きを約束したものであり、信濃の安曇郡地域の諸士の懐柔に果たした大日方氏の役割、大日方氏の位置の高いことが理解できる。さてその第一条目は飯田、雨降の二ヶ所の支配権については「仁科匠作江種々加二異見一相渡」すとし、北信が領有に帰したならば、大日方父子には「何方江成共可レ出二替地一」と約束している。文書中の飯田は現在の白馬村神城飯田、雨降は白馬村北城峰方に所在する地名である。この文書から、もともと飯田・峰方の地は仁科匠作盛康の所領であったが、信玄が大日方父子に宛行ったため、おそらく盛康が訴訟に及び結局「種々加二異見一」えた上で、元のごとく安堵し、北信（奥郡は水内・高井両郡を慣用して指している）が武田領になったなら替地を宛行うというものであり、大日方氏を優遇している信玄が仁科氏の主張を聞き入れている点、仁科氏の位置を知る上で興味深い。

〔史料3〕武田晴信書状写[26]

今度仁科庄（匠）作方へ越軍取結候処ニ、人数被差出候由令感悦候、此已後越軍取詰者、東条藤九郎、落合孫七等申合、可有出勢候、

（天文二十二年カ）（年月日欠）　　（武田）晴信（朱印）

大日方美作入道殿

同　上総介殿

この史料は、年月日未詳であるが、『市史』は上杉氏の動向から天文二十二年九月と推定されている。大日方父子が仁科氏を援助していることに対して、信玄が感状を与えたものであるといえる。すなわちこの戦いとは、五回あったといわれる川中島の合戦の第一回戦を指したものであろう。これによって仁科氏は武田方として、対上杉氏の最前線にあったことがわかる。

天文十九年二月吉日付井口刀帯（帯刀カ）宛の宛行状は、文書の袖にある差出者の花押が誰のものかはっきりしない[27]。井口氏は穂高宿の問屋を勤めた家であり、天文六年にはその微証がみられる。以上のように武田氏に帰属する過程は若干の史料が看取できるのであるが、その時期の支配の実態は明らかでなく、前述のごとく飯田・雨降にかなり強い支配権を持っていたのではないかということと、穂高に対しても後述の史料と合わせてその支配の基盤と捉えてもよいということだけである。武田氏帰属後に少しは仁科氏の動向がはっきりしてくる[28]。

〔史料4〕仁科盛政奉書

（仁科氏カ）（花押）

長生寺付干侘言、仁科断（ママ）北白（荷カ）落之上出置候、堀之内家中之者共為初、彼者無理、世之白荷出入不可有之候、仍女（如）件、

天文廿年　　（仁科）盛政

二月十四日

大厩兵五殿

これは白荷の取扱いの権利を付与されていた大厩兵五に、長生寺の許可を得た上で、荷の出し入れをするようにせよと命じたものである。盛政と日下に署名があり、袖に花押があるが、この花押は盛政のものではなく、誰のものかわからない。『信濃史料』の傍注および『市史』は、本史料に「仁科盛政奉書」と文書名をつけ、盛政が未詳の花押の主の意を奉じたものとしているが[29]、文書の形式としては奉書でよいのであろうか。最初、筆者は「盛政」の署名者と花押の署名者を同一人物と考えたのであるが、後述の天文二十三年十二月十四日渋田見長盛宛仁科盛政奉書[30]の日下署判「盛政」とあるも、その花押が、史料4と全く異なっていることから成り立たない。やはり、ある主人の意を盛政が奉じた奉書とすべきであろうか。もしそのように理解した場合、花押の主は仁科道外盛能または、盛康と考えられる。特に後者の盛康は、弘治二年仁科神明宮式年造営の棟札にその名がみえ、この時期の仁科氏惣領は盛康と考えられ、花押署判者を盛康とみることができる。しかし、根本的な問題として、古文書の形式としてこのような形式のものがあるか否か、やはり慎重な検討が必要であろう。ここでは指摘のみにとどめて、後考に待ちたい。

〔史料5〕仁科某免許状[31]

大の田さい志やういたし候につゐて、にふのミ《（丹生子）》、大まち《（町）》の関、津里う《（津料役）》屋くともにゆるし候、為後日に一筆出し候、

天文廿二年十二月廿八日　（花押）

おかさきたこやの者ともに被申渡候、

大町年寄

十人

本史料は長生寺の拠る大野田城（美麻村）に大町の年寄一〇人が在城して、おそらく、軍需物資の調達等に奔走したのであろう。丹生子大町の関銭、津料の両役の上納を免許した証文である。大野田城は美麻村大堤に位置する山城で、更埴方面の防衛の要所であった。この史料から丹生子と大町に関所があって大町の商人に関銭を徴収させて、その役銭を仁科氏に上納させていたことがわかる。また津料とあるのは川の渡し賃であろうか。『市史』は、差出の花押を仁科盛政に推定している。

丹生子は、高瀬川沿岸の「塩の道」で有名な千国街道を抑えた所に位置し、丹生子沢の近辺には長敷・堀田・門屋敷等の館地名がみられ、詰城として丹生子城が存在し、大町の入口として交通の要衝であることが理解できる。(32)

以上の史料から、仁科氏は武田氏に服属したが、その支配権限並びに権益は旧来通り承認されたのであり、千国街道の物資の流通を掌握していたと位置づけてよいと思う。史料5には日下に史料4の袖判とほぼ同様の花押があり、同一人物と考えられるが、『市史』は史料4と史料5を仁科盛政奉書としている。史料4は日下に「盛政」とあって袖に花押が据えられており、史料5の花押が押されている。しかし、日下に「盛政」と署名して同一人物の盛政が袖に花押を書くということが、文書の形式上あるのであろうか。かりにあったとすれば、奉書という文書名は不適当であり、仁科盛政判物とすべきであろう。しかし、形式的にいえば、奉書とすべきであろう。そこで、ここでは、盛政が袖判の主の意を奉じ、また袖判の主がその内容を認めて袖に署判を加えたものと考えておくことにする。そして前述のように、袖判の主を盛康ではないかと考えてみた。そうすると史料5は、『市史』が三七五頁に掲げた「推定仁科盛政我大町年寄十人に宛てた奉書」とするよりは三七六頁の写真説明の「仁科某免許状」とするのが妥当であり、さらにいえば「仁科某証文」とすべきと考える。(33)次に仁科盛政奉書とするものがもう一通あるのでみてみよう。

〔史料6〕仁科盛政奉書

（花押）
只今匠作（仁科盛康）被下地同丹生子・大町之内之やく所、□□代をうけ取候、於之ニも相意（違）有ましく候、為其一筆出候、仍
如件、
天文廿三年
十二月十四日盛政（仁科）
長生寺（渋田見長盛）
取次（『市史』通史三七五頁—七六号文書は「御返報」としている）

これは、仁科氏一族の長生寺（渋田見）長盛に対して、丹生子・大町西所にある関所の関銭を請け取ったことを伝えたものであり、長生寺氏は仁科氏より関銭の徴収を命ぜられていたのであり、同氏を通じて仁科氏は利益を得たのである。この中に「匠作被〻下地同丹生子・大町」とあり、匠作盛康が下されたのであり盛康—盛政の関係がわかる。そこで問題となるのが袖花押の主である。筆者はこれも盛康でないかと考えている。史料4と比べて全くその形状が違うが、筆者は次のように解釈したらどうかと考えている。前述のごとく、天文十九年七月十五日に仁科道外盛能が晴信の村井（松本市芳川小屋）の本陣に出仕し、天文二十二年正月二十四日には、仁科匠作盛康が甲府の晴信に出仕している。武田氏家臣の花押は、主君である武田信玄・勝頼の花押を模倣していることが多く、仁科氏の場合も盛康が武田氏に出仕したことから、天文二十二年十二月から同二十三年十一月の一年間に、武田氏様の花押に改変したのではないかと考えてみたのである。『市史』にあげられた写真の袖にある花押は、信玄をはじめとする武田氏の花押に類似しているところがあり、武田氏の花押を模倣していると考えてよいと思うのである。弘治二年九月の若一王子神社棟札（江戸時代の模写）と前述の弘治二年八月の仁科神明宮棟札により、両社の造営は仁科盛康が行っており、この

ことからも仁科氏当主として権限を有していたのは盛康であり、前述史料の花押は盛康のものと考える一証左となろう（『市史』写真を参照）。

なお「穂高神社造営発令者一覧表」（『大町市史』三八〇頁表8）に見られるように、穂高神社の造営も仁科一族が行っているが、その大檀那に仁科当主は入っておらず、仁科（穂高）盛棟等の名がみえ、穂高地域を治める仁科一族が別にいたと考えられる。この頃の仁科一族で名前のみえるものに、仁科上野介（『上杉年譜』永禄四年川中島合戦の記事、『高白斎記』天文十九年四月二十一日条）と仁科民部入道が見える。前者は『小倉藩渋田見氏系図』に「仁科上野介盛政」とあることから盛政に比定しているが、武田氏への帰属の時期から問題点が多いとされている。[34]後者は「分国商売之請役免許之令」の表題のある書立の中に「年未詳」六月二十五日付奏者今井越前守」は、宛名が仁科民部入道とあり一ヶ月馬五足分の諸役免許の特権を与えられている。[35]このことは、千国街道との関連を想起することができる。すなわち「越国筋往還自由」とあり、千国街道の流通交易権を認められていたのであり、武田氏の支配下にあって、その範囲内で権限を行使し得たといえよう。『市史』は民部入道を沢渡盛利に比定しているが、[36]筆者にはなんともいえない。

また、その他にも飯縄権現の所勢を司る神主仁科千日大夫がいる。弘治三年二月二十八日付武田信玄朱印状で、父豊前守の所勢職を千日大夫にも安堵している。[37]信玄は同年二月に葛山城、三月に水内飯山城を攻めており、その過程で発給されたものであろう。同年七月十一日付岩波六郎左衛門宛武田晴信感状によると、[38]七月五日に「信州安富《曇》郡小谷地」で合戦があったので、信玄はこの地域を制圧し、小谷衆五人の内、山岸豊後を除く四人が武田氏に帰属する。この小谷の平倉山城（小谷村中谷）の攻防戦は信・越国境の要地ということもあって激戦を極め、諏訪下社の土豪千野靭負尉軍忠状によれば、[39]信越国境の西浜まで諏訪郡代板垣信憲の使者として派遣されており、さらに「小谷城御本意之時分、於二構際一弓を涯分仕候、板垣具言上故」とあることからも頷けよう。

信玄は、小谷地方を領有すると、在地土豪の掌握を行うが、同年八月六日付山田左近宛武田晴信判物に、「本領無二相違一出置」くと知行安堵していることがその証左となろう。[40] そして十月九日には、信玄は高札を掲げて、同地域の治安維持に努め、その領国化を図っている。[41]

2　仁科盛政の失脚と武田氏の支配

永禄年間（一五五八～七〇）には北条氏康との盟約により、信玄は関東に転戦し、永禄六年上野岩櫃城、同八年倉賀野城、同九年箕輪城を落として、西上野に版図を広げ、さらに駿河侵攻を意図すると、義信事件が起こり、同十年十月義信を誅殺する。信玄は分国の動揺を防ぐために、永禄九年八月と同十年八月の両度にわたって甲斐・信濃・上野の分国の家臣から起請文の提出を義務づけているが、仁科盛政も「奉レ対二信玄様一、逆心謀叛等不レ可二相企一之事」との起請文を提出しており、その他に堀金盛広・古厩盛隆等仁科氏の親類被官一〇名の起請文がある。[42] 宛所は跡部勝資である。この起請文によって、仁科親類衆の姓名並びに官途がわかり貴重である。その多くが仁科氏の通字である「盛」を称している。しかし、これ以外には仁科親類衆や被官のことを知る史料は乏しい。このように武田氏に忠誠を誓った盛政であったが、その直後に盛政は死に至らしめられたようであり、武田氏が直接安曇野を支配することになる。

永禄十二年八月四日付で曽禰甚五郎に対して武田家に、「嗜二武具一可レ勉二軍役一」きを言上したので、元亀元年（一五七〇）より一〇貫文を宛行われることを約束され、[43] 元亀元年八月二十八日付で同又次郎に一五貫文が宛行われている。[44] また永禄十二年十一月十八日付で、井口帯刀左衛門尉にも「仁科領五貫文之所」を重恩として宛行われており、[45]

前述の井口宛の文書が信頼できる史料とすれば、宛行権を有していた仁科氏を除き、仁科領の土豪層を直接掌握したことの意義は大きいといえよう。

三　仁科盛信の支配とその位地

仁科盛政の死後、武田信玄の五男盛信が仁科氏の名跡を継ぐが、継承した時期は明確ではなく、信玄によって幼少時に継承させられていたとみられている。しかし、確実な史料に盛信の活動がみえるようになるのは、天正四年（一五七六）の仁科神明宮棟札からである。同五年四月二十六日には、高野山遍照光院を宿坊と定め寄進を行っており(46)、仁科氏当主として行動している。

盛信の人物については『甲斐国志』『武田系図』をはじめ諸記録にみえ、母は油川氏で初名を晴清といったなどとあるが明瞭にし得ないところも多い。

天正五年九月五日付で盛信は等々力次右衛門尉・細野甚四郎に対して、「越州之境遠近敵城迄」案内をしたり、敵情を探り報告したことを賞しており(47)、また、等々力には同六年二月十二日付で、「越国境迄、小谷（安曇郡）筋荷物弐疋前」の通過を許可している(48)。さらに、同年六月二十四日付で井口正林に「過所役、本領之由侘言候之条預置候、毎年五貫文宛、可二相納一」しと過所役を安堵しており(49)、前述等々力宛とともに交通路を掌握していたことがわかる。また信・越国境であるため前述のように支配にもその点が留意されているが、同年九月十七日付で小谷村大編郷に移住する者に対して、天正六年から同八年までの三年間、諸役を免許しており、信・越国境警備の強化を図ろうとしている(50)。

また、盛信は、天正六年九月七日付で山田若狭守に小谷村穴平二三〇文の地を安堵したり(51)、天正七年四月二十八日付で、倉科七郎左衛門尉に知行を宛行っている[52]。

このように盛信は、前述の諸役免許権とともに、知行宛行・安堵権とを有していたことが明らかである。さらに注目される点として、天正六年から朱印を使用していることがあげられる。武田親類衆では、武田信綱や穴山梅雪等が使用している。武田氏の家臣の中でも印判を使用しているものが存在するが、公印としてではなく、花押の代用といった私印として使用したものとされている。

しかし、同八年卯月二十日付で倉科は、「向後為二御家人一奉公」する旨を言上したので、武田家より知行を宛行われており[53]、また官途名字付与権は武田勝頼にあり[54]、武田氏権限内で行使できる支配権であった。

〔史料7〕仁科盛信書状[55]

来札披見、仍不動山(越後)衆番替□日被仰付候間、弥御番普請、聊不可有油断之旨、可被申越候、随而、馬町毎年雖成下知候、町人侘言故無一着候、然則(者脱カ)者、於今度者領中之馬幷大町・真々部市之儀、此砌穂高(安曇郡)へ被引可然候、猶替儀重而可被申越候、恐々謹言、

(天正八年)八月朔日　　盛信(仁科)(花押)

等々力次右衛門尉殿

この史料により、甲・越同盟は実効しているが、信越国境に注意を払っていたことがわかり、馬町・大町・真々部市を穂高へ「被レ引可レ然」きと令している。同月十一日には等々力氏に対して、盛信は十九日までに軍備を整えて大町へ参集するよう命じており、さらに真々部同心被官・細萱河内守同心・被官の統率、長生寺の根知在番など一切の命令が旧来の土豪等々力にされていることから[56]、仁科領の実際的な軍事指揮は等々力等によったといえよう。「新御軍法」は勝頼の軍事再編政策であり、北信の要地にあって盛信は、武田親族衆の一員として勝頼の命令を円滑になら

しめるパイプ的な存在であったと考えられる。

天正九年、勝頼は織田信長の「侵入近し」を予測して、自ら府中(甲府)をでて、新府城に移るとともに、親類衆を要地に配備し、これに備えたが、盛信は高遠に入城している。天正十年に入ると、信長は大軍を発して武田征討の軍を起こした。信長の嫡子信忠は信濃に入ったが、信玄の実弟武田逍遙軒信綱をはじめ親類衆・家臣等は織田軍来襲を聞いて戦わずして逃げてしまった。そのなかにあって、盛信のみが織田軍と対戦し親族衆としての面目を保った。しかし多勢に無勢、結局は高遠城の花と散ったのである(高柳光寿「花の高遠城」『青史端紅』春秋社　昭五二)。そして、三月十一日に名門武田家は滅亡する。

おわりに

筆者はいままで、戦国大名の一族配置と領国支配の関係を明らかにするために、武田信綱・武田信豊(未発表)・穴山氏・木曽氏(未発表)等の武田親類衆を中心に検討してきた。

本章では、仁科氏の被官化過程と盛信の仁科氏入嗣をみてきたが、仁科盛政死後、武田氏は仁科領の支配を強力に推進し、その楔として盛信に仁科を継承させたと考えられる。天正五年(一五七七)以降から盛信の発給文書がみられ、式年遷宮や遍照光院への寄進など仁科当主としての実務をする傍ら、武田氏の直接支配の伝達者としての役割を果たしていく。知行宛行・安堵権、諸役免許権、軍事指揮統率権、交通路の掌握等の諸権限を有し、国越警備の任務に当たったのであり、武田親類衆にあって極めて重要な位置を占めたのである。

しかし、それは武田氏から委任された範囲内の権限であって、前述の倉科宛武田家朱印状による知行安堵や天正六年正月二十三日付仁科甚十郎宛勝頼名字状（朱印）は、その徴証である。また、元亀二年（一五七一）六月十二日付諸役所中宛武田信玄過書は「小谷衆十八人、無㆓異儀㆒可㆓勘過㆒」きとあり、(57) 仁科領を越える、例えば流通権は武田氏によって掌握されていたとみてよいのである。(58)

註

（1）木曽氏については、柴辻俊六「戦国期木曽氏の領国経営」（『信濃』三四巻一一号、昭五七、のち同『戦国大名武田氏領の支配構造』名著出版、平成三、に収録）、同「信濃木曽氏の領国形成」（『信濃』四二巻七号、平二。のち同『戦国大名武田氏領の支配構造』に収録）、笹本正治「武田氏の木曽侵入をめぐって」（『武田氏研究』五号、平一）、同「武田氏侵入以前の木曽氏について」（『信濃』四二巻三号、平二）（ともに同『戦国大名武田氏の研究』思文閣出版、平成五、に収録）、同「信濃国人と武田氏―奈良井氏などからみた戦国時代―」（『武田氏研究』六号、平二）などがあり、柴辻氏と笹本氏との間に、木曽氏の位置づけをめぐって論争がある。

穴山氏については、柴辻俊六「武田親族衆穴山氏の領国形成」、同「穴山信君の文書と領域支配」（ともに同『戦国大名武田氏領の支配構造』名著出版、平三、に収録）、堀内亨「戦国大名の領国形成と国人領主―武田氏と穴山氏を事例として―」（佐藤八郎先生頌寿記念論文集刊行会編『戦国大名武田氏』名著出版、平三、に収録）、拙稿「穴山信友の文書と河内領支配」（『国学院雑誌』九一巻五号、平二）、拙稿「武田親類衆穴山信君の河内領支配」（『国学院大学大学院紀要―文学研究科―』二〇輯、平一）、拙稿「穴山信君の江尻領支配」（佐藤八郎先生頌寿記念論文集刊行会編『戦国大名武田氏』（名著出版、平三）、拙稿「甲斐武田氏の滅亡と穴山氏―穴山勝千代考―」（『甲斐路』六七号、平一〔本書所収〕）などがある。

小山田氏については、柴辻俊六「国人領主小山田氏の武田氏被官化過程」（『古文書研究』九号、昭四九。のち同『戦国大名領の研究―甲斐武田氏領の展開―』名著出版、昭五六、に収録）、同「譜代家老衆小山田氏の郡内領支配」（同『戦国大名武田氏領の支配構造』名著出版、平三、に収録）をはじめ矢田俊文氏・笹本正治氏・堀内亨氏等多くの蓄積がある。武田親類衆のひとり武田信豊については、黒田基樹「親族衆武田信豊の研究」（『甲斐路』六一号、昭六二）等がある。

（2）有光友學「戦国期領主権力の態様と位置―今川領国葛山氏の場合―」（同編『戦国期権力と地域社会』吉川弘文館、昭六一）等があるが、ほとんどが今川氏や北条氏との関係であり、武田氏への被官化についてはあまり触れられていない。武田氏の婚姻政策、一族の配置と領国支配の関係を考える上で、武田信綱・仁科盛信・木曽氏・穴山氏とともに重要な位置を占めるものと考える。武田信綱については、拙稿「武田逍遙軒信綱考」（『甲府市史研究』八号、平二〔本書所収〕）参照。

（3）一志茂樹『仁科神明宮』（仁科神明宮社務所、昭三四）、『美術史上より見たる仁科氏文化の研究』（信濃教育北安曇部会、昭一二）他。

（4）『南安曇郡誌』第二巻上（昭四三）。

（5）『大町市史』二巻（原始・古代・中世）（同資料）（昭六〇、以下『市史』と略す）。仁科氏の部分は幅具義氏が主に執筆。

（6）『小谷村誌』歴史編（平五）。

（7）『市史』八一～八二頁。

（8）同右六九頁。

（9）同右八四頁。

（10）同右七六頁。

（11）同右九七頁。

（12）同右一〇〇頁。

（13）同右一〇二頁。

(14) 同右一〇七～一〇八頁。
(15) 同右一一七～一二八頁。
(16) 同右一三三頁。
(17) 同右一四四頁。
(18) 『市史』の業績に依拠して記述したことを断っておく。
(19) 「神使御頭之日記」(『市史』資一七二頁)。
(20) 『高白斎記』七月十五日条(同右一七八頁)。
(21) 『市史』資一七三頁。
(22) 同右一七八頁。
(23) 『高白斎記』十月二十二日条(同右一七九頁)。
(24) 『高白斎記』(同右一八〇頁)。
(25) 『市史』資一八一頁。
(26) 同右一八一頁。
(27) 同右一七七頁。
(28) 同右一七九頁。
(29) 同右三七四頁。
(30) 同右一八三頁。
(31) 同右一八二頁。
(32) 『市史』三七八頁。

(33)『市史』資一八三頁。
(34)『市史』三五四～三五七頁。
(35)『市史』資一八六頁。
(36)『市史』三八三～三八四頁。
(37)『信濃史料』一二巻一五〇頁。以下『信』一二―一五〇頁と略す。
(38)『信』一二―一七〇～一七五頁。
(39)『信』一二―一七三～一七四頁。
(40)『信』一二―一七八頁。
(41)『信』一二―一九二頁。
(42)『市史』資一八八～一九〇頁。
(43)同右一九三頁。
(44)同右一九四頁―一三一号。
(45)同右一九四頁―一三〇号。
(46)『信』一四―一〇三頁。
(47)『信』一四―一一五頁。
(48)『信』一四―一七〇頁。
(49)『信』一四―三四二頁。
(50)『信』一四―三六六頁。
(51)『市史』資二〇一～一四三頁。

(52)『信』一四—四四六頁。
(53)『信』一四—五一三頁。
(54)『信』一四—二二七頁。
(55)『信』一四—五二六頁。
(56)『市史』資二〇四頁—一四九号。
(57)『信』一三—四五六頁。
(58) 盛信は大町に在地して勝頼の差配に従っていることは、(年未詳)七月十六日付仁科五郎宛勝頼書状に、盛信は長坂光堅・跡部勝資を通して勝頼に意見し、河上中務少輔の帰参を許可されているとあることから明らかである(『信』一五—一二〇頁)。

〔付記〕本稿は、昭和六十三年三月に国学院大学大学院に提出した修士論文「戦国大名武田氏の権力構造」の一部に手を加えたものである。成稿するにあたって、米原正義先生・小川信先生をはじめ多くの方々に種々御指導いただいた。ここに、感謝申し上げる次第である。
また、平成七年八月二十日の四国中世史研究会において、口頭発表をさせていただいた。席上有益なご助言を賜った。記して深甚の謝意を表す次第である。なお、平山優氏の「戦国大名武田氏の筑摩・安曇郡支配」(『武田氏研究』一五号、平七)に接したが、触れることができなかった。その旨明記する次第である。

〔追記〕本稿発表後、柴辻俊六「戦国期信濃仁科氏領主制の史的考察」(『信濃』四八巻一二号、一九九六年、『戦国期武田氏領の展開』岩田書院、二〇〇一年に再録)などが出されている。

付論　武田氏と郡内領に関する一史料

ここに紹介する武田氏朱印状は、写では、『新編甲州古文書』[1]や『大月市史』[2]史料編に収載されているが、最近、八王子市内の大野聖二氏宅より原文書が発見された。実見する機会をえたので、その報告をかねて、内容を検討してみたい。

落合の新左衛門　大師の縫殿右衛門　小笠原の助右衛門
小笠原の源次郎　百々の四郎右衛門　今宿の新五左衛門
寺邊孫右衛門　徳行助右衛門　曽根の新七郎　黒駒の新左衛門
右拾人岩殿令在城、御番
御普請等無疎略相勤之由候条、
郷次之御普請役被成御赦免候
間、自分之用所可被申付之由、
所被仰出也、仍如件、
天正九年辛巳　土屋右衛門尉
三月廿日 ◯（龍朱印）　奉之
荻原豊前

本文書は、武田氏が滅ぶ一年前の天正九年（一五八一）三月二十日付で発給されたもので、竜朱印状の奉者の土屋右衛門尉は惣三昌恒(3)、受取人の荻原豊前は小十人頭のうちの横目付衆であり(4)、国中の諸士一〇人（甲府・石和付近と小笠原付近とに限定できるそうである）が、岩殿城に詰めて在番と御普請役を勤めたので、郷並の普請役を免除する旨を寄親たる荻原豊前に伝えたものである。これら一〇名の地下人と荻原豊前との直接の関係を知ることはできないが、おそらく荻原豊前の寄子、同心クラスであったと考えられる(5)。

従来、郡内小山田氏と武田氏との関係に関しては多くの論考があるが、その関係について上野晴朗氏は武田氏による再支配構造と考え、小山田氏がかなり広範囲にわたった一円支配を委任されていたとし(6)、矢田俊文氏は武田氏が、小山田領に対して第二次裁判権・立法権・軍事指揮権しか有さず、収取権も所持していないとして、小山田氏を戦国領主と積極的に評価されている(7)。そして戦国期甲斐の権力構造は、こうした戦国領主と戦国期守護武田氏との連合政権によって成立していたと論じられている。

これに対して柴辻俊六氏は、小山田氏発給文書の分析から小山田氏の領主権の限界を認められ、他の支城主や郡代の権限と同様であったと考え、今まで考えられてきたように、ある程度独立した一円支配を任されていた領主ではないと指摘されている(8)。

前者と後者では全く反対の意見であり、その点について深く触れることは避けたいが、筆者は本文書をこの天正三年（一五七五）三月、武田氏の重要拠点であった高天神城が徳川勢によって落とされ、武田氏の衰微が明らかとなったこの段階になって、初めて武田氏が郡内小山田氏の詰城である岩殿城を改修して活用しようとしたものであろうと推測して、武田氏の権力が矢田氏のいわれるような弱いものではなく、柴辻氏が論じられているように、武田氏の権力は郡内領にかなり深く浸透していたものであろうと考えたい。

しかし、この問題は、武田氏の在番制や軍役等の面からも改めて考察してみる必要があろうと考える。本文書は、その点で武田氏と郡内領との関係を考える上で極めて重要な史料であろうと考え、ここに紹介した次第である。

註

（1）『新編甲州古文書』三巻一四六頁。
（2）『大月市史』史料編一五〇〜一五一頁。
（3）『甲斐国志』人物部第五　土屋惣三昌恒の項。
（4）同右、人物部第六　荻原豊前守の項。
（5）村上直「武田時代における小十人頭」（『多摩文化』一〇号、昭三七）。
（6）上野晴朗『甲斐武田氏』（新人物往来社、昭四七）。
（7）矢田俊文「戦国期甲斐国の権力構造」（『日本史研究』二〇一号、昭五四）。
（8）柴辻俊六「郡内領小山田氏の性格」（『戦国大名領の研究』名著出版、昭五六）。

〔付記〕本稿を書くにあたって柴辻俊六先生・下村效先生（国学院大学講師）に大変お世話になった。深く感謝いたします。

〔追記〕本稿は、発表後、丸島和洋編『甲斐小山田氏』（岩田書院、二〇一一年）に再録されている。なお、初出時に掲載の朱印状写真は割愛した。

第三部　武田氏の外交・訴訟・宗教

第一章　武田信玄の西上作戦再考

はじめに

元亀三年(一五七二)十月から死去する翌四年四月十二日に至る武田信玄の軍事行動は余りにも著名であり、その頂点が徳川家康を敗北させた元亀三年十二月二十二日の三方ヶ原の合戦であることも周知の通りである。

ところが、この一連の軍事行動に対する評価については、いまだ決着がつかず、大別すると西上(上洛)作戦説と局地戦説の二つに分けられる。

前者は渡辺世祐氏の見解に代表される。(1) すなわち、信玄、石山本願寺、江北の浅井久政・長政父子、越前の朝倉義景、そして将軍足利義昭などによる織田信長包囲網を「大環円」と呼称し、信玄の軍事行動を上洛戦と評価している。後者は高柳光寿氏の説に代表される。(2) それは、信玄に上洛の野心があったとしながら、「北条氏との同盟を利用して、駿府侵入以来の目的である遠江の侵略を成就させようとした」のであって、「その結果として起ったのが、三方原合戦であった」と従来の上洛戦説に対して、新たに局地戦説を提唱された。その後、奥野高廣氏は「元亀三年の三方原役を頂点とする信玄の作戦は、(中略)彼の上洛作戦そのものであった(3)」と上洛戦説を補強され、これに対してなかざわしんきち氏は社会経済史の視点から検討を加えて、「遠江の奪取・今川領国の完全な掌握が目的(4)」と局地戦説の立場をとっている。

これらの両説をうけて磯貝正義氏は、「上京の前提となる信長打倒のための共同作戦」「信長の討滅とその本拠美濃（および尾張）の経略とを直接の目標」であると評価している。[5] さらに染谷光廣氏は、基本的には磯貝氏説の立場に立ちながらも、新出史料四通の詳細な検討から、信長と一大決戦を行った後に体制を作り上洛する予定であったとし、その上洛の時期を元亀三年十一月十九日付朝倉義景宛の信玄条目にみえる天正元年（一五七三）五月と推定した。[6]

以上のように、いまだ二つの学説が併立しており、確定しがたい状況にある。にもかかわらず、従来の数多い武田信玄の伝記類のほとんどは、上洛戦説の立場に立って論述されている。[7] しかし、高柳氏が提唱された局地戦説もやはり無視できないので、その再検討の必要があると考える。このことは、先学も述べているように「織田時代史の重要な問題」[8]「戦国時代史の一頁としてもかなり大きな比重をもつ問題」[9] でもあるが、それと同様に武田氏研究においても重要視してよい課題であるといっても過言ではない。そこで、本章では新出の史料の紹介を兼ねて、この問題について若干の考察を加えてみたい。

一　元亀三年九月以前の信玄の動向

まず最初に、元亀三年（一五七二）十月三日、信玄が甲府を出馬するまでの動向を、先学の業績を参考にしながらみておこう。

永禄三年（一五六〇）五月十五日、駿河の今川義元が桶狭間の合戦で敗死すると、甲・駿・相三国同盟に亀裂が入った。永禄十年十月、義元の娘を正室としていた嫡子義信を処断した信玄は、[10] 家臣団の動揺を防止すべく事前の八月に

「奉レ対二信玄様一、不レ可レ相二企逆心謀叛等一事」との起請文を提出させ、(11)同十一年十二月六日、駿河へ侵略を開始した。(12)兼ねてから約束していた三河の徳川家康は遠江に侵入し、今川氏真の籠る掛川城（掛川市）を攻囲するが、信玄の家臣秋山伯耆守信友が下伊那衆を率いて遠江に侵入したのを不信とし、氏真、北条氏康・氏政父子と結び、さらに越後の上杉謙信と通じて信玄と対することになる。(13)永禄十二年五月十七日に氏真は掛川を退城するが、高柳氏がいわれるように、この家康の行動の背後には信長の存在があったであろう。(14)信玄は三方を敵に囲まれる形勢となり、この窮地を脱すべく外交戦術をもって対応する。まず、将軍足利義昭と永禄八年以来同盟関係にある信長を媒介として宿敵謙信との講和を図る。(15)（永禄十二年）三月二十三日付で京都に派遣していた市川十郎右衛門尉に宛て、(16)甲・越和睦の将軍の下知を給わるよう信長に仲介を求め、さらに家康と氏真との和議の実否を糺すことを命じ、「信玄事者、只今信長（織田）外、又無二味方一候」とし、信長の援助がなければ、「信玄滅亡無レ疑」しと申し伝えている。(17)四月には信玄は、家康にも信長の仲介もあって、謙信との和睦の近いことを伝えたが、(18)相・越同盟のため進展せず、十二月にも信長に謙信との和睦の仲介を依頼した。(19)この年、信玄は上野より関東に入り、小田原城を掠め、三増峠で北条軍を破った。(20)そして十一月には駿府を再占領している。

元亀元年六月五日付で信玄は、朝倉義景攻略中に浅井長政の謀反によって京都へ帰った信長を見舞うため、信長の右筆武井夕庵に書状を送り、「仍去月下旬、市川十郎右衛門尉申候之砌、江北通路留候之故」使者としての任務遂行が困難となって面目を失ったと弁解している。(21)信玄は結局六度にわたる駿河出兵によってその制圧を完了し、遠江を次の攻撃目標に定める。

元亀二年二月二十四日、信玄は遠江に侵入し、三月に高天神城（静岡県小笠郡大東町）を攻め、一旦は引くが、四月には三河へ侵攻し、足助城（愛知県東加茂郡足助町）を陥れ、吉田城（同県豊橋市今橋町）に家康と戦い、五月上旬に帰甲している。(22) この一連の軍事行動を磯貝氏は、「西上の小手しらべ」(23)、奥野氏は「織田軍撃滅をめざす第一回戦」(24)と評価している。筆者はこの軍事行動を遠江・三河制圧の前段階と捉えておく。七月二十五日には、遠江国浜名郷主大屋政頼が早くも家康に背いて信玄に降っており(25)、信玄が徐々に遠江に侵略の楔を打ち込んでいることが理解される。(同年)五月十七日付松永久秀家臣岡周防守宛信玄書状によると、久秀の通好を謝し、「今度到二遠参《遠江・三河》一発向、過半属二本意一候」と報じ、「以二公儀御威光一、信玄も令二上洛一者、異レ于レ他可二申談一候」といっており(26)、この文言からは信玄に上洛の意志があったことがうかがえる。十月三日に北条氏康が死去すると、その子氏政は謙信と断交、甲・相同盟が復活し、情勢は信玄有利に変化する。(元亀三年)正月二十八日付武井夕庵宛信玄書状では、北条氏との同盟復活を報じて「縦扶桑国過半属二手裏一候共、以二何之宿意一、信長へ可レ存二疎遠一候哉」と述べ、甲・越・相三国和睦の斡旋を拒否している(27)。十一月二十日には、信玄は土屋貞綱に命じて、伊勢の海賊衆の来国を急がせている(28)。なお、元亀元年から三年にかけて信玄は、武士や寺社に対して知行安堵・宛行状や諸役免許状を多く発給し、新征服地の駿河にも同様の措置をとっており、武田領国の再編成を意識的に行っている。来るべき大規模な軍事行動を視野に入れた準備行動とみてよかろう。

さて(元亀三年)五月七日付将軍義昭近臣一色藤長・真木島昭光・東考軒宛六角承禎書状によれば、「東国《信玄》出馬、弥慥候様相聞候条、珍重存候」とあり(29)、信玄の出陣の近いことはすでに畿内の大名には知られていたことがわかる。五月十三日付法性院(信玄)宛義昭御内書によると、信玄は「対二当家《将軍》一可レ抽二忠節一由、翻二法《宝》印一言上」しており、義昭からも信玄に対して、「無二親疎一通進二誓詞一」めて、「急度及レ行、天下静謐之馳走不レ可レ有二油断一事専一」と命じている(30)。これは、信玄が上洛し、義昭を奉ずる意志のあることに対する義昭の激励の返書とみられている。そして、信玄は義昭を中心として、石山本願寺・浅井・朝倉・延暦寺・伊勢北畠氏・松永久秀など畿内近国の諸勢力と結び、反信長陣営の構築を図り、実現に成功する。渡辺氏がこれを「大環円」としたのは的確な表現といえよう。(31)しかし、表面的には染谷氏のいわれるように信長との友交関係は継続している。(32)一方、信長もまた、家康との同盟をさらに強固なものとし、謙信とも好を通じている。そこで、信玄は謙信を牽制すべく、本願寺顕如光佐をして越中・加賀の一向一揆にその背後を衝かせ、(33)さらに飛騨にも兵を入れた。(34)これは飛騨を制圧することによって謙信の信濃侵入を防ぎ、信長と謙信との連絡を封じようとしたものであろう。事実謙信は、八月に大軍を率いて越中へ出陣しており、(35)越後に帰国したのは、翌天正元年(一五七三)四月である。そして、信玄は謙信の牽制と信長を欺くためであろうか、信濃から越後に侵入するとの風聞を流した。八月二十九日付上田石見守宛信玄書状写には、「越後本意之上者、一所可二相渡一候」とあり、(36)九月四日付坪坂伯耆入道宛温井景隆書状にも「信玄信州へ出馬之間」とあるのが(37)その証左となる。また、九月十八日付で謙信は長尾顕景以下五名に「夕部(衍)自レ敵落来者申分者、当月中ニ大手口へ信玄可二打出一候」と伝えて、春日山への移城を命じており、(38)謙信は信玄の術策に陥ったようである。

ところで、柴辻俊六氏は、「この間、外交的にも目立った動きはしておらず、わずかに七月末に京都の曼殊院や比叡山茲光坊の斡旋によって僧正位を贈られたことが見られるだけである」としているが、(39)前述のごとく遠江・三河侵入のための牽制策を講じており、さらに信長を牽制すべく義昭の意を奉じて信長と本願寺光佐との和睦の媒介をしているのであり、(40)決して外交に不活発であったわけではなく、軍事行動を前に活発な外交交渉を展開していたとみてよい。また権大僧正任官について(41)従来あまり注意されていなかったが、もっと注目すべきではないかと考える。従来は西上作戦の権威づけというのが一般的評価である。ところが、室町幕府の構造を将軍による官途・受領などの栄典授与をはじめ武家儀礼の側面から研究された二木謙一氏は、この信玄の任官について、大僧正は僧侶の官位の顕官で、朝廷の身分的序列では参議に準じ、参議は大中納言につぐ重職であって、三位以上の公卿と同格の特典が許されるのであり、信玄は四位で終っているが、この大僧正任官によって、実は参議に準じる身分的地位を得たと指摘している。(42) 二木氏はこの事実を信玄の官位昇進方法の一つと理解されるが首肯できる。(43) 謙信は、永禄四年に上杉憲政の譲りを受けて、関東管領に就任しているが、天文二十二年(一五五三)の従五位下、弾正少弼のままであり、信長も弾正忠を称しているが、天正三年十一月に一挙に権大納言に任官するまでそのままである。(44) よって信玄の任官は上洛に備えてかどうかは別として、信長との全面抗争を前に自己の地位を有利にしようと画策したものと考えてよろしいであろう。

右にみてきたように信玄は、信長と表面上は永禄八年以来の友好関係を保持しながら、軍事行動の準備を進めていたのである。

次に高柳氏がその史料的価値を認定し、奥野氏が紹介された(元亀三年)八月十日付保科筑前守正俊宛信玄条書(印判状)(45)について考えてみよう。

一《(一条)》、今度有首尾向遠州出馬企、一大事之行候之間、暫可為張陣候、然則必就家康訴詔、信長木曽□信州可及後詰、
□□《(伊奈カ)》郡上下之貴賤兼日成其覚悟、大細共ニ守典厩《(武田信豊)》下知幷玄徳斎《(日向)》・保科父子呉《(巽)》見、抽忠節候之様可被申付事、

この条文からは、信玄が遠江出馬を「一大事之行」と考えており、家康と本格的な戦闘状態に入れば、信長が家康の訴えによって後詰のために東美濃より木曽を経て信濃へ侵入することを予測していることがわかる。そして全文二八ヶ条にわたって細かくその防備体制を高遠城将保科正俊に命じている。例えば、第二条では松尾・下条・春近衆等は、「家中之乙名敷者幷親類繁多之族妻子」まで「悉高遠へ可㆓召寄㆒」しとある。第六条では、「妻籠之番」は松尾衆(小笠原信嶺)に命じ、第十一条では、「木曽へ不㆓打置㆒相談、彼谷《(木曽)》堅固之備肝煎之事」とあり、さらに第十九条では、「木曽・下条・枩《(松)》尾・春近以下目付之事」などとある。このことから、木曽領は武田親類衆に列した木曽義昌が領有

していたが、美濃に隣接している所から信長の侵入経路として一番想定が可能な地域であり、特にこの方面に注意を払っていることが理解できる。さらに第十七条では、「万一諸口相破者、松尾・下条者大嶋、春近衆者、高遠へ可二相移一事」と防備体制を突破された場合の処置も考えている。まさしく「われ出陣に憂なし」の準備体制をとっているのである。

この史料からは西上作戦との印象は薄いように思う。奥野氏も本史料の解説で、従来の自説である西上作戦説を訂正されて、「今回の遠州作戦は、徳川家康との対決、少なくともその国外追放、あわよくばその首級をあげることにあった」(46)としながらも、信玄の寿命を理由に「遠江攻略は必ずしも目的ではない」(47)とされた。遠江・三河制圧にその目的があったとする高柳氏説とは相違するものの、局地戦説に傾いたようである。筆者は本史料の第一条目の文言に注目して、次のように評価したい。すなわち、信玄は遠江・三河の領有を目的として家康との本格的な戦闘を意図したのであるが、そのことは親密な同盟関係にある信長との全面抗争を意味する。それ故、今次の出陣に際して、信長の侵入が想定される木曽・伊那両郡を中心に防備体制を指令したのである。なおいえば、後述する岩村城攻略もその先手を打ったものと理解できるのではないか。従来述べられている西上作戦の一環ではなく、遠江出兵のための防備体制の一環と把握できるのではないかと考える(48)。

かくて万全な防備体制と信長包囲網によって信玄の最終作戦ともいうべき軍事行動が開始されるのである。

二　信玄の最終作戦―新史料の紹介―

(元亀三年(一五七二))九月二十二日付小松原孫三郎宛中嶋惣左衛門書状には、「信玄近日可レ有二御出馬一、令二注進一

候[49]」と畿内では信玄の出兵が噂されているが、実際は九月二十九日に信玄の部将山県昌景が先鋒として出陣、信玄自身は十月一日出馬予定であったが、延引して同月三日に出馬した。[50]（元亀三年）十月一日付で浅井、朝倉に「只今出馬候[51]」「今朔日既打立候[52]」と出陣を報じる一方、同日付で勝頼と連署で越中の一向一揆の勝興寺に宛て、「信玄自身至レ于二越後一乱入之儀者、遠(遠江)・三(三河)之動無レ拠故遅々、其已(巳)後彼表(遠江カ)明レ隙帰陣候条、直ニ向二越府一可レ動二干戈一之旨令二儀(議)定一」めたので、信越国境まで出兵したが、発病したので納馬した、しかし再び出兵する旨を伝えている。[53]これは巧みな外交戦術とみてよい。

信玄の本隊は、諏訪から伊那を経て信州街道(秋葉街道)を南下し、十日には青崩峠を越えて、遠江に乱入し、袋井を経て合代島に進出した。また山県昌景の別動隊は東三河から侵入し本隊と合流した。[54]信玄は只来(天竜市)・天方一之宮・飯田・向笠(磐田市)・各輪などを制圧すると、十月十四日には白羽神社に神主・禰宜を還任させ、[55]十九日には華厳院、[56]二十八日には可睡斎に禁制を掲げ、[57]占領地の制圧と治安の維持に努力している。また、遠江の国人・土豪が信玄に帰参しており、[58]十月八日・十六日には神尾宗大夫に所領を安堵し、[59]二十一日には奥山友久の帰参を賞して「家康(徳川)宛行候所領并本領」を安堵している。[60]その他松井和泉守・飯尾弥四郎右衛門尉・幡鎌右近丞・大屋政頼等が確認され、[61]まだ多数の帰参者のあったことが推測できよう。

信玄の進出を知った家康は、浜松を出城して、見附の西方一言坂で小競合をするが、ただちに帰城する。信玄は袋井・見附方面を制圧すると、天竜川左岸を北上して匂坂を押え、合代島(磐田郡豊岡村)に陣し、十九日以前に二俣城の攻撃を開始した。

二俣城は浜松の北北東約二〇キロに位置し、遠江の交通の要衝であり、天竜川とその支流二俣川に囲まれた丘陵上の要害である。[62]山県隊も二俣攻城に参加しているが、その進路は東三河から入り、遠江井平を制圧するものであった。これは磯貝氏の指摘のように、「三河方面から二俣への援軍の進路を遮断するという効果」を有したのである。[63]二俣城はよく守り、勝頼の攻城軍は水の手を断つ方法で二ヶ月を費して開城に成功している。勝頼を攻城の総大将にしたのは、信玄の家督相続への配慮からであろう。城主中根正照以下は浜松へ退去し、信玄は依田信蕃等を城将として入れた。信玄が二俣城を攻め始めたのは、諸記録によると十月中旬であり、十二月初旬までかかったようである。[64]

ところで、信玄は遠江侵攻と同時に秋山信友を東美濃に侵入させ、十一月十四日には岩村城（岐阜県恵那郡岩村町）を落城させている。[65]（元亀三年）十一月十九日付朝倉義景宛信玄書状に「殊三州山家・濃刕《州》岩村属二味方一、対二信長一為二当敵一、動二干戈一候」とあり、[66]東美濃侵入はそれまで友交関係にあった信長との直接抗争を意味したのである。[67]（元亀四年）三月五日付遊足庵淳相宛謙信書状によれば、家康の嫡男信康は、信長の婿で「信長芳志故」家康は三河・遠江を得ることができたのであり、その両国に信玄が侵入したからには、家康と敵対関係に入るだけでなく、「信長江事切も同前ニ候」といい、さらに美濃まで侵入したからには、「弥信長・家康無二無三当方江浮沈共」にするとあること[68]もその傍証となろう。それ故前述のごとき綿密な防備体制と包囲網が必要だったのである。

このような信玄の軍事行動を知った信長は、十一月二十日付謙信宛書状で「信玄所行、寔前代未聞之無道者、不レ知二侍之義理一、只今不レ顧二都鄙之嘲哢一次第、無二是非一題目候」といい、「信長与信玄間之事（中略）雖下経二未来永劫一候上、再相通間敷候」と報じており、[69]信長の憤りを感じ取ることができる。そこで、信長は謙信と結び、信玄に対抗しようと画策する。[70]

二俣攻略後、城の修築および道路の整備を行い、十二月二十一日に出陣命令を出し、翌二十二日に天竜川を渡り、家康の遠江経略の拠点である浜松方面に向かう。

いよいよ三方ヶ原の合戦であるが、ここに一通の興味深いともいえる武田信玄書状がある。

不遠(違)兼日之首尾、各
忠節誠感入存候、於向
後者、追日可令入魂存
分候、弥戦功専要候、
当城主小笠原悃望候間、
明日国中へ進陣、近日(五カ)之
内、越天龍川、向浜(松)岙
出馬、可散三ヶ年之鬱憤候、
猶山県三郎兵衛尉(昌景)可申候、
恐々謹言、
十月廿一日(元亀二年)　　信玄(武田)(花押)
道紋(奥平)

この書状は、宮城県松島町在住の武市通弘氏に伝来され、現在は松島町立観瀾亭博物館に寄託されている[71]。武市氏は岐阜県川辺町出身で信長に仕え、のち伊達政宗に臣従し、永く伊達藩士として存続したが、仙台来住以前の系譜は詳らかにしえないとのことである。しかし、多くの古文書類を伝来し、仙台市立博物館に一七四点、観瀾亭博物館に四点を寄託されたとのことである。ここに紹介した信玄書状の伝来、由緒については不詳とのことである[72]。

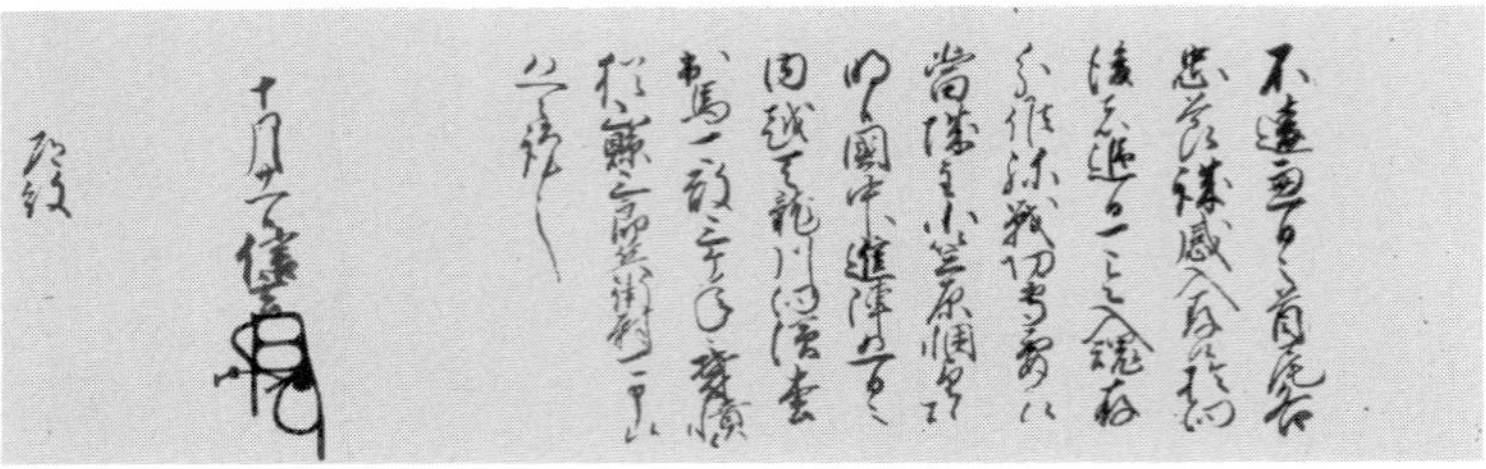

さて本書状の宛名の道紋は奥平監物貞勝のことであり、史料上には「道文」とか「道汶」ともみえる。『寛政重修諸家譜』によれば、文禄四年（一五九五）十月九日に八十四歳で死去している[73]。同書のその子息貞能の項に勝頼が二俣城を攻略すると「東三河の士其威風に怖れ、武田家に属し、父道文《(奥平)》もまた其族と、もに志を変ぜしかは、貞勝もこれに背くにしのびずして甲軍に属す」とある[74]。また、『三河物語』三には「東三河に奥平道文《(貞勝)》とすかぬま《(菅沼)》伊豆守と同新三郎、是等はながしの《(長篠)》・つくで《(作手)》・たみね《(田嶺)》、是等が山が《(家)》三方をもちたるが、ぎやくしん《(逆心)》して信玄《(武田)》に付、すがぬま《(菅沼)》次郎右衛門尉と同新八郎ハ、御味方を申而ぎやくしん《(逆心)》ハなし」とあり[75]、『創業記考異』[76]や『東武談叢』[77]にもみえる。『当代記』元亀四年八月二十日条には、家康が長篠城を攻めた時、作手城主奥平貞能・貞昌父子は勝頼に背いて家康と通じるが、作手城には「美作父道文、同二男《(貞国)》を始、数多武田一味シテ、城中ニ楯籠」ったとあり[78]、道文貞勝は山家三方衆の一人であり、その子と孫が徳川氏に再び帰参しても、武田方に留まったことがわかる。

書状の中にでてくる「当城主小笠原」については遠江の国人であろうと思われるが、現在のところ適当な人物を比定できない。高天神城の小笠原氏は天正二年（一五七四）に勝頼によって攻め落とされた時に、武田氏に降伏し、その家臣として帰属したので適当ではない[79]。一応ここでは保留しておく。「国中」はクニナカと読み、遠江のさらに奥深くに陣を進めるということであろう。

この書状の中で特に注目したい文言は、「近日之内、越㆓天龍川㆒、向㆓浜枩《(松)》㆒出馬、可㆑散㆓三ヶ年之鬱憤㆒候」という箇所である。これを素直に解釈すれば、遠江に入った信玄は天竜川を渡河して、浜松城を攻め、家康と無二の一戦をして、三年前からの鬱憤を晴らす所存であるといったところであろう。この書状を発給した時は、二俣攻城中である。それでは、「三ヶ年之鬱憤」とは何か。それは永禄十二年（一五六九）から元亀二年までを指す。すなわち、信玄は家康と盟約して、永禄十一年十二月に東西から今川領国に侵入するが、信玄に不審を抱いた家康が今川氏真と講和し、北条・上杉両氏とも結んで信玄を窮地に追い込み、さらには信玄が駿河領有に時間をかけている間に、遠江を簡単に領国化してしまったことがそれである。信玄は若年の家康を甘くみていたようで、結果的には、逆に信玄が四面楚歌の状態となり、信長に対して「只今信長外、又無二味方一候」と愁願するほどであり、そのことを信玄はかなり恨んでいたとみてよい。よってこの文言は、信玄の偽らざる真意の発露とみてよいのではないかと考える。

後年、この元亀三年の信長包囲網によって苦汁を嘗めた信長もまた天正三年、家康との連合軍で信玄の子勝頼を長篠の合戦で破った時、同じ感慨を述べている。すなわち、五月二十六日付細川藤孝宛書状で信長は、「数万人討果候、(中略)何篇甲信駿三之軍兵士のミ不レ可レ残候、近年之散二鬱憤一候」と述べ、その理由を「京都幷、江(近江)・越(越前)儀付而、手前取紛候刻、信玄(武田)入道構二表裏一、忘二旧恩一恣之働ける」としているのがそれである(80)。六月十三日付上杉謙信宛信長書状写にも同様の文言がみられる(81)。

また、染谷氏が述べているように、信長は信玄の出馬についてはウラをかかれている(82)。信長の十月五日付信玄宛書状は友交的内容であるが、信玄は同月三日にはすでに遠江にむかって出馬しているのである。この信長の憤りは、前述の「信玄所行寔前代未聞之無道者、不レ知二侍之義理一」に、その原因を求めることができる。信長にとって元亀三年の信玄の軍事行動および信長包囲網が、忘れ得ぬ遺恨として心に残ったのであり、同様に信玄にとっては、永禄十二年～元亀二年の家康との抗争が遺恨だったのである。

次に「浜松」について考える。引馬城をこの頃に浜松城といっていたことは是認してよいが、問題は三方ヶ原の合戦との関連にある。十二月二十四日付朝倉義景宛信玄書状に「去廿(二脱カ)於レ于二遠州見方(三)原一遂二一戦一、三(三河)・遠(遠江)両国之凶徒幷岐阜之加勢衆悉討捕」ったとあることから(83)、「見方(三)原」で合戦に及んだことは事実であり、十二月二十九日付小幡民部宛信玄感状にも、「今度遠刕(州)味方原之合戦」とあることからも明白である(84)。ところが、(天正元年)正月十七日付信玄宛本願寺光佐書状写には、「十二月廿二、於遠州浜松表、被及一戦、即時徳川敗軍」とあり[85]、正月二十日付徳川家臣戸田又兵衛直頼宛信長書状案にも、「今度浜松表不慮之為体候」とあり[86]、三方ヶ原を浜松の内のごとく表現している。すなわち、「浜松」には浜松城という狭義な意味と、三方ヶ原をも含む地域を示す広義な意味とがあったといえよう。また、三方ケ原は浜松城下に等しいと判断してもよいかもしれない。

しかし、どちらを意味するにせよ信玄が、「浜松」で家康と無二の一戦を遂げようと決意していることは明らかであろう。この史料が山県隊と行動を共にしている三河の国人奥平氏に宛ている点からも浅井・朝倉宛のごとき外交文書的色彩は弱く、他の史料よりは内容的に信玄の本心が顕わされたものとみてよい。もし、外交的なら、さらに上洛をうたい、忠節とその暁の恩賞とを約した方がより効果的であろう。よってやはり信玄の本音が出ていると考えられよう。

とすると、浜松攻略が信玄の当初からの目的の一つではなかったかとの推測が、成り立つのではないだろうか。

三　西上作戦説の再検討

さて、ここでは、前に紹介した史料の史的意義を述べるとともに、従来いわれている西上作戦説について考察を加えなければならない。

まず、三方ヶ原の合戦をめぐる問題について考える。先学の多くは西上作戦説を提唱され、浜松攻城の意志は無かったとしている。奥野氏は信玄の作戦に乗じられて、家康は浜松城を出て戦うことになったとされ[87]、磯貝氏は信玄の真意は浜松から家康を誘い出すことにあったとする[88]。局地戦説の高柳氏も、三方ヶ原から家康を誘い出して打撃を加えることが、信玄の最初からの計画とし、浜松城を占領または攻撃しなくても、袋井方面の出張、二俣城奪取ですでに出兵目的の半分は達成したとしている。(89) 高柳氏は信玄に上洛の野心があったことは認めながらも、遠江の領国化、家康に打撃を与えることが今回の出兵の目的とし、その上で西上を図る計画といい、浜松城をおいて上洛するという無謀は考えられないとする。そして浜松を攻めずに三方ヶ原台地に上った信玄の行動は、「彼の真意がどこにあったかを最も雄弁に物語るもの」と評価している。(90)(91) なお、染谷氏は家康の浜松出城について、家康は信長との関係で戦わざるを得なかったと推測されているが、(92) 傾聴すべき指摘である。

前掲の書状から筆者は、浜松城攻略も信玄の作戦の一環ではなかったかと考える。ただ、これだけでは直接、攻城に目的があったかは決め難い。しかし、少なくとも浜松周辺を家康との決戦場と考え、家康に潰滅的打撃を与えることに主要目的のあったことが推測でき、さらに推して今回の出陣は家康と雌雄を決し、遠江の武田分国化に主眼があったのではないかと考える。決して浜松城を素通りするつもりはなかったとみてよかろう。

それでは何故、信長包囲網が必要だったのか。それは、家康の背後に同盟者信長がおり、家康との本格的な戦闘は、結果的には信長との全面抗争への突入を意味していたのである。それ故、今次の軍事行動は敗北の許されないものであり、外交政策にも心を砕き、一方で防衛体制を強化したのであり、さらには先手を打って東美濃へも積極的に進出したのである。

十二月二十二日、三方ヶ原の合戦が展開され、信玄が大勝を得るが、その経過については諸書に詳しいので、ここでは述べない。

次に、今回の信玄の軍事行動の評価について考えてみたい。現在は、局地戦説よりも西上(上洛)作戦説が一般的のようである。しかし、高柳氏の提唱した遠江の奪取、今川領国の完全掌握に目的があったとする局地戦説の再評価が必要ではないか。

磯貝氏は、この段階では、信玄が遠江の制圧を直接目的として戦えうる客観的状勢ではないとし、その軍事行動が、従来の信玄の領国化の方法―各個撃破でなく、二俣以外の城をほとんど攻めず、浜松も同様であり、高天神・掛川城等の要衝をすべて避けるような「大まかな行動」であり、今川領国の完全掌握にも目的はなかったとする。(93) 遠江の地侍層の支持の獲得こそが目的であり、局地、西上の両説をとられない。信長の討滅とその本拠美濃の経略を直接目的とし、「信玄の最後を飾った今次の軍事行動は上京の前提となる信長打倒のための共同作戦」と位置づけている。(94)

また染谷氏は新出史料である（元亀三年（一五七二）十一月拾九日付朝倉義景宛信玄条目を紹介し、第八条の「至二来年五月一御張陣之事」に注目されて、「来年五月に義景と申し合わせて陣を張ること」として、信長と決戦をして勝利を得た上で上洛するその時期が、この天正元年（一五七三）五月であるとされた。(95) そして染谷氏も先学と同じく、「もともと浜松城を攻めないで、三河へ進撃しようとした」とされているが、前述のように信玄は素通りするつもりはなく、「浜松」で一大決戦を敢行する予定であった。そして、染谷氏は「信玄の深長、しかも雄大な上洛計画」と結論づけており、結局は先学と同じ評価である。しかし、条書をみると、「御張陣」とは義景自身の張陣のことを指しているのであって、信玄の行動を示すものではないと考える。第一条で二俣攻城、第二条で岩村落城を報告しており、第三条の「両様行」とは遠江・三河方面と東美濃方面の軍事行動を指すのではないか。第五条の「当陣下風聞」とは、義景帰国を指すと考える。実際の帰国は十二月三日であるが、後述するように信長は九月にはすでに義景帰国の情報を察知しており、信玄も何らかの形で知ったのではないか。それ故、今度の出陣は「依二大坂（本願寺）・貴辺（義景）御催促一」るものだから「御分別」せよと付言しているのである。すると五月張陣とは、近江に継続して滞陣して欲しいと解釈できるのではないか。筆者はこの史料から上洛の時期とは考えられないと思う。

いよいよ私見を述べる段階になった。確かに信玄をめぐる外交文書には、信長の撲滅を目標として掲げ、上洛の気配をみせており、信長包囲網の雄大さをみると西上作戦を思わせる。しかし、外交文書は誇大に宣伝するのが普通であり、この場合は客観的な情勢判断も必要なのではないか。前述のように信玄は信長の信濃侵入を想定した防備体制をとっていたことを想起して欲しい。また、武田氏の小荷駄隊については明確にできないが、[96] 兵站すなわち補給路の問題からも長陣は不可能ではないか。また家臣団の内部構造の問題でも兵農未分離の状態では同様に不可能であろう。まして、高天神・浜松城等をおいて西上は不可能であろう。少なくとも信玄のこれまでの戦略とは相違する。信長が十一月二十日付謙信宛書状で、「信玄足長に取出候事、時節到来、幸之儀候」「信玄を被二討果一候」といっているように、[97] 信玄にとっては大遠征であった。一気にこのまま上洛するなど不可能であろう。

さらに、信長の動向にも注意したい。義景の越前帰国は十二月三日であるが、（元亀三年）九月二十六日付謙信宛信長書状に「朝倉義景至レ于二江北小谷一籠城候、種々帰国調儀之由候へ共、懸留り候間、難レ測」とあり、信長は九月末には義景帰国の情報を察知し、「東国（信玄）辺事、弥可二聞合一候」と信玄の動きにも注意している。[98] そして、信玄が行動を起こしている時には岐阜に帰っており、決して信長に不利な状況とは必ずしも言い切れないのである。

筆者は十一月十九日付義景宛信玄書状に、「対二信長一為二当敵一、動二干戈一候」とあり、十二月二十八日付義景宛信玄書状にも「此節信長滅亡之時刻到来候」とあること、[99] および前掲の（元亀三年）八月十日付信玄条目、（元亀三年）十月二十一日付信玄書状などから、家康・信長との全面抗争を信玄が決意して敢行した軍事行動で、今次の戦闘はその緒戦として決して敗れることのできない重要な作戦ではなかったかと考える。それ故、今まで述べたように大規模な包囲網や慎重な準備が必要だったのであろうと推測する。そして当然、遠江の領国化も視野に入れていたものと考えられる。

（元亀三年）四月七日付福寿院・普門院宛信玄判物写には、「当壬申《(元亀三年)》一歳之内越軍向二信上《(信濃・上野)》之二国一、不レ動二干戈一、不レ成二殃災一、然而似レ企レ行、如二信玄《(武田)》存分一、為レ達二本意一、一則頓所望成就者、不レ可レ有レ疑者也」とあり[100]、「本意」をどう捉えるかによるが、一年の内に西上作戦が完了するとは考えられないので、信長の討滅、遠江領有と考えるのが妥当であろう。これからも、信玄の目的が奈辺にあったかを感じ取ることができるのではないか。

四　三方ヶ原の合戦後の動向

信玄は十二月二十三日、刑部に陣して越年する。ここで信玄は諸方面の同盟者に三方ヶ原の戦勝を報じている。十二月三日には、義景が越前に帰国しており[101]、信玄は十二月二十八日付でその帰国を非難し、「此節信長滅亡時刻到来」したので、分別ある行動を求めている[102]。顕如光佐は、（元亀四年）正月二十七日、二月六日付で信玄の依頼を受けて、義景の再出兵を促している[103]。しかし、このように信長包囲網の一翼は崩れたのである。

元亀四年（一五七三）正月初旬、信玄は三河に駒を進め、野田城（愛知県新城市野田）を包囲し、二月十日頃攻め落している[104]。信玄は同月十七日に野田を出て、長篠に入城する[105]。家康は野田を救援すべく出兵するも叶わず、信長も岐阜を動けない。（元亀四年）三月四日付謙信宛家康書状写には、「近日信長出馬之間、此節可二討果一覚悟候」とあるが[106]誇張にすぎない。光佐や義昭は帰国した義景の出兵を頻りに促しており[107]、二月二十六日付穴山信君宛浅井長政書状に「不日尾濃《(尾張・美濃)》両州江御発向、偏奉レ待迄候」と述べ、義景の再出兵が決まったことを報じている[108][109]。しかし、三月に至っても交渉は難航している[110]。

また、将軍義昭は二月十八日に松永久秀や三好義継と結び、三月七日に挙兵し、信長と事実上断交し、敵対に及ぶ。[111]しかし、同月二十九日に信長が入京し、四月三、四日には京に放火し、二条以北の上京を全焼せしめ、[112]義昭に請うた和議も拒絶され、さらに洛外をも焼いている。[113]光佐は義景に「此度信長帰国相支之様、江州表早々御進発片時も可レ被レ急事肝要」と伝えているが、信長は二十七日に和睦し、それ以前に京都を出発している。[114]

このように、依然義景は動かないが、義昭は公然と信長に敵対の態度を顕示する。しかし、四月十二日に信玄は病気の悪化であろう、帰国の途上で死去し、[115]信長は窮地を脱する。形勢は逆転し、七月十九日に義昭は京を追放され、室町幕府は滅び、八月には朝倉・浅井氏が滅亡する。

おわりに

一通の信玄書状の紹介をかねて、信玄の最終作戦ともいえる軍事行動の意義についてそれ以前の動向も含めて考察し、さらに進めて従来の西上作戦説について再検討を加え、高柳氏の局地戦説の可能性の高いことを推論した次第である。

最後に付言すれば、従来戦国大名は天下統一や上洛を目指すものとの固定概念が一般知識としてあるように思われる。しかし、事実はどうであろうか。例えば、永禄三年（一五六〇）の今川義元の軍事行動は一般的には上洛戦とされているが、西上ではなく三河の領国化にあったとの指摘がある。[116]後北条氏もまた、上洛の意志がなかったとされている。つまり、戦国大名の「上洛」観、「天下」意識の再検討が必要ではないか。それは、戦国大名の「公儀」との関係で重要な課題ではないかと考えるが、直接本章と関係ないので、指摘のみに留めて後日に期したい。[117]

註

（1）渡辺世祐『武田信玄の経綸と修養』（更級郡教育会、昭四。のち新人物往来社より復刊）。
（2）高柳光寿『三方原之戦』（春秋社、昭三三。同社より昭五二復刊）。
（3）奥野高廣『武田信玄』（人物叢書、吉川弘文館、昭三四。なお筆者は昭五五刊行本を使用）、同①「武田信玄の西上作戦」（『日本歴史』一九八号、昭三九）、同②「武田信玄二度の西上作戦」（『日本歴史』三六八号、昭五五）、同③「武田信玄の最後の作戦」（『日本歴史』三九三号、昭五六）。
（4）なかざわしんきち『甲斐武田氏―その社会経済史的考察―』下巻（甲斐史学会、昭四二）。
（5）磯貝正義『武田信玄』（新人物往来社、昭四五。『定本武田信玄』として昭五二再刊）。
（6）染谷光廣「武田信玄の西上作戦小考」（『日本歴史』三六〇号、昭五三）。
（7）近世の軍記物は『甲陽軍鑑』をはじめその多くは、元亀三年の軍事行動を上洛戦と捉らえており、明治以降、現在に至るまで多くの論著も若干の差異はあるにせよ、上洛戦の立場で記述されている。そのすべてに触れることはできないが、井上鋭夫『謙信と信玄』（至文堂、昭三九）、桑田忠親『織田信長』（角川書店、昭三九）、『徳川家康』（同上、昭四一）、小和田哲男『武田信玄―知られざる実像―』（講談社、昭六二）、柴辻俊六『武田信玄―その生涯と領国経営―』（文献出版、昭六二）などがあげられる。
（8）染谷註（6）論文五四頁。
（9）奥野註（3）①論文一六頁。
（10）信玄は永禄八年九月、義信を幽閉し、同年冬には信長の養女を勝頼の妻に迎え、十年冬には女松姫と信長の嫡男信忠との婚約を成立させた。

(11)「生島足島神社文書」(『信濃史料』一三巻)。この起請文については、石川好一「生島足島神社の起請文について」(『信濃』二七巻九号、昭五〇)等の研究がある。

(12) 佐藤八郎「武田信玄の駿河経略と山県家所蔵文書の意義」(『甲斐路』一三号、昭四二。のち同『武田信玄とその周辺』〔新人物往来社、昭五四〕に収録)。

(13)(永禄十二年)正月八日付徳川宛信玄書状写(「古文書写」『信濃史料』十三巻二七四頁)。この時期の甲相関係については、柴辻俊六「戦国期の甲相関係」(『神奈川県史研究』三八号、昭五四。のち同『戦国大名領の研究—甲斐武田氏領の展開—』名著出版、昭五六、に収録)、越相関係については、岩沢愿彦「越相一和について—「手筋」の意義をめぐって—」(『郷土神奈川』一四号、昭五九)がある。

(14) 高柳註(2)著書三一頁。

(15)(永禄十二年)二月八日付謙信宛足利義昭御内書、二月十日付直江景綱宛信長添状(『新潟県史』資料編三中世一文書編Ⅰ〔昭五七〕九六二・三八六号等、以下『新』一—九六号と略す)。

(16)(永禄十二年)正月九日付信長宛信玄書状に「市川十郎右衛門尉指越候」とある『古典籍展観大入札会目録』〔昭三七〕、『大日本史料』未収)。染谷註(6)論文五五頁に全文紹介。

(17)「古今消息集」(『大日本史料』十編之二、八〇頁)。以下『大』十—二—八〇頁と略す。

(18)(永禄十二年)四月七日付家康宛信玄条書(「山県徳重所蔵文書」。佐藤註(12)論文に全文紹介)。

(19)(永禄十二年)十二月十日付信玄書状写(「寸金雑録」『大』十—三—六五二頁)。

(20)(永禄十二年)十月八日付輝虎宛氏康書状(「上杉家文書」『新』一—六八三号)。

(21)「徳川義親氏所蔵文書」。染谷註(6)論文五六頁に全文紹介。

(22)（元亀二年）卯月二十六日付杉浦紀伊守宛勝頼書状（『大』十―六―一五七頁）、（同）卯月晦日付孕石主水元祐宛山県昌景書状（「孕石文書」『大』十―六―一九一～一九二頁）。
(23) 磯貝註（5）著書三八三頁。
(24) 奥野註（3）論文②一一九頁。奥野氏は、この論文では、この元亀二年の軍事行動も西上作戦と考えているようである。
(25)「家忠日記増補」元亀二年七月二十五日条（『大』十―六―六九五～六九六頁）。
(26)「荒尾文書」（『大』十―六―二五三～二五四頁）、五月十二日付岡周防守宛信竜（『大』の編者は小幡信実に比定）書状（『大』十―六―二五三頁）。
(27)「武家事紀」（『大』十―七―二九八頁）。
(28)「成貴堂古文書」元亀二年十一月二十日付土屋豊前守宛信玄判物（『大』十―七―一〇六～一〇八頁）、柴辻俊六「戦国大名武田氏の海賊衆」（『信濃』二四巻九号、昭四七。のち同『戦国大名領の研究』、『武田氏の研究』〔戦国大名論集十、吉川弘文館、昭五九〕に収録）。
(29)「古証文」（『大』十―九―三七頁）。
(30)「大槻文書」（『大』十―九―一九七頁）。
(31) 渡辺註（1）著書。
(32) 染谷註（6）論文。
(33)（元亀三年）九月二十六日付杉浦壱岐法橋・長延寺実了宛信玄書状案（「別本前田家文書」『大』十―十―八三頁）。関連史料は六八～九〇頁。
(34)（元亀三年）八月七日付山村三郎九郎良侯宛信玄感状、（元亀三年）九月二十六日付同宛信玄判物（「山村文書」『大』十―

十―三七～三八頁）、『信濃史料』十三巻。

(35)（元亀三年）八月四日付河田重親宛謙信書状案（「歴代古案」『大』十―十―六八頁）、（元亀三年）八月十日付栗林政頼宛謙信判物（「栗林文書」『大』十―十―六九頁）等。

(36)「植生護国八幡宮古文書」（『大』十―十―七三頁）。

(37)「寸金雑録」（『大』十―十―七四頁）。

(38)「上杉文書」（『大』十―十―八〇～八二頁）。

(39)柴辻註（7）著者、一三二頁。

(40)（元亀三年）八月十三日付下間頼充宛信玄書状（「本願寺文書」『大』十―十―六一頁）等。光佐も九月十日付書状で「対信長遺恨深重」であるけれども、信玄の斡旋に応じている（「顕如上人御書札案留」『大』十―十―六二頁）。

(41)（元亀三年）七月二十六日付庁務法眼御房宛信玄書状（「曼殊院文書」『大』十―九―四二一頁）、（元亀三年）十月三日付慈光坊宛武田氏朱印状（「延暦寺文書」『大』十―九―四二三頁）、四二一～四二五頁に関連史料あり。

(42)二木謙一『まるごと一冊武田信玄の本』（KKロングセラーズ、昭六二）一五二～一五三頁。「弘安礼節」には「僧正可准参議」とある。また永青文庫所蔵『百寮訓要抄』にも「僧准参議」とある（二木氏の御教示による）。なお、『群書類従』第五輯（官職部）所収の『百寮訓要抄』には僧官の部分がない。

(43)信玄は天文五年三月、元服し、将軍義晴の偏諱を受け、従五位下・大膳大夫に叙し、その後従四位下・左京大夫に任じている。

(44)『公卿補任』三篇（「国史大系」所収、吉川弘文館、昭五二）四七一頁によると、天正二年三月十八日に信長は、参議・従三位に任官したとあるが、橋本政宣氏が「織田信長と朝廷」（『日本歴史』四〇五号、昭五七）で考察されたように、日付を遡っての叙任であったろう。また氏によれば、天正二年三月十八日付で従五位下に叙し、昇殿を許可されたという。脇田修『織田信長』（中公新書、昭六二）四九頁。

(45) 奥野註（3）③論文に全文紹介、「荒尾文書」。

(46) 同右七二頁。

(47) 同右七五頁の註（2）。

(48) この防備体制は、天正十年三月の武田氏滅亡を前にした勝頼による武田氏の防備体制に似ているように思う。

(49) 「誓願寺文書」（『大』十―十―一七六頁）、（元亀三年）九月五日付島若狭入道・島四郎左衛門尉宛浅井長政書状写（「島記録」『大』十―九―三〇五～三〇六頁）には、「随而甲州信玄《（武田）》、当廿日以前、至二遠州表一出馬相究候」とある。

(50) （元亀三年）十一月十九日付朝倉義景宛信玄書状写（「古今消息集」『大』十―十―一七六～一七七頁）。

(51) 浅井久政・長政宛信玄書状写（「南行録」『大』十―十―一七八頁）。

(52) 浅井長政宛信玄書状写、朝倉義景宛信玄書状写（「同右」『大』十―十―一七七～一七八頁）。

(53) 「勝興寺文書」（『大』十―十―八五頁）。

(54) 信玄の進撃経路については、高柳註（2）著者、磯貝註（6）三〇四頁参照。

(55) 土屋豊前守貞綱宛武田氏朱印状（「白羽大明神文書」『大』十―二六八～二六九頁）。

(56) 「華厳院文書」（『大』十―十―二七〇頁）。

(57) 「可睡斎文書」（『大』十―十―二七一頁）。

(58) 「御庫本三河記」に「遠州ノ小侍共、信玄ニ従ヒ来り」とある（『大』十―十―二〇〇頁）。

(59) 「神尾文書」（『大』十―十―二五四頁）。

(60)「奥山文書」(『大』十―十―二七三頁)。

(61)「古文書写」(『大』十―十―六三頁)。同書二九九～三〇〇頁、三九四頁等参照。

(62)『日本城郭大系』九巻(新人物往来社、昭五四)一九三～一九六頁。

(63)磯貝註(5)著書三〇八頁。

(64)「校訂松平記」「大須賀記」等(『大』十―十―一八四頁)、(元亀三年)十一月十九日付義景宛信玄書状写では「号ニ一俣一地取詰候」(「古今消息集」『大』十―十―一七六頁)とある。

(65)(元亀三年)十一月十九日付遠藤加賀守宛信玄書状写(「古今消息集」『大』十―十―三三六頁)、十月十八日付河田重親宛謙信書状写(「歴代古案」『大』十―十―三三四～三三五頁)では攻城中である。

(66)註(64)岩村城関係の史料は三三四～三四一頁にある。

(67)信長にとっても信玄との全面抗争を意味するのであり、十月十八日付河田重親宛謙信書状写(「歴代古案」『大』十―十―三三四頁)に「織田信長・徳川家康此度信玄成ニ敵体一之事」とある。

(68)「上杉家文書」(『大』十―十―三三八頁)。

(69)「歴代古案」(『大』十―十―八七頁)。

(70)(元亀三年)十一月七日付直江大和守宛信長書状(「上杉古文書」『大』十―十―三〇五頁)等。

(71)本史料は縦一四センチ、横四五センチで軸装されている。また、本史料の所在については、国学院大学教授二木謙一氏の御教示による。本書状が寄託されたのは、昭和四十五年四月二十二日である。調査に当たっては、松島町役場観光課職員、東北福祉大学教授横田信義氏に大変世話になった。記して謝意を表する。

(72)伝来については、所蔵者武市弘通氏の御教示による。残りの三通については別の機会に紹介したいと考えている。

(73)『新訂寛政重修諸家譜』九巻二〇四～二〇五頁（続群書類従完成会、昭四〇）。
(74) 同右、九巻二〇六頁。
(75)『大』十—十—二〇六頁。
(76)『大』十—十—二〇八頁。
(77)『大』十—十—二二五頁。
(78)『大』十—十七—二三一頁。
(79) 遠江の小笠原氏については、中村孝也『家康の臣僚—武将篇—』人物往来社、昭四三。国書刊行会より昭六三に復刊参照。
(80)「細川家文書」（奥野高廣『織田信長文書の研究』下巻、吉川弘文館、昭四五、三〇～三一頁）。
(81)「上杉家編年文書」（同右下巻三七～三八頁）。七月二十日付村上国清宛信長書状（同右下巻四七～四八頁）も参照。
(82) 染谷註（6）論文。奥野氏は信長は信玄の行動を知っており、「狸と孤の化し合い」と評している（奥野註（3）論文②）。
(83)「寿経寺文書」（『大』十—十一—一一頁）、（元亀三年）十二月二十八日付義景宛信玄書状（「伊能文書」『大』十—十一—一一～一二頁）等。
(84)『古書展販売目録』の写真による。
(85)「顕如上人御書札案留」（『大』十—十一—一四～一五頁）。
(86)「諸家感状録」、奥野註（80）上巻六〇五頁。
(87) 奥野註（3）著書一二六頁。
(88) 磯貝註（5）著書三一七～三一八頁。

(89) 高柳註(2)著書六五・六七頁。
(90) 同右　一三六～一三八頁。
(91) 三方ヶ原の合戦後、『甲陽軍鑑』品三十九等の軍記物によれば、武田陣営では浜松攻城の可否をめぐって軍議があり、高坂弾正忠昌信(春日虎綱が正しい)の諫言によって、総攻撃派の勝頼以下馬場・山県・内藤等の主張を退けたというが、高柳氏は事実ではないと否定し、磯貝氏も賛同し、「信玄は浜松城など攻撃できなくても、家康軍に打撃を与えさえすればよかった」とされ、三方ヶ原の合戦で「いちおう所期の目的は達成したと判断した」とする(註(5)著書三二一頁)。
(92) 染谷註(6)論文六一頁。染谷氏も信玄には浜松攻城の意志はないとされている。
(93) 磯貝註(5)著書三三八～三八九頁。
(94) 同右　三四二頁。
(95) 染谷註(6)論文五九～六一頁。小和田哲男氏は「武田幕府は可能だったか」(『歴史と旅』昭和六十三年九月号)の中で染谷説を全面的に支持し、近江を信長の主力との決戦場と考えていたとされるが、十一月は二俣攻城中であり、根拠が稀薄ではないかと思う。野田城攻略に一ヶ月を費したのは、信玄の病気回復のためのカムフラージュの公算が高いともするが、これも賛同できない。
(96) 小林計一郎「武田軍の小荷駄隊」(『日本歴史』二〇九号、昭四〇)。
(97) 「歴代古案」(『大』十―十一―九頁)。
(98) 「新集古案」、奥野註(80)上巻五六一頁。
(99) 「伊能文書」(『大』十―十―三七〇頁)。

(100)「法善寺文書」（柴辻俊六・荻野三七彦編『新編甲州古文書』二巻、角川書店、昭四三）二五五頁一五五三号。
(101)「年代記抄節」、「朝倉記」（『大』十―十―三六九～三七一頁）。
(102)註(99)。
(103)「顕如上人御書札案留」（『大』十―十四―二〇四～二〇五頁）。
(104)（元亀四年）二月十六日付東老軒宛信玄書状写（「古証文」『大』十―十四―二〇五～二〇六頁）、二月二十七日付信玄宛光佐書状写（「顕如上人御書札案留」『大』十―十四―二〇七頁）等。
(105)（元亀四年）三月二十三日付細川藤孝宛信長書状（「細川家文書」、奥野註(80)上巻六〇七頁）。
(106)「古今消息集」（『大』十―十四―一六頁）。
(107)（元亀四年）二月二十六日付（宛名欠）義昭御内書（「牧田茂兵衛氏所蔵文書」『大』十―十四―一四三～一四四頁）。
(108)「土屋文書」（『大』十―十四―一四六頁）、二月十六日付伊勢七郎左衛門尉宛長政書状（「近衛家文書」『大』十―十四―一四四頁）。
(109)二月十六日付東老軒宛信玄書状写には、「漸義景可レ為二出張一歟」とある（「古証文」『大』十―十四―二〇五～二〇六頁）。
(110)三月十四日付信玄宛光佐書状写（「顕如上人御書札案留」『大』十―十四―二〇七頁）。
(111)「尋憲記」（『大』十―十四―二二六頁）等。
(112)『兼見卿記』天正元年四月三、四日条（「史料纂集」所収）。
(113)四月四日付義景宛光佐書状写（「顕如上人御書札案留」『大』十―十五―七頁）。
(114)「兼見卿記」、信長、義昭両家臣の誓書（『大』十―十五―五五～五八頁）。

(115)　信玄の死因、死去地については古来より諸説あるが触れない。一之瀬義法『武田信玄終焉地考』(根羽史学会、昭四四。教育書籍より昭六二に再刊)参照。

(116)　久保田昌希「戦国大名今川氏の三河侵略」(『駿河の今川氏』第三集、静岡谷島屋、昭五三)。小和田哲男『駿河今川一族』(新人物往来社、昭五八)。

(117)　最近刊行された『歴史と旅』昭和六十三年九月号(秋田書店)の特集は「武田信玄上洛大作戦」であり、すべての信玄の合戦を西上作戦に結びつけており、一般的には西上作戦説が支配的であり、本稿を執筆する意味は大きいと考える。

〔付記1〕　成稿後、京都府立総合資料館の『資料館紀要』一六号(昭和六十三年三月)に歴史資料課の解読による史料紹介「板原家文書」一一六点が掲載され、その一一一号に「武田信玄解状」(二七二～二七三頁)があることを知った。この文書は正月十一日付上野中務大輔宛で、「僧正法性院信玄」と署名があり、内容から考えて元亀三年のものである。原本を確認した訳ではないので正確なことはいえないが、「令二昇殿一登二高官一、奉レ軽二尊体一之咎、無レ所レ遁」しと書出しが始まっているところから前欠のようであり、この咎とは信長の行動を指しているものと思われる。前半部分で信長の悪業を「五逆」として五つをあげて、「苟信玄以二不肖之身一尽二正義一運レ策於二帷幕内一、静二四海一(中略)可レ致二天下静謐之功一」きことを将軍足利義昭に伝えるよう申し送ったものであり、本稿の拙論と反対の上洛戦説を傍証する史料となる。しかし、「義景(朝倉)与信長　互《タカイニ》連二魚鱗鶴翼之陣一、決二雌雄一之刻」との表現をはじめ疑うべき点が多く、偽文書の可能性が甚だ高いと考える。よって本稿の内容を改める必要のないことを付け加えておきたい。

(一九八八年九月二十六日初校に際して)

〔付記2〕　本稿を執筆するにあたって国学院大学教授米原正義先生・二木謙一先生、並びに東京大学史料編纂所助教授染谷光廣先生には種々御教示を賜った。また、文書所蔵者武市通弘氏・松島観瀾亭博物館職員の方にも便宜を図って頂いた。深甚の謝意を表する次第である。

〔追記〕　本稿で紹介した奥平道紋宛武田信玄書状の「欝憤」の評価や、元亀年間と思われる無年号の古文書の年代推定・評価をめぐっては、多くの議論が交わされているが、柴裕之「戦国大名武田氏の遠江・三河侵攻再考」（『武田氏研究』三七号、二〇〇七年、『戦国・織豊期大名徳川氏の領国支配』岩田書院、二〇一四年に再録）、柴辻俊六「武田信玄の上洛作戦と織田信長」（『武田氏研究』四〇号、二〇〇九年、『戦国期武田氏の地域支配』岩田書院、二〇一三年に再録）、鴨川達夫「元亀年間の武田信玄―「打倒信長」までのあゆみ―」（『東京大学史料編纂所研究紀要』二二輯、二〇一二年）、本多隆成「武田信玄の遠江侵攻経路―鴨川説をめぐって―」（『武田氏研究』四九号、二〇一三年）、丸島和洋「史料紹介　武田・徳川同盟に関する一史料―「三ヶ年之欝憤」をめぐって―」（『武田氏研究』五六号、二〇一七号）などの論稿を参照されたい。

なお、道紋宛武田信玄書状は、現在、仙台市博物館に寄託されている。

第二章　甲・越同盟の一考察

はじめに

天正六年(一五七八)三月十三日、越後の上杉謙信は分国の諸将に動員令をかけ、関東への大規模な軍事行動の直前に春日山城で死去した。謙信の死によって上杉家中は、喜平次景勝[1]・三郎景虎[2]の二派にわかれ、家督相続争いを展開することになり、越後は乱国となる。「御館の乱」である。この事件は上杉家内部にとどまらず、越後をとりまく関東の政治動向に大きな影響を及ぼした。上杉氏とは父信玄以来、長年敵対関係にあった武田勝頼にも政策転換を図らせることになったのである。

さて戦国大名の研究は今日目覚しい進展を遂げているが、そのなかにあって大名間の外交交渉・同盟関係に関する成果は、大名の領国拡大の問題と相俟って重要な位置を占めている。甲斐の戦国大名武田氏もその隣接諸大名と種々の関係のあったことはいうまでもなく、その研究も甲・駿・相三国同盟や甲・相関係の分野、すなわち武田信玄期ではいくつかの業績がみられる[3]。しかしながら、勝頼期の外交問題については、不明な点が多い。甲・越同盟もその一つである。御館の乱を考察された池田嘉一氏[4]、上杉景虎(=北条氏秀)の波乱に富んだ劇的な生涯を明らかにされた山崎哲彦氏[5]の論考などで、若干触れられているにすぎない。すなわち甲・越同盟という視点からの論究は、皆無に等し

いのである。(6)

甲・越同盟は天正六年六月に武田勝頼と上杉景勝の間で成立し、武田氏が織田・徳川の連合軍によって滅亡する天正十年三月に自然消滅するまでの約四年間と短期間ではあったが、継続した。この同盟は上杉景勝にとって景虎を倒し、御館の乱に勝利して、上杉の家督を継承するのに重要な施策であったことは周知のことであるが、この同盟がその後の上杉家にどのように作用したかは、必ずしも明確にされてはいない。また武田氏にとっても長年友好関係にあった後北条氏と手を切り、上杉氏と結ぶという政策転換を図ったのであり、天正三年五月の長篠の合戦で織田・徳川連合軍に敗退し、武田領国が徐々に圧迫されていく中で、新たな方向を打ち出していかなければならない状況にあった。その意味で、この同盟は上杉・武田両氏にとって歴史的意義の高いものと判断する。明らかにすることは難しいが、武田勝頼が謙信が死去したからといって宿敵上杉氏と同盟したのは何故かを考え、同盟成立後の展開経過とその最後を明確にするのが本章の課題である。

一　天正六年前の甲・越和平策

本論に入る前に、天正六年(一五七八)の甲・越同盟成立以前の甲・越和平の概略をみておきたい。甲・越和平で一番古いのは、弘治元年(一五五五)十月十五日、今川義元の斡旋によるものであるが、これは長期滞陣となった第二回川中島合戦から撤兵するために便宜上和平したものであるから、すぐに破棄されている。(7)次で永禄元年(一五五八)二月二十日、それ以前に将軍足利義輝が長尾景虎(上杉謙信、以下謙信に統一)と武田晴信(信玄、以下信玄に統一)を和睦させようとするが、勧告にこたえて謙信がその旨を承諾したことをこの日義輝が嘉している。(8)五月には、三好長慶・

松永久秀に京を追われ、近江朽木に退陣した義輝は、謙信と信玄を和睦させ、謙信の上洛を要求し、京都の回復を目指した。信玄はこの時、信濃守護職を強く望んで補任されている。謙信は翌二年四月から十月まで上洛したが、その間信玄は北信の大部分を制圧し、越後へ侵入した。義輝は信玄の越後および信濃の侵略を責めて和睦を命じたが、信玄は十一月二十八日義輝の近臣大館上総介晴光に受諾する旨を伝え、同時に自己の正当性を説いた[9]。永禄七年三月にも幕府は、上杉・北条・武田の和睦を促しているが実現する術もなかった[10]。永禄十一年十二月の信玄駿河進攻までは甲・駿・相三国同盟をもって上杉氏に対していたので、和平の可能性はなかった。ところで永禄八年五月十九日、将軍義輝は松永久秀らに殺害され、足利義秋(義昭)は幕府再興に動き出した。永禄十年二月二十四日、謙信に越・相・甲の和平を実現させ、上洛して義秋を補佐せんことを命じたが、当然実現しない[11]。

永禄十一年十二月の信玄の駿河侵略によって甲・駿・相三国同盟は破れ、信玄の前に越・相同盟の厚い壁ができる。また徳川家康とも敵対する。信玄はこの危機を脱するために将軍義昭と同盟関係にある実力者織田信長に依頼して謙信との和議を図るのである[12]。三月二十二日付で京都に派遣していた市川十郎右衛門尉に宛てた信玄の書状に、「信玄事者、只今信馬憑之外、又無二味方一候」とあるのは、苦境に立たされた信玄の状況を如実に示すものである[13]。とはいえ、これも虚々実々の外交戦略といえ、信玄は実現するとは思っていなかったであろう。

元亀二年(一五七一)十月三日、北条氏康が没し、家督を継承した氏政は謙信と断ち、再び武田氏と同盟を締結することになり[14]、信玄の形勢は有利となった。信玄は元亀三年十月三日、西上作戦と一般にいわれる大規模な軍事行動を遠江・三河に開始するが[15]、翌四年四月十二日、信玄の死をもってこの作戦は終わり、武田の家督は四郎勝頼が継承する。

天正元年七月十八日、将軍義昭は信長によって京都を追われ河内若江城に移る。八月一日、武田・朝倉・三好の諸氏を糾合し、毛利輝元に援助を求め、紀伊国由良に移ってからも十二月十二日、謙信に対し、勝頼・氏政および加賀の一向一揆と講和して、上洛せよと命じた。天正二年三月二十日には、勝頼・謙信・氏康に互いに講和し、幕府の再興に尽力するように命じた(16)。翌三年五月、長篠の合戦で勝頼は織田・徳川連合軍に大敗し、防戦一方となっていく。

天正四年二月、義昭は備後鞆（広島県福山市）に移って毛利氏を後楯に上洛しようと画策する。義昭は新たな反信長包囲網の構築に腐心するが、その一つが、上杉・武田・北条三氏の和睦であった。三月二十一日に義昭は、謙信に武田・北条両氏と和約して、帰京できるよう尽力せよと命じた。毛利輝元は対織田氏との決戦を決意すると、五月十三日、島津・河野・宗像・龍造寺などの西国大名や上杉・武田などの東国大名にも援助を求めた(17)。六月十一日、義昭は勝頼・謙信に使者をおくり、毛利輝元と結束して信長を撃破せよと命じた(18)。翌十二日にもまた謙信に命じたことは、次の文書によって明らかである(19)。

今度至当国（備後）被移御座之処、毛利（輝元）可致馳走旨言上、既海陸被及行候、此節越・甲・相（上杉・武田・北条）被遂三和、可被属忠功段、偏被頼思召候、仍被成御内書候、委細被仰含大舘兵部少輔被差越候、猶得御意可申入候、可得御意候、恐々謹言、

（天正四年）六月十二日　　槇島玄蕃允

昭光

（上杉謙信）弾正少弼殿

義昭近臣真木嶋昭光副状写であるが、甲・越・相の三国を和睦させて、東からは武田・上杉・北条の三氏、西からは毛利氏・石山本願寺の信長包囲網を完成させようとしている。しかし実現する由もない。武田氏にも同日付の真木嶋昭光副状(20)と吉川元春等連署書状(21)が出されており、いずれも宛所が武田親類衆の武田左馬助信豊（典厩信繁の子）と

なっている。北条氏に対しても同日付で北条助五郎氏規に宛て足利義昭の御内書が出された[22]。八月三日にも義昭近臣一色藤長から武田信豊宛に「甲・相・越三和之儀」について「被レ対二太守《（武田勝頼）》一被レ加二異見一、御入眼段簡要由、猶得二其意一可レ申由」を命じた[23]。これらの史料から武田氏の外交の窓口が武田親類衆の武田信豊であったことは注目してよい。八月六日には北条氏政は真木嶋昭光に甲・越・三和の御内書の趣旨に承諾する旨を義昭に披露するよう伝え[24]、また「就二御入洛之儀一、勝頼可レ及レ行旨、被二申上一候哉」と勝頼の行動を気遣っている[25]。九月十六日には勝頼は毛利輝元に条目を送り、同盟した。そのなかに「被レ奉レ対二公儀《（足利義昭）》一、一途ニ御忠節」を誓い、「越・相・甲三和之事」とある[26]。その三日前の九月十三日、信豊は真木嶋昭光に「勝頼御手合御催促候、尤奉二其旨一、無二猶予一候、此等之趣、宜レ預二御披露一」と勝頼が三国同盟に応じた旨を報じた[27]。九月二十八日には、義昭近臣一色藤長に対して勝頼が音信している[28]。しかし、義昭の努力も空しくこの計画は実現しなかった。

翌天正五年正月二十二日、勝頼は、北条氏政の妹を正妻に迎えて、甲・相同盟の強化を図っている[29]。

これまでみてきたのが、天正六年の御館の乱勃発までの甲・越・相関係、特に和平に関する動向の概略であった。

二　御館の乱と甲・越同盟の成立

御館の乱は天正六年(一五七八)三月十三日、関東出陣を前に上杉謙信がその居城春日山で死去したことにより、その跡目相続をめぐって、喜平次景勝・三郎景虎の二人の養子が相争ったことに起因する[30]。この争乱は二年余にわたって越後国内を混乱状態にし、さらに近隣諸大名、とりわけ北条・武田両氏を巻き込み、東国大名に大きな影響を与えた。

三月十五日、謙信の葬儀を終えると景勝は実城を占拠して機先を制し[31]、同月十六日には景虎方の頸城郡の有力国人である柿崎晴家を景勝方が殺し、さらに五月六日には北条高定を討ち取っている[32]。三月三十日には、会津黒川城主芦名盛氏が越後進出を図り、五月末には菅名荘に侵入し、失敗している[33]。また越中守将河田長親が応じなかったとはいえ、織田信長に勧誘されるなど、上杉領内に不隠な動きが起こり始める。古志郡栃尾城主本庄秀綱が景虎を支持し、景勝方の三島郡与板城を攻め、五月五日には春日山北方の大場で両派の衝突があるが、景虎は難を遁れて、五月十三日に、前関東管領上杉憲政の居る府内の御館に入った。景虎が御館に拠ったのは、先学がすでに述べられているように、実権は無くなったとはいえ、憲政の前関東管領上杉家の権威を必要としたからであろう[34]。会津の芦名氏に対して景勝・景虎ともに友好の手を延す。景勝は卯月三日付で、芦名四郎盛隆に「去年十三日、謙信不慮之煩不レ被二取直一遠行、恐怖可レ有二御察一候、爾而任二遺言一、景勝移二実城一、万方仕置等、謙信在世ニ不二相替申付候」と伝え[35]、景虎は五月二十九日付で芦名修理大夫盛氏に「少弼(景勝)無レ曲擬故、去十三、当館(御館)江相移、備二堅固一候」、「殊更甲府(武田勝頼)無二中合候之条、武田左馬助(信豊)方為二物主一、人数信堺迄被二立置一候」と申し送った[36]。

この乱によって上杉家中は真二つに分かれた。『新潟県史』通史編2中世六三三頁の表33[37]によると、その特徴は景勝方が魚沼郡・北蒲地方の武将の大部分、景虎方が実家北条氏と境を接する上野在陣の諸将が一括してついたとされている[38]。景勝に組みしたものの中には、直江信綱等景勝の旗本のほかに山浦(村上)国清をはじめとする信州衆が多いのが特徴的である。この理由を池田嘉一氏は、「敵の景虎が武田氏と結んでいたからであろう」とされるが[39]、筆者はもっと深い理由があるのではないかと思っている。

五月十六日、景虎方の東条佐渡守が春日山城下を焼き、十七日には総攻撃を行ったが敗退している。その後二十二日は荒川館、二十三日は愛宕と戦闘が続き、領内に戦乱は広がっていった。景虎は兄の北条氏政に加勢を求め、氏政は同盟者である武田勝頼に出兵を求めた。景勝は上野の北条丹後守・安芸守父子と河田重親を対後北条氏の防衛戦として期待していたが、両者はともに景虎方に組みし、景勝方の諸城に迫ったのである。

要請を受けた武田勝頼は、五月末に従兄弟の武田信豊を大将として先発させ、ついで自らも大兵を率いて越後へと向かう(40)。(天正六年)五月二十三日付で景勝は、上田長尾氏家来の小森沢刑部大輔政秀に宛て信濃市川より迫る武田軍に対し、「防戦之儀尤候」と書き送っている(41)。北条氏政の出兵依頼で出陣した勝頼であったが、北条軍の行動の遅延と不誠実、それに景虎が勝利した場合、武田領国が越・相の北条勢力に囲まれてしまうという恐怖心もあったのであろう、一転して景勝と結ぶのである。景勝にとっては、乱当初、決して優勢だったわけではなく、上野からの北条軍、信濃からの武田軍は脅威だったのである。特に武田軍の猛侵攻は阻止する必要があったのであり、早速先発隊の総大将武田信豊に調停を依頼している。六月八日付の北条景広・高広宛景勝書状(42)では、「甲州之儀、武田典厩(信豊)幷高坂弾正以二取成一、(武田)勝頼此方入魂」とある。その前日の七日、勝頼の重臣跡部大炊助勝資は、中条景泰他一〇名に宛て、勝頼は信濃出兵で取乱して返事が遅れたことを謝し、武田信豊が回答するので景勝に取り次ぐよう依頼した(43)。六月十二日付の武田信豊書状をみよう(44)。

蒙仰旨、至于御真実者、御誓詞可給置之由、申届候処、速被相認、被指越候、忻悦候、幸(武田)勝頼(信濃)海津着陣候間、右趣旨具ニ申聞候、委曲附与彼口上候之間、不能具候、恐々謹言、

(天正六年)六月十二日　　(武田)信豊　(印文「信豊」)(朱印)

上杉弾正少弼(景勝)殿

これによれば、勝頼から誓詞の提出を求められたのに対して、景勝は速やかに認めて送ったことがわかり、景勝の迅速な行動が理解できよう。六月二十二日付吉江民部少輔景淳・赤見小六郎宛景勝書状によれば(45)、「勝頼信州長沼之

地在陣」しており、幸に「内々申談候間、先以二御上使衆一早々返可レ被レ申候」とある。同月二十三日付小森沢政秀宛景勝書状では、「今日甲陣へ遣二飛脚一候、定而別義有間敷候」、「勝頼へ深申二合子細一候間、か様之少差を以、大途被レ違事有間布□(候)」とあり、(46)景勝が勝頼に接近を図っていることが知られる。武田側の窓口は、親類衆の武田信豊や小山田信茂、勝頼側近の跡部大炊助勝資であったが、(47)上杉側の窓口は誰であったろうか。次の武田勝頼書状をながめよう。(48)

芳墨快然候、抑被対当方景勝無二可有御入魂之由、大慶候、於于勝頼茂異于他可申合所存条、弥御同心候様ニ諫言可為本望候、(中略)委曲小山田(信茂)可申候、恐々謹言、

(天正六年)六月廿四日　　勝頼(武田)(花押)

新発田尾張守(長敦カ)殿

これと同日付で同文の書状を刈羽郡赤田保赤田城主斎藤朝信に与えており、(49)新発田尾張守と斎藤朝信が上杉氏側の窓口として勝頼との交渉にあたり、同盟締結に尽力した人物とみられる。六月二十七日に景勝は深沢刑部少輔に坂戸の普請油断無きよういい、甲州衆が出張したが、差したることはない、「関東境用心気遣専用候」と命じている。(50)(天正六年)六月二十九日付板谷修理亮宛で景勝は、「然而甲州一和之儀落着、既ニ勝頼・典厩(武田信豊)誓詞相調被レ越候、館江為二手合一昨今甲州衆木田向迄一手二手差越候」とあり、(51)勝頼・信豊両名の誓詞がきたことを伝えている。七月五日には、登坂与右衛門尉他二名に、「甲州衆出張于レ今在陣候得共、無為差儀候」と報じ、「あらと(荒砥)、直路の両地へ普請」を命じており、(52)諸方面にもこの状況を報じている。(53)七月九日付山岸宮内少輔・隼人佐宛景勝書状では、「甲州和与之儀茂入眼候、万方仕置堅固候間、館可二討果一事不レ可レ有二程条一可二心易一候」といっている。(54)

ところで勝頼は景勝と結ぶと同時に、景勝・景虎の和睦の斡旋に踏み切った。(55)

急度染一筆候、仍当国惑乱、景虎(上杉)・景勝(上杉)辜負歟敷候之間、為和睦媒介与風出馬、越府在陣、因茲弥次郎(本庄)方へ及鴻鯉之音問候、自先代入魂之事候之条、弥無疎略様諫言可為喜悦候、委曲大熊(朝秀)可申候、恐々謹言、

(天正六年)七月廿三日　勝頼(武田)(花押)

山吉掃部助殿
同　玄蕃允殿
同　四郎右衛門尉殿
仁科中務丞殿

勝頼が越後に進軍したのは六月下旬であるが、右の史料から勝頼が、景勝・景虎の和睦を推進していたことが明らかである。[56] 七月二十七日栗林政頼宛河田禅忠(長親)書状は、「三郎殿(上杉景虎)御和睦之儀、従甲陣(武田勝頼)被取刷候」とあり、[57] 八月二十日付景勝宛勝頼書状には、「就和平媒介成就、態御音問」とあり、[58] 勝頼が両者の和平斡旋に努力したことが理解できる。そしてこの八月二十日前後に景勝と景虎の和睦は一応成立したようであるが、[59] 長くは続かず、勝頼は同月二十八日に陣を徹して帰国した。[60] 勝頼はなぜ景勝・景虎の和睦を計画したのであろうか。推測の域を脱しえないが、まず北条救援軍の非積極的な行動をあげられよう。(天正六年)九月二日付北条丹後守景広宛景虎書状では、「爰元無人数故、(中略)南衆(北条氏)をハ当口へ可指越候」とあり、[61] また氏政が小田原城をついに動かなかったのは、武田方が勝頼自ら出兵しているのと対象的である。これでは上野・信濃の両方面から景勝を挟み撃ちにするという作戦は有効に作用せず、また在陣が長期間にわたることを勝頼は危惧したことであろう。さらに勝頼はこの計画が成功すると、関東および越後が北条勢力になって武田領国を囲まれることも恐れたであろう。そこでまず景勝と結んだのであろうが、景勝・景虎和睦に乗り出したのは、勝頼の脳裏に甲・越・相三国同盟が浮かんだのではないかと思う。以前にも将軍

義昭から三国同盟を命ぜられていたし、父信玄が甲・駿・相三国同盟成立の中心人物であったことも心のどこかにあったかもしれない。そうすれば、天正三年五月の長篠敗北による劣勢を盛り返して、織田・徳川両氏に対決できると考えたのではないか。すなわち外交政策の転換によって活路を見出そうとしたのではないかと推測する。

勝頼の景勝・景虎和睦の交渉は失敗に終ったが、勝頼と和睦した景勝は勢力を拡大していく。九月十二日付登坂与五郎他四名宛で景勝は甲州加勢を知らせ、「いかん共甲州勢加勢之衆、其表打出候ハヽ、此度敵打はたし、此頃其地之在城くろう《（苦労）》うっふん《（鬱憤）》さん《（散）》し度候」といい(62)、九月二十二日には深沢・登坂等に「甲州衆于レ今賀《（ママ）》勢無レ之」だが、近日中に援兵が送れると激励している(63)。

景勝は横田右馬允・同織部佑に宛て九月十九日付で「甲州《（勝頼）》出馬、景勝・三郎《（景虎）》間之義、雖レ被二執曖一、双方旨趣、如何被二聞届一候哉」とたずね(64)、九月二十四日には和平が失敗に終わると勝頼は景勝への接近を深める。

珍翰快然候、如承意、去夏以来、以不慮之仕合申談、本懐候、和平之義、種々雖及諌言候、相互条々有御存分、無落著候、難敷候、帰陣以後、弥其備堅固之由、肝心候、上口無相替義、遂本意之形候、可御心易候、委細小山田左衛門大夫《（信茂）》可申候条、不能具候、恐々謹言、

九月廿四日《（天正六年）》　　　勝頼

上杉弾正少弼《（景勝）》殿(65)

これと同日付でほぼ同文の新発田長敦他二名宛の勝頼書状があり、その中で、「和平之儀種々雖下及二媒介一候上、相互《（景勝・景虎）》条理無二際限一故、無二落着一候、誠歎敷候、当方帰陣已後、景勝御備堅固之由、肝心候」と申し送っている(66)。九月二十七日、景勝は深沢刑部少輔他四人に宛て、「甲州賀《（加）》勢之義無レ之之《（ママ）》由、万々無二心元一候」、「つまり《（妻有）》へ従レ甲賀《（加）》勢打出候由申越候」と伝えており(67)、勝頼は坂戸城救援のために妻有に侵入したことがわかる。このように勝頼は景虎・北

条方と手を切ったが、景虎は九月十四日付で小田切弾正忠に「当表之儀者、甲（武田）・南（北条）被レ及二加勢一候之条、弥手堅候、春日山本意程有間敷候条、可二心易一候」と報じている。(68)

九月二十四日、景勝は登坂与五郎・樋口主水等に「甲州加勢如何哉、早々有二助勢一」と伝え、(69)九月二十六日にも同人に甲州よりまだ加勢の沙汰がないが、必ず後日援助があると報じた。(70)景勝は武田氏との和睦により、その勢力を拡大し、坂戸城に鉄砲や玉薬等を送付したり、援兵を送ったりしている。(71)

景虎は十月十日に宛名欠であるが、北条安房守氏邦・北条《きたじょう》安芸入道輔広の来援を感謝し、「安芸同前ニ被レ遂二越年一、来春本意之所、可二相議一事」を要請している。(72)その氏邦は、十月二十三日付で芦名盛隆に明春上野沼田城を落とし、越後上田まで進陣することを告げ、「貴国佐・越三和之扱、重而有レ之由、不審ニ存候」と詰問している。(73)実家後北条家の救援が遅々として進まないまま劣勢となっていく景虎は、十月十日に関東武士の崇敬を集めた鎌倉の鶴ヶ岡八幡宮に対して「此度当国不慮之仕合、雖レ然、至二今日一手前堅固之備候条、心易可レ被レ存候、就レ之早々春日山遂二本意一候様ニ、於二御神前一卦（掛）二立願一被レ抽二誠々祈念一、偏任置候」と神頼みをした。(74)景勝は天正七年二月一、二日と御館を猛攻し、三月十七日にこれを落としている。(75)二月十一日付で景虎は、本庄雨順斎（繁長）に参陣を促し、「此度不慮之仕合以、当館（御館）折角此時極候、今日迄者、涯分備堅固ニ相枹候、十日被二相延一時者、滅亡迄ニ候」、「一刻も早々自身参陣歟、又ハ人数千も二千も可二相立一事侍入迄候」と依頼しており、なんとも心細い状況であった。(76)景勝も二月二十五日付で蓼沼藤七・佐野清左衛門に、「館追日無力落居可レ為二十日中一候」とその状況を伝えている。(77)十七日の落城前の三月十四日、景虎は夫人・嫡男・前管領上杉憲政を残して御館を出奔し、鮫ヶ尾城を頼るが、二十四日には、ここで自殺した。山岸隼人佐・同宮内少輔宛で景勝は「去十七日三郎（景虎）一身之体而鮫尾地江被二引退一候、追討過半討捕候、翌日彼地取詰、今廿四午刻攻落、三郎（景虎）切腹、其外南方者共不レ洩二一人一討果候、去年以来之散二鬱憤一候」とその模様を報じている。(78)この後一年にわたって景虎与党が各地で抗戦するが、やがてこれも終息する。ここに勝頼の甲・相・越同盟構想は破れるが、新たに甲・越同盟が成立し、従来の甲・相同盟は自動的に消滅し、武田氏を取り巻く情勢は一変、前面に強大な織田・徳川、背後に北条という敵を持つことになった。

三　甲・越同盟の展開

まず勝頼から景勝に送られた誓詞写（起請文）を掲げよう。(79)

敬白起請文

一、今度以誓詞両度如申合、対景勝（上杉）尽未来無心疎、無二無三浮沈諸共申合、御身上無見除存寄進、可及異見之事、

一、自今以後、対景勝毛頭不可有表裏、秡（抜）公事之事、附、景勝御前諸侍別而加懇意事、

一、対景勝可敵対申旨、勝頼家中貴賤、縦以如何様之依怙申旨候共、全不可致許容候、達而及異見者、可加成敗之事、

一、被対勝頼、御等閑有レ之由羕（承）候者、不残心腹可申達候、努々理不尽之御恨不可有之候事、

一、景勝御手前於御難儀者、一左右次第助勢可申候、手前無拠儀有之者、様子可申届之事、

一、景勝・景虎和睦之儀、勝頼媒介候処子、理不尽于為錯楯者、双方江加勢可令遠慮事、

付、自南方（北条）信州口路次之儀被申候共、於多人数者、令納得間敷候事、

一、縁段（談）之儀、不可有相違之事、

右如此雖七ヶ条申合候、於景勝御手違御等閑者、条々悉可黐事、
神名如例、
以上、
（天正六年）八月十九日
上杉弾正少弼（景勝）殿

この史料は『信濃史料』では、天正七年（一五七九）に推定しているが、第六条の記載などから前年の天正六年と考えられる。第六条では勝頼は景勝・景虎両者に加担しないとしているが、次の第七条ですでに政略結婚のことを載せ、第五条で景勝が難儀の時は助勢すると約束していることなどから、決して傍観者的立場になかったことが知られる。天正六年十二月三日付で勝頼は景勝に「為㆓嫁娶之祝儀㆒、以㆓秋山伊賀守（定綱）㆒蒙㆑仰候、目出珎重候」と申し送っており、ここでも「猶、小山田（信茂）可㆑申候」と小山田信茂が登場する。(80) 勝頼は七月三日付書状によれば、景勝に「当国名物候」「単鷹」を贈って交宜を保っている。(81) 翌四日付で小山田信茂の書状が添状として出されている。(82)

さて景虎が死去すると氏政は上野の由良国繁に「相・越鉾楯之時分、自㆓越国㆒本意、然景虎没命之上者、上州之仕置、当方可㆓申付㆒条勿論候」と上野国務の仕置は氏政が行うと伝え、(83) それに専念している。(84)

天正七年八月二十日、勝頼は景勝に「不㆑図駿州表令㆓出馬㆒候」と駿河出兵の状況を報じ、(85) 九月十七日には景勝に、

覚

一、貴国御備之様子、近日者如何候哉事、
奥郡（越後）、幷越（越中）・能（能登）事
一、当口備之事、

付、条々、

一、関東御計策事、

以上

（天正七年）九月十七日　（武田勝頼、印文「晴信」）（朱印）

（上杉景勝）春日山へ

と三条からなる覚書を呈している(86)。九月二十六日には、跡部勝忠・市川以清斎元松の連署注文で菊姫の輿入れにともなって越後に居住する人々の注文を長井丹波守昌秀に発している(87)。

越国居住衆　次第不同

弐拾五貫文　佐目田菅七郎六人

弐拾貫文　土屋藤左衛門尉五人

弐拾貫文　向山新三五人

弐拾貫文　雨宮縫殿丞六人

弐拾貫文　林与兵衛六人

弐拾貫文　円阿弥五人

拾五貫文　木村与三兵衛五人

拾貫文　同　与三郎三人

拾五貫文　御仲間三人へ六人

以上、

（天正七年）
己卯
九月廿七（六）日　　　　　　　　　　跡美（跡部勝忠）（花押）
　　　　　　　　　　　　　　　　　以清斎（市川元松）（花押 朱印）
　　長井（昌秀）丹波守殿

長井昌秀は、越後在住武田武士の統率者としての地位にあったものと考えられる。これより以前に次の史料がある。(88)

就祝言儀、武藤三河守、長井又左衛門尉指返候之間、染一筆候、
一、兼日者其方春日山迄可指越旨、雖相定候、当時お裏方万端用所、相頼奏者之事候之間、此所如何候間指置候、困茲武藤三河守彼国迄可遣之と不図申付候間、支度可難儀候、以清閑斎令談合、悉皆被仕立可被越候、合力以下厳重爾可被相渡候、
一、祝言之調重而以書付申遣之候、武藤相談大形之儀者、不及得下知下相当相計可被申付候、
一、裏方之用心已下無油断様、肝煎尤候、委曲附与両口上候之間、不能具候、恐々謹言、
（天正七年カ）
九月七日　　　　　　　　　　勝頼（花押）
　　跡部（勝忠）美作守殿

菊姫と景勝の結婚について、武藤三河守と跡部勝忠に万事うまくいくよう命じており、武田家内部の婚儀前の混乱した状況が読み取れる。十月二十日、勝頼と景勝の同盟関係をより強固なものとするために菊姫は春日山城に輿入れした。(89) 十月二十八日付山岸宮内少輔秀能他二名に宛て景勝が、「甲州弥入魂」と報じているのは菊姫との婚儀を指すものとみられる。(90) 十一月二日、勝頼は出陣中の陣中より留守居役の跡部勝忠・小原継忠等に領国の治安を心配して、

「為レ始二館中府之内外一、火之用心不レ可レ有二油断一之事」で始まる覚書を送っているが、その中で「越国へ祝言以後、仕合如何候哉」と菊姫と景勝のことを案じている。[91] 十一月十八日には勝頼から景勝に対して、「勝頼(武田)誓詞之儀、任二御所望一認レ之、於二富永(清右衛門尉)眼前一染二身血一、取二御榊一候」と誓詞を送って両者の結束を図っている。[92] そして十二月十五日、景勝から「誓詞到来感激畢」と小中彦兵衛尉に勝頼は謝した。[93] このように両者の同盟関係はより親密になっていく。勝頼は景勝と呼応して北条領国へ出兵している。そこで勝頼は上杉家臣を麾下に納めて転戦している。景勝は景虎残党の討伐と北陸方面の防備に奔走させられ、上野方面は事実上、勝頼に任せる形になった。[94] 勝頼は上杉家中の上野武将、例えば北条高広や同長門守・小中氏などに所領を与えている。(天正八年)十月九日付北条高広宛勝頼条目、[95] 天正七年十二月二十□(六)日付小中彦兵衛尉宛朱印状など[96]がその例である。[97] 天正八年三月六日付で謙信以来の吉江民部少輔(長淳)に勝頼は、「越国錯乱之刻、最前被レ属二当幕下一忠信無二比類一候」なので、「信州奥郡(水内郡)飯山内、長井分五拾貫文之所」を宛行っている。[98] [99] また、北条輔広が勝頼を頼ってきたので、景勝に宥免されんことを斡旋している。[100]

さて天正八年三月頃は、景勝が三条・栃尾の景虎残党を処理するのに忙しく、[101]「遙々不二申通一」る状況で、勝頼は「奥口御静謐候哉、無二御心許一候」と心配している。[102] 卯月八日・七月十一日にも同様の文書を発して景勝の戦況を気にしている。[103] 景勝は七月七日に三条城、十五日に栃尾城の仕置を行った。[104] これを知った勝頼は八月六日付で、「今度為レ始二栃尾・三条一、某国無残所一御静謐、誠御武勇之至、無二比類一」しと早速申し送っている。[105]

この間、勝頼は徳川・北条と二面の敵を得て出兵を繰り返すことになるが、関東の諸将と積極的に交渉して勢力の挽回を図ろうとする。天正八年五月七日付で氏政は長尾憲景に「上州口へ甲州衆可二越山一由、雖二注進候一、実説于レ今無レ之候、至二于事実一者、早々可レ遂二出馬一候間、其口弥堅固之備」が肝要と命じて、勝頼の動向を警戒していた。[106] この苦境を乗り越えるため、勝頼は常陸小田城主梶原政景・安房里見義頼ら関東諸将と交友を結んで北条に対そうとしている。[107]小田城に滞留していた勝頼の重臣跡部昌忠は七月二十八日付で岡本元悦に路次困難の状況で行くことができないが、「外浦渡海之御調取立、被レ得二御意一頼入候、一刻片時も、致二急参一、奉レ得二御意一度存迄候」といっており、[108]勝頼の不利を知るとともに、関東に状況変化をもたらそうとしていたことがわかる。(補註)天正八年三月七日付信濃練光寺泉良宛武田家朱印状には、「抑北条氏政、被レ違二数通之起請文一、有レ忘二却御骨肉之好一、顕二敵対之色一、被レ及二鉾楯一之条、早被レ属二当方御本意一、豆(伊豆)・相(相模)二州為二御静謐一者、一所可レ有二御寄附一」とあり、その状況を窺い知ることができよう。[109]

越後の内乱を鎮定すると、景勝は越中に出兵することになる。十月二日付で景勝は春日山留守居役の黒金兵部少輔景信・内田丞長吉・岩井民部少輔信能らに「此度越中国手ニ入、敵悉可二討果一事眼前ニ候」とその状況を伝え、「其元用心、諸証人番、いかにも〳〵手堅可二申付一事肝要」と命じている。[110]にもかかわらず二日後の同月四日付の景勝書状によれば、「河隈(忠清)所火事出来候由、誠以他国之者共見聞候処口惜候」、「甲州衆有レ之間見聞候事、中々可レ申様無レ之候、平生か様に留守中油断候与可レ思所、口惜候」といっていて興味深い。[111]景勝は勝頼に十二月十四日、条目を送り、「越(越中)・能(能登)備之事」「根知(糸魚川)之事」「来春越中表於二出馬一者、御助勢之事」など七ヶ条を申し合わせており、[112]天正九年正月五日にも同内容の条目を提出している。[113]勝頼は上野に出陣、後北条氏と対峙している。十月十二日、勝頼は佐竹義重ら「東方之諸家」と呼応して、上野へ出陣、「太田宿以下之根小屋悉撃砕」などとその戦況を景勝に報じている。[114]十一月二十二日付波合備前助宛武田信豊書状では、「家康(徳川)・氏政(北条)退散、弥東西静候」などとうそぶいているが、[115]武田氏の衰退は目に明らかであった。

さて、ここでこの甲・越同盟が実効性のあったものかを少し考えてみたい。

御館の乱に勝利して上杉氏の後継者となった景勝は内乱の鎮定、越中出兵、対織田防備のため西に常に目をやらねばならなかったが、勝頼と同盟して信濃・西上野方面へ警戒する必要がなくなり、後北条氏に対しても勝頼に依存することができたことは、大きな収穫とみてよい。武田氏にとっては従来の宿敵上杉氏を味方にしたが、年来の同盟者後北条氏を敵にまわしたのは背後に敵をつくったという点で不利な面が多い。しかし、対織田氏という共通の敵を持っていることから、共同戦線を張ることは可能であり、一概に失策と速断するわけにはいかない。そこでみてきたように両者は頻繁に手紙の交換をして、連絡を密にとっていたのであり、御館の乱後も両者の関係は親密となり、勝頼は弱体化した武田領国の再建にこの同盟を最大限に利用しようと思ったことであろう。

次にこの同盟の内政に与えた影響についてみてみたい。(天正七年)十一月十六日付跡部勝忠宛勝頼条目には、「信越之境幷妻籠口役所可㆓申付㆒事」とあり、甲・信・越を結ぶ交通路が確保されていることが類推される(116)。また、天正八年正月五日付越後の田切(新潟県中頸城郡妙高高原町田切)宛景勝朱印状には、

此印判於㆑有㆑之者、伝馬宿送可㆑調㆑之候、但自㆓甲府（武田勝頼）㆒之印判有㆑之者、関山（越後）迄可㆑送㆑之者也、

とあり(117)、伝馬宿送りの制を定め、武田勝頼の朱印状を持っているものは関山(現妙高村)まで送れと命じている。すなわち武田家の朱印状を所持していれば、越後に入国することができたのである。次にもう一通興味深い武田家朱印状写をみよう(118)。

自小菅（高井郡）致赤沢（越後）、為往復、人民令居住之由尤被思食候、若有企非分狼籍（藉）輩者、可被処罪科之由、仰出也、仍如件、

天正七年

二月廿五日 竜朱印　　土屋右衛門尉奉㆑之

市川新六郎殿

これは、北信の国人市川新六郎に対して、高井郡小菅から越後の赤沢に至る間に人家を置いて、両地往復の交通を

円滑ならしめようとしたものである。これらの史料から、甲・越同盟が交通路の面からも確保されていたことが明らかで、実効生のある同盟とみてよいだろう。

四　甲・越同盟の消滅

天正九年（一五八一）三月十二日、勝頼は越中に出陣した景勝に対して、織田信長の家臣佐々成政との対陣を「無御心元」しと心配している。[119] 五月十七日には勝頼から景勝へ、次のような条書が送られている。[120]

覚

一、今度至越中有御出陣、毎篇被任賢慮之由、珍重候事、
一、貴国奥郡事、
　付、新発田（重家）事、
一、連々申置候北条事、
一、越中金山（神保長住）事、
　付、加（加賀）・能（能登）事、
一、河田弟計策儀巷説事、
一、房州（里見義頼）事、
一、義重（佐竹）奥口無残所被属本意事、
一、遠州表事、

（天正九年）五月十七日　（武田勝頼・印文「勝頼」）（朱印）

春日山（上杉景勝）

このように勝頼と景勝はお互いの状況を連絡しあったし、また第八条および五月二十五日付景勝宛勝頼書状によると、勝頼は五月二十四日まで遠江に出陣していたことが知られる。[121] 勝頼は対織田・徳川との関係が急速に緊迫してくるにつれて、景勝の戦況が気になるのである。

勝頼は天正九年正月、織田・徳川両氏の来甲を意識して、韮崎の地に真田昌幸らに命じて新府城の築城をはじめた。越後では内乱が終息したかにみえたが、今度は新発田因幡守（重家）が反旗を翻した。六月十二日付宛名欠織田信長朱印状に「越後国新発田因幡守（重家）事、此方忠節候」とあるのがそれである。[122]

九月には勝頼は伊豆に出兵するが、梶原政景は安房の岡本元悦・氏元父子に武田氏の豆州進攻と北条氏方の相州集結を伝え、安房の軍事的重要性を力説している。[123] 十月三日付で景勝は五ヶ山惣中に越中出陣の近いことを知らせ、「甲州・当方連々示合有二子細一、今般長延寺（実了）為レ使被二差越一候、依レ之万端行計策以下調談故、于レ今進発延引候」と出兵遅延を弁明している。[124] このように天正九年段階でも甲・越の同盟関係は密接なものがあったのである。十一月頃には新府城の工事がほぼ終了したが、その報告を受けた景勝は勝頼に「三種幷柳五十」を贈って祝い、勝頼は十一月十日、これに返事した。[125] その中で、「氏政（北条）家僕松田尾張守（憲秀）次男笠原新六郎（範定）豆州戸倉之在城、不慮ニ属二当方幕下一候」と勝頼は単なる突発事件に気勢をあげ、「彼国（伊豆）大半属二本意一候」などともいっているが、[126] 勝頼の周囲はすでにそのような状態ではなかったのである。

そして運命の天正十年（一五八二）を迎える。前年の十二月二十四日、勝頼はすでに新府城に移っていたが、年明けて正月六日、武田親類衆の一員である木曽義昌が勝頼に背き、二月二日には木曽氏を討伐せんと勝頼自ら諏訪まで出陣した。しかし、織田・徳川連合軍が来攻するに及んで撤兵している。木曽氏の離反を知った景勝はすぐに勝頼に音信したが、勝頼はこれに答えて、次の書状を発している(127)。

木曽逆心之由、被聞召及、重而芳墨、殊去寅年(天正六年)以来、以数通之誓約、尽未来申合候、被任筋目、無二可預御助勢之由、誠芳志難謝次第候、如先回申達候、木曽義昌奸謀歴然之条、向彼谷及行、備任存分、谷中過半令撃砕候、雖然、構切所楯籠候故、没倒遅々、無念候刻、於下伊奈表(信濃)、地下人等少々与賊徒蜂起候間、分国之諸勢相集、無二可遂退治覚悟候、雖無人数不足候、外国之覚此節候間、二千も三千も早々於被指立者、一段可為欣悦候、至当備者、堅固ニ申付候、可御心安候、猶行之模様、追而可申候、恐々謹言、

(天正十年)二月廿日　勝頼(武田)（花押）

上杉殿(景勝)

勝頼は木曽逆心の模様を伝え、木曽「谷中過半令二撃砕一」めたとうそぶきながら、景勝に二〇〇〇から三〇〇〇人の援兵を要請している。対する景勝の行動がどのようであったか次にみよう(128)。

為助勢十頭到長沼表差越候、其表人数可為不足候者、可被立置候、勝頼御事偏無心元候、日々茂飛脚雖差越度候、当国之者路次不知案内故、不任心無念次第候、如何共従其元慥成者、被差越是非之様子御注進待入候、何与世間伝変候共、当国堅固之上者、勝頼一身於無恙者、可有一備事、指掌候、将又当方之儀様子造説申之由候間、為可露底心、加勢之者共長井丹波守差副遣之条、万端御談合尤候、恐々謹言、

(天正十年)三月六日　景勝

松鷗軒(尾崎)

景勝は、新発田氏の離反という内憂を抱えているにもかかわらず、武田氏の越後居住衆筆頭の長井丹波守昌秀等を

将として一〇将の援兵を送ったことを景勝の臣松鷗軒に申し送っている。また、三月六日付福王寺・梅僊軒宛で勝頼は「悪逆無道之族」がいろいろいっているが無念であり、長井丹波守の口から正確な情報を得たいとし、「勝頼御事偏案入候」と勝頼の動向を心配している。(129)

しかし、景勝の援兵も空しく、勝頼は三月三日新府城を焼き、十一日、夫人らとともに天目山下の田野で織田軍に追撃され、名族甲斐武田氏はここに滅亡する。これによって甲・越同盟は自然消滅した。

おわりに

甲・越同盟の成立と展開およびその消滅について、とりわけ武田氏の側に視点をおきながらの考察であった。最後に、まとめておきたい。

天正六年(一五七八)三月十三日の上杉謙信の死は、越後には内乱を勃発させ、関東の政治情勢にも多大な影響を与えた。武田勝頼は年来の盟友北条氏政の要請をいれて、信・越国境に出兵するが、一転して上杉景勝と結び、ついで景勝・景虎の和睦を取り持った。(130)これはその調停者として甲・相・越の三国同盟を成立させ、関東の主導権を握ろうとしたのではないかと考えられる。だが結果は思うにまかせず、甲・越同盟をより深める形となった。いずれにせよ、織田政権(織田・徳川両氏)に対抗し、天正三年の長篠の合戦以来の少勢を挽回するためであったとみておそらく誤りないであろう。

甲・越同盟によって勝頼は西上野だけでなく、東上野にまで所領を拡大、北信も確保した。(131)さらに越後根知城を得て仁科盛信が支配し、(132)信・越の交通路を確保した。また金銀の受納もあったようである。すなわち苦境の景勝であったため両者対等の同盟ではなく、多分に勝頼有利の同盟条件であったといえる。しかしこの同盟の締結によって勝頼は北条氏と敵対することになり、前面に織田・徳川両氏を背後に北条氏をと挟撃される形勢となったとはいえ、前面の敵織田政権と対決するため、甲・越同盟は成立以後、前述したように、確実に機能したのであり、決して失策であったとの速断は許されない。本章ではまた外交の担当者についても触れ、上杉氏側は新発田忠敦・中条景泰・竹俣慶綱ら揚北衆や斎藤朝信・上条政繁など刈羽郡を本拠とする武将が交渉にあたり(133)、武田氏側は、武田信豊・小山田信茂ら親類衆と跡部・長坂両氏の勝頼側近がおもに当たった。ただし『甲陽軍鑑』が述べるほど跡部・長坂が上杉氏より賄賂を得て、勝頼を欺き同盟させたというのはどうやら真実でないとみてよさそうである(134)。

この甲・越同盟は天正十年三月、武田氏の滅亡により自然消滅する。そして、甲斐・信濃・駿河・西上野の武田領国は、六月二日、本能寺の変が起こり、織田信長の横死によって、徳川・北条・上杉三氏の侵食の場となっていくのである。

註

（1）景勝は魚沼郡坂戸城主長尾政景の子で、生母は謙信の姉であり、永禄七年（一五六四）政景の変死後、謙信に引きとられて養子となる。

（2）景虎は小田原北条氏康の七男で、永禄十三年（一五七〇）越・相同盟の人質として越後に送られたのを養子としたものである。景虎については、近年、氏秀＝景虎説に疑問がもたれている。黒田基樹「氏秀と景虎は別人だった」（『歴史群像シリーズ』⑭「戦国北条五代」、学習研究社、平成一）など。

（3）磯貝正義「善徳寺の会盟」（『甲斐路』創立三十周年記念論文集、昭四四。のち「武田信玄の戦略・戦術―甲・駿・相

三国同盟の成立―」と改題、補訂して同編『武田信玄のすべて』新人物往来社、昭五三、に収録。柴辻俊六「戦国期の甲相関係」（『神奈川県史研究』三八号、昭五四。のち同『戦国大名領の研究―甲斐武田氏領の展開―』名著出版、昭五六、に収録）。

（4）池田嘉一「御館の乱」（『信濃』二〇巻一号、昭四三）。この乱については、『新潟県史』通史編2中世（昭六二）、『三条市史』上（三条市、昭和五八）など市町村誌（史）類の多くに触れられている。

（5）山崎哲彦「上杉景虎について」（東国戦国史研究会編『関東中心戦国史論集』名著出版、昭五五）。

（6）上野晴朗『定本武田勝頼』（新人物往来社、昭五三）に若干述べられている。

（7）『信濃史料』一二巻八五～八七頁。以下『信』一二―八五と略す。

（8）『信』一二―二〇四。

（9）『信』一二―二三一。

（10）こういった交渉は、連年のように続けられている。『越佐史料』五巻など参照。

（11）『信』一三―五九。（永禄十一年）三月付義秋条目写（『新潟県史』資料編五中世三文書編Ⅲ〔昭五九〕六八五頁三七一五号。以下『新』Ⅲ六八五―三七一五と略す）参照。

（12）（永禄十二年）四月七日付徳川宛信玄条目（山県家所蔵文書　佐藤八郎「武田信玄の駿河経略と山県家所蔵文書の意義―郷土発見の新史料―」（『甲斐路』一三号、昭四二。のち『武田信玄とその周辺』新人物往来社、昭五四、に収録）。『新』Ⅰ六六九―九六二、『新』Ⅰ二四〇―三八六など。

（13）『信』一三―三〇〇。

（14）『信』一三―四七九。

(15) この年の七月にも義昭は甲・越の和平を図っている。
(16) 奥野高廣『足利義昭』(吉川弘文館、昭三五)。
(17) 同右。
(18) 同右。
(19) 『神奈川県史』史料編三古代・中世三(昭五四)八二一四頁八三三五号。以下『神』八二一四—八三三五と略す。
(20) 『神』八二一四—八三三六。
(21) 『神』八二一四—八三三七。
(22) 『神』八二一三—八三三二。『神』八二一二—八三三〇参照。
(23) 『神』八二一六—八三四四。八月六日付　真木嶋昭光宛氏政書状(『神』八二一六—八三四五)、八三四七、八三四八参照。
(24) 『神』八二一六—八三四五、八三六四。
(25) 『神』八二一七—八三四七。
(26) 『神』八二一八—八三五二。
(27) 『足利義昭』など。
(28) 『神』八二一九—八三五四。この間の交渉を示す史料は多いが省略する。
(29) 『甲陽軍鑑』品五十三によれば、高坂昌信(春日虎綱)は謙信と好を通じ、甲・相・越の三国同盟を提案したが、受け入れられなかったという。上野晴朗『定本武田勝頼』(新人物往来社、昭五三)二一六頁。
(30) 『新』Ⅲ三二一—二九三六。
(31) 『新』Ⅰ五九八—八四六、『埼玉県史』資料編6中世2(昭五五)四六七頁九四八号など。以下『埼』四六七—九四八と略す。
(32)『新』Ⅲ三二一―二九三六。
(33)『新』Ⅰ三六三―五七一。
(34)註(4)。
(35)『新』Ⅰ五九七―八四五。
(36)『神』八六二―八四四九(『信』一四―三二四)。
(37)『新潟県史』通史編2(昭六二)。
(38)同右。
(39)註(4)。
(40)六月一日付北条氏邦宛勝頼書状(『埼』四七一―九五六)。『上杉家御年譜』二巻五月条によると、勝頼は氏政と示し合わせて越後に出兵したが、「小田原勢ハ未ダ出陣ナキニヨリ、勝頼モ疑ヒヲナス」(三八頁)とある。
(41)『新』Ⅲ七六三―三九一二。
(42)『新』Ⅲ九一九―四三三七。二二一四参照。
(43)『新』Ⅲ五九五―三四七五。
(44)『新』Ⅰ四六三―七五四。
(45)『新』Ⅲ八五〇―四一五三。
(46)『新』Ⅲ七六五―三九二三。
(47)大蔵院など寺僧も活躍している。

(48)『新』Ⅲ五七七―三四二四。

(49)『新』Ⅱ二九三―一六〇八。

(50)『上杉家御年譜』二景勝(一)。

(51)『越佐史料』五巻五三五頁。

(52)『新』Ⅲ七九九―四〇二一。

(53)『新』Ⅲ五四五―三三四二、六五四―三六三八など。

(54)『上杉家御年譜』二巻五二頁。

(55)『新』Ⅰ三〇九―四八六。

(56)後述。

(57)『新』Ⅲ七八九―三九九三。

(58)『新』Ⅰ四〇九―六六三。

(59)『上杉家御年譜』二には八月二十二日に和睦成立とある。

(60)『新』Ⅲ三一〇―四八六の註による。和平の斡旋が思うようにいっていない様子は、(天正六年)十月一日付春日源五信達書状からも知られる(『甲府市史』史料編一巻〔平一〕六六九号)。

(61)『新』Ⅲ五七七―三四二二。

(62)『新』Ⅲ六二〇―三五四六、七九〇―三九九七。

(63)『新』Ⅲ二八六―二八五一、九月十一日付小森沢刑部少輔宛景勝書状(Ⅲ七六五―三九二五)。

(64)『神』八六七―八四六五、『相州古文書』一巻二七六頁―四一号。

(65)『新』Ⅲ五九五—三四七四。
(66)『新』Ⅱ二九四—一六〇九。
(67)『新』Ⅲ七八八—三九九一。Ⅲ三四四二、三九九九参照。Ⅲ五八三—三四四二。
(68)『神』八六七—八四六四、『新』Ⅲ八五一—四一五五。
(69)『上杉家年譜』七八頁。以下『年譜』と略す。
(70)『年譜』七九頁。
(71)『新』Ⅲ七八八—三九九一、七六六—三九二六、六二〇—三五四六など。
(72)『埼』四七五—九六四。
(73)『埼』四七五—九六五。
(74)『新』Ⅲ八一八—四〇七〇。
(75)天正七年二月二十一日には、景勝より東条館落城の報告を得て、勝頼は「無二比類一」と答え（『新』Ⅲ五一九—三二八六）、また三月十日には、勝頼は河田長親に「於二勝頼（景勝）一霜台申合、□（不）可レ存二疎意一候」と申し送っている（『新』Ⅲ六九三—三七三六）。
(76)『新』Ⅲ五九七—三四八〇。
(77)『年譜』二—一一四〜一一六頁
(78)『年譜』二—一二三〜一二四頁。六月二十八日付岡本但馬守宛景勝書状（『新』Ⅲ七〇一—三七五七）には、「謙信遠行以往、三郎（景虎）徒構二意趣一、雖レ及二鉾楯一、去年以来到二当月上旬一咸対治、属二国中一変候」とある。
(79)『信』補上—五〇九。

(80)『新』Ⅰ四〇九―六六二。
(81)『新』Ⅰ四一〇―六六五。
(82)『新』Ⅰ四四三―七二四。
(83)『埼』四八四―九八四。
(84)天正七年五月九日付河田重親宛北条氏家印判状写（『埼』四八五―九八五）、五月二十一日付片野善助宛氏邦感状（『埼』四八五―九八六）など。
(85)『新』Ⅰ四〇六―六五六、四四四―七二六。
(86)『新』Ⅰ四四三―七二五、同日付勝頼書状（『新』Ⅰ四〇七―六五七）は菊姫の入輿に備えたもの、『新』Ⅰ四一〇―六六四の勝頼書状には、「不レ図当口出馬、於二豆州境一新城相築候」とある。
(87)『新』Ⅰ三二一―五〇六。
(88)『静岡県史料』四巻六七五頁。天正六年と推定されているが、七年がよいと思われる。
(89)村田清左衛門所持書物抜写（『新』Ⅰ六〇六―八六〇）に「同年(天正七年)十月廿日、従二甲州一春日山へ御輿入」とある。
(90)『新』Ⅱ六五二―二二八八。
(91)柴辻俊六他編『新編甲州古文書』一巻一六五頁三五二号（『信』一四―四六〇）、十一月十六日付覚書（『新編甲州古文書』一巻一六六頁三五三号）参照。
(92)『新』Ⅰ四〇四―六五一。六五八、六六四号参照。六六四号は九月十七日付勝頼書状で、「以二吉田(十右衛門尉)・富永(清兵衛尉)両口一蒙レ仰旨、具得二其意一　誓詞等相二認之一、進レ之候」とある。Ⅰ四四四―七二六も参照。
(93)『新』Ⅲ五六七―三三九八。

(94)『新』Ⅲ五六七―三三九九、五六八―三四〇二、五六五―三三九四など。

(95)『新』Ⅲ五六五―三三九二。

(96)『新』Ⅲ五六六―三三九五。

(97)小中彦兵衛は謙信家臣(『新』Ⅲ七八五―三九八五)、三三九三～三三九九・三四〇二・三四〇六など参照。

(98)『新』Ⅲ七七〇―三九三八。吉江氏が上杉家臣であることは、『新』Ⅲ三六七六～三六七九・三六八一・三六八四・三六九四号などからわかる。

(99)『新』Ⅲ六六八―三六七一(『信』一四―五〇〇)。

(100)『越佐史料』五巻七五五頁。

(101)景勝は壬三月二十六日、三条攻めのため府内を出馬している。

(102)『新』Ⅰ四六四―七五五。

(103)『新』Ⅰ三二二―四八九、四〇五―六五三、四〇六―六五五、四〇二―六四七など。六四七号は七月十一日付勝頼書状で「近日者其表之様子、如何候哉、仍構(栃)尾(本庄慶綱)・三条(神余親綱)両綱之御仕置、成就候哉」とある。

(104)『越佐史料』五巻七五五、七八八頁。

(105)『新』Ⅰ四六五―七五八。

(106)『埼』五〇六―一〇三二、一〇三三。

(107)『埼』五三〇―一〇八三。

(108)『埼』五三〇―一〇八四。

(109)『神』八九六―八五六〇。

(110)『新』Ⅲ一九九―二七四四。
(111)『新』Ⅲ一九九―二七四五。
(112)『新』Ⅰ一六六―二八一。
(113)『新』Ⅲ五二七―三三〇四。
(114)『新』Ⅰ四〇二―六四六。
(115)『神』九一一―八六一五。
(116)『信』一四―四六四。
(117)『信』一四―四六二。
(118)『信』補上―五〇六。
(119)『新』Ⅰ四〇五―六五四。
(120)『新』Ⅰ四四五―七二八。同日付の勝頼書状はⅠ四〇三―六四九、小山田信茂書状はⅠ四四二―七二二。
(121)『新』Ⅰ四六五―七五七。Ⅲ五四四―三三三八参照。
(122)『新』Ⅲ七四八―三八七九。(天正七年)八月十二日付山崎秀仙宛長井昌秀書状(Ⅲ五二八―三三〇八)では、新発田氏離反を心配している。
(123)『埼』五三二―一〇八七。
(124)『新』Ⅲ八二四―四〇八三。
(125)『新』Ⅰ四〇八―六六〇。
(126)十一月二十二日付勝頼書状(『新』Ⅰ四〇四―六五二)。『神』九三三―八六八三、九三四―八六八四、九三五―八六六八七参照。

(127)『新』Ⅰ四〇三―六五〇。

(128)『年譜』二巻二二八頁。『新』Ⅲ九一―二五四四、三月二日付長井丹波守宛八重森因幡守家昌書状(Ⅰ三二一―五〇四)、Ⅰ三二二―五〇七、六三三―八九五参照。

(129)『越佐史料』六巻一四〇頁。

(130)氏政の景虎救援の非積極性は何に起因するのか。それは氏政個人の行動の遅さ、すなわち武将としての資質の凡庸さと北条氏の関八州構想にしばられたために救援の時機を失したのではないだろうかと考えている。それは天正十年の信濃放棄、天正十八年の秀吉政権との対応などから知れよう。

(131)『信』一四―四五八など。

(132)『新』Ⅰ一六六―二八一、(天正八年)八月十一日付仁科盛信条目(『大町市史』原始・古代・中世資料編二〇四頁一四九号)

(133)『新』通史編2中世六三五頁。

(134)甲・越講和の斡旋者を『甲陽軍鑑』品五十四は跡部大炊助勝資と長坂釣閑斎光堅の二人であるとする。景勝が両人に二〇〇〇両ずつの賄賂を贈り、勝頼に一万両進上、勝頼の旗下となる、政略結婚により縁者となる、東上野の上杉領を譲渡するなどの有利な条件を提案してきたものを両人が取り次ぎ、景虎と結ぶことは越後と関東を北条氏がおさえることになると進言したという(『甲乱記』『北条記』『関八州古戦録』など参照)。『軍鑑』の信憑性をめぐっては種々論議があるが、箇所によっては信のおけるところもある。ここで取り上げた部分は、跡部・長坂氏だけが甲・越同盟の斡旋者のように描いているが、これは誤りですでに述べてきたように、武田信豊や小山田信茂であった。しかし跡部・長坂両人も勝頼側近として交渉には当たっており、また金銭が動いたことは事実である。（天正八年）卯月二十六日付長井昌秀宛跡部勝資・長坂光堅連署書状に「御兼約之黄金五拾枚、御未進候、此所先使催促被レ申候処、其御前様（上杉景勝）有二御意一之由、延引候条、貴所早速被二請取一可レ被二指越一事肝要候」とあることがその例証となろう（『新』Ⅰ三二一―五〇五）。

〔補註〕　天正七～八年に佐竹義重の仲介もあって、甲・江（織田氏）和平を推進していて、景勝より責問されているが、この点はまた別の機会で述べたい。ただ、勝頼は景勝に虚説の風聞と弁解しているが、武田の人質となっていた織田御坊（源三郎）を信長の元に送り返していることなどからも（『信長公記』）、武田氏は甲・江和談を進めていたとみてよい。『甲府市史』史料編一巻六八八号・六九七号など。

〔付記〕　本稿は一九八八年一月の国史学会例会で口頭発表したものである。成稿するにあたって本学教授米原正義先生、元本学講師奥野高廣先生、本学講師加藤哲先生に種々御指導を賜った。深く感謝の意を表する次第である。

〔追記〕　本稿発表後、丸島和洋「武田氏の外交における取次―甲越同盟を事例として―」（『武田氏研究』二二号、二〇〇〇年）、木村康裕「景虎・景勝と御館の乱」（池享・矢田俊文編『定本上杉謙信』高志書院、二〇〇〇年、『戦国期越後上杉氏の研究』岩田書院、二〇一二年に再録）、田中宏志「越甲同盟再考」（『戦国史研究』五一号、二〇〇六年）、海老沼真治「御館の乱に関わる新出の武田勝頼書状」（『戦国史研究』六五号、二〇一三年）が出されている。参照されたい。

武田氏→上杉氏発給外交文書一覧表

No.	年月日	指出文言	宛所文言	形式及び記載内容	使者等	出典
1	(天正6)6・7	跡部大炊助勝資	中条与次(景泰)他10名	書状(勝頼の信濃出陣により音信せざるを詫びる)	典厩(武田信豊)	新Ⅲ五九五頁三四七五号
2	(〃)6・12	信豊(朱印)(武田)	上杉弾正少弼(景勝)	〃(景勝の誓紙到来を謝し、勝頼に上申する旨を伝う)	附与彼口上候	新Ⅲ四六三頁七五四号
3	(〃)6・24	勝頼(花押)	新発田尾張守(長敦)	〃(景勝に他意なき旨を伝うべきを依頼す)	小山田(信茂)	新Ⅲ五七七頁三四二四号
4	(〃)6・24	〃(〃)	斎藤下野守(朝信)	〃(〃)	小山田(信茂)	新Ⅱ二九三頁一六〇八号
5	(〃)7・23	〃(〃)	山吉掃部助他3名	〃(景勝・景虎の和睦を図る)	大熊(朝秀)	新Ⅰ三〇九頁四八六号
6	(〃)8・20	〃(〃)	(欠)	〃(景勝・景虎の和平成就につき音問す)	秋山式部丞	新Ⅰ四〇九頁六六三号
7	(〃)9・24	〃	上杉弾正少弼(景勝)	〃(景勝・景虎の和平ならず)	小山田左衛門大夫(信茂)	信　一四頁三六七号
8	(〃)9・24	〃(花押)	新発田尾張守(長敦)他2名	〃(〃)	小山田左衛門大夫(信茂)	新Ⅱ二九四頁一六〇九号
9	(〃)12・23	〃(〃)	上杉(景勝)	〃(勝頼妹菊姫との婚儀につき音信す)	小山田(信茂)	新Ⅰ四〇九頁六六二号

10	(天正7)2・21	〃(〃)	上杉弾正少弼(景勝)	〃(景勝、東条館に上杉憲政・景虎を攻む)	諸与彼口上候	新Ⅲ五一九頁三二八六号
11	(〃カ)3・10	〃(〃)	河田□□《豊前》入道(長親)	〃(勝頼も景勝に対し、疎意なく同心する旨伝う)	以使者可申候	新Ⅲ六九三頁三七三六号
12	(〃)7・3	〃(〃)	上杉(景勝)	〃(名物の単鷹献上)	成福院	新Ⅰ四一〇頁六六五号
13	(〃カ)7・4	(小山田)信茂(〃)	春日山人々御中	〃(貴国静謐の件)		新Ⅰ四四三頁七二四号
14	(〃)7・19	勝頼(〃)	上杉弾正少弼(景勝)	〃(愚存宜御勘弁為本望〜)		新Ⅲ六〇八頁三五〇七号
15	(〃)7・19	〃(〃)	上杉(景勝)	〃(夏酒三荷を送る)		新Ⅰ四〇三頁六四八号
16	(〃)7・晦	〃(〃)	北条長門守	〃(有調談之旨)	内藤大和守(昌月)	新Ⅲ五六七頁三三九六号
17	(〃)8・19	〃	上杉弾正少弼(景勝)	起請文(対景勝盡未来無心疎)七ヶ条		信補上―五〇九頁
18	(〃)8・20	(〃)(朱印)	春日山へ	条目(御誓詞くる)		新Ⅰ四四四頁七二六号
19	(〃)8・20	〃(花押)	上杉(景勝)	書状(駿河出陣を告げる)	成福院・八重森因幡守(家昌)	新Ⅰ四〇六頁六五六号

20	（〃）8・28	〃（〃）	北条右衛門尉	判物（北条安芸守入道（高広）当方一味～）	内藤修理亮	新Ⅲ五六七頁三三七号
21	（〃）9・17	〃（〃）	上杉（景勝）	書状（誓詞を進め、駿河出陣を伝う）	説与彼口上～	新Ⅰ四〇九頁六六四号
22	（〃）9・17	〃（〃）	〃（〃）	〃（二幅一対之舜挙画工贈賜候）		新Ⅰ四〇七頁六五七号
23	（〃）9・17	（朱印）（勝頼）	春日山へ	覚書（貴国御備之様子～）三ヶ条		信・一四—四五六頁
24	（〃）9・26	跡美（跡部勝忠）以清斎（市川元松）	長井丹波守（昌秀）	連署注文（越国居住衆）		新Ⅰ三二二頁五〇六号
25	（〃）11・18	勝頼（花押）	上杉（景勝）	書状（一種二荷送給候）		新Ⅰ四〇七頁六五八号
26	（〃）11・18	〃（〃）	〃（〃）	〃（勝頼誓詞提出す）	令説与彼口上幷	新Ⅰ四〇四頁六五一号
27	（〃）12・15	〃（〃）	小中彦兵衛尉	〃（誓詞到来感激）	（武田）信豊幷跡部大炊助	新Ⅲ五六七頁三三九八号
28	（〃）12・25	跡部大炊助勝資	〃	〃（武田に忠信を励む）	彼口上～	新Ⅲ五六八頁三四〇二号
29	（〃）12・26	○跡部尾張守奉之	大橋他10名	朱印状（本領安堵）		新Ⅲ五六五頁三三九四号

30	（〃）12・26	○　〃	小中彦兵衛尉	〃（知行宛行）		新Ⅲ五六六頁　三三九五号
31	（天正8カ）3・6	勝頼（花押）	〃	書状（最前参陣感入候）	跡部尾張守（勝資）	新Ⅲ二九二頁　二八六五号
32	（天正8）3・6	〃	吉江民部少輔（長淳）	宛行状写（越後錯乱之刻、最善被属当幕下）	釣閑斎（長坂光堅）	信・一四・五〇〇頁
33	（〃カ）3・21	（跡部）勝資（花押）	新発田尾張守（長淳）	書状（当方過半在陣のため音信不通）		新Ⅰ三六一頁　五六八号
34	（〃カ）3・28	勝頼（花押）	上杉弾正少弼（景勝）	〃（〃）	説与彼口上～	新Ⅰ四六四頁　七五五号
35	（〃）卯・8	〃（〃）	専柳斎（山崎秀仙）	〃（奥郡御出陣～）		新Ⅰ三一二頁　四八九号
36	（〃）〃	〃（〃）	上杉（景勝）	〃（奥郡征討の状況を心配）	以使者可申～	新Ⅰ四〇五頁　六五三号
37	（〃カ）5・19	〃（〃）	〃（〃）	〃（〃）		新Ⅰ四〇六頁　六五五号
38	（〃）7・11	〃（〃）	〃（〃）	〃（栃尾・三条の仕置のことを尋ねる）	以使者可申～	新Ⅰ四〇二頁　六四七号
39	（〃カ）7・23	（小山田）信茂（花押）	春日山人々御中	〃（貴国静謐かを尋ねる）		新Ⅰ四九二頁　七二三号

40	(〃カ)7・24	勝頼(花押)	上杉(景勝)	〃(越州口を心配している)	以使可申合～	新Ⅰ四六四頁 七五六号
41	(〃)8・6	大膳大夫勝頼(花押)	〃(〃)	〃(三条仕置を称讃)		新Ⅰ四六五頁 七五八号
42	(〃)10・9	(朱印)(勝頼)	北条安芸入道(高広)	覚(越国本領之事)他二条		新Ⅲ五六五頁 三三九二号
43	(〃)10・12	勝頼(花押)	上杉(景勝)	書状(関東出陣を報ず)	従甲府可申～	新Ⅰ四〇二頁 六四六号
44	(天正9)3・12	〃(〃)	〃(〃)	〃(越中出陣を尋ねる)	以使者可申～	新Ⅰ四〇五頁 六五四号
45	(〃)5・17	小山田出羽守信茂(花押)	春日山人々御中	〃(〃)		新Ⅰ四四二頁 七二二号
46	(〃)5・17	(勝頼)(朱印)	春日山	覚(条書)9条		新Ⅰ四四五頁 七二八号
47	(〃)5・17	勝頼(花押)	上杉(景勝)	書状(露芽二箱贈る)		新Ⅰ四〇三頁 六四九号
48	(〃)5・25	〃(〃)	上杉弾正少弼(景勝)	〃(遠州表之備任存分～)	小山田(信茂)	新Ⅰ四六五頁 七五七号
49	(〃)8・12	(跡部)跡尾勝資(花押)(長坂)釣閑斎光堅(花押)	専柳斎(山崎秀仙)	〃(長井丹波守着府～)		新Ⅰ三一二頁 四九〇号

50	(〃)11・10	勝頼(〃)	上杉(景勝)	〃(新府築城の祝詞くる)	以使者可申～	新Ⅰ四〇八頁 六六〇号
51	(〃)11・22	〃(〃)	〃(〃)	〃(笠原憲定降伏を伝える)		新Ⅰ四〇四頁 六五二号
52	(〃)12・26	〃(〃)	〃(〃)	〃(豆州から帰国を伝える)		新Ⅰ四五〇頁 七三四号
53	(天正10)2・20	〃(〃)	〃(〃)	〃(木曽逆心により援兵要請)		新Ⅰ四〇三頁 六五〇号
54	(年未詳)正・15	大膳大夫勝頼	〃(〃)	〃(青陽之御慶～)	新田但馬守	新Ⅲ二九二頁 二八六四号
55	(〃)2・6	〃	〃(〃)	〃(歳暮として小袖を贈られる)	以使者可申～	新Ⅰ四〇八頁 六六一号
56	(〃)2・	(武田)信綱(花押)	〃(〃)	〃(改年之御慶～)		新Ⅰ四一六頁 六七八号
57	(〃)6・3	勝頼(花押)	〃(〃)	〃(上口之儀～)		新Ⅰ四〇七頁 六五九号

第三章　戦国大名甲斐武田氏の「訴訟」をめぐって

はじめに

近年の戦国大名研究の進展には目覚しいものがあり、そのことは『戦国大名論集』全一八巻の刊行によって知られる。(1) 戦国大名研究は家臣団編成・検地・分国法と問題は多岐にわたるが、研究の視角としては、戦国大名の権力構造・領国支配の解明にある。この点を検討する場合、大名領国下の訴訟制度をみることが有効な方法の一つと考えるが、真正面からこの問題に取り組んだ研究は必ずしも多いとはいえない。池享氏は、大名領国制の構造の中心は裁判と軍事指揮とに求められるとし、裁判権について矢田俊文氏の大名裁判権は室町期の守護が有していた権限を継承したもので、個別領主の「第一次裁判権」を前提とする二次的なものに過ぎないとする見解に対して、「本質を転倒させた形式論」と批判し、「大名裁判権は、この時期(戦国期―須藤註)に守護裁判権の権限を越えて、その重要性・実効性を増すのである」と述べている。(2) さらに池氏は、「個別領主がなんらかの裁判権を有するのは、在地領主制下では当然であり、問題の核心は、何故個別領主では裁判が完結しえず上訴に持ち込まれ、個別領主も大名裁判権に従うのかにある」と問題解決の視角を提示したが、傾聴すべき見解であろう。(3)

戦国大名の訴訟制度について東国では、中丸和伯氏(4)・小和田哲男氏(5)・山室恭子氏(6)・伊藤一美氏(7)らの後北条氏虎印判状の分析、下村效氏(8)・有光友学氏(9)らの今川氏を対象とした検地における訴訟の考察などがみられるが、とりわけ後北条氏についてはその裁許虎印判状が多数残存しており、実態を明らかにすることが可能である。

ところで、武田氏に関しては、領国統治の規範となる分国法『甲州法度之次第』（以下『甲州法度』と略す）が知られているが、後北条氏などと違い訴訟過程を明らかにする史料が極めて乏しく、その実態を把握することは困難である。

そのためこの方面の研究はけっして豊富とは言い難く、『甲州法度』に関しても柴辻俊六氏が触れられている程度にすぎない(10)。

本章は、『甲州法度』の研究同様、本格的な考察がみられない武田氏の訴訟制について、「訴訟」文言のみえる史料に検討を加え、その実態を少しでも明らかにしようとするものである。

一　『甲州法度』にみえる「訴訟」

まず『甲州法度』にみえる「訴訟」に関する条文を引用する(11)。

一、（第二条）公事出㆓沙汰場㆒之以後、奉行人外不㆑可㆑致㆓披露㆒、況於㆓着之儀㆒哉、若又未㆑出㆓沙汰場㆒以前、雖㆓奉行人外㆒不㆑及㆑禁㆑之歟、付為㆓壱人㆒申事、一切不㆑可㆑有㆑之、

一、（第二十七条）閣㆓本奏者㆒就㆓別人㆒企㆓訴訟㆒又望㆓他之寄子㆒之条奸濫之至也、自今以後可㆓停止㆒之旨、具以載㆓先条㆒畢、

第二条によれば、訴訟は奉行人に対してのみ披露せよと奉行人への取り継ぎを明示している。第二十七条では直訴訟を禁じており、寄子の訴訟は奏者を通して行うのを「勿論」とし、本奏者を指し置いて別人について訴訟を企てる

ことを禁じている。(12) このことは柴辻氏が天正五年（一五七七）壬七月二十二日付誓願寺宛跡部勝資書状に「御訴訟之趣（中略）某奏者之事候間、涯分申合可レ致二馳走一候」(13) とあることや、天正五年十一月二十五日付武田家朱印状で、「大祝殿御訴訟候之間、如二御料所一無二異儀一網可レ為レ引之由」を網渡御奉行衆に発していることなど(14)から訴訟の手続きは奉行人の披露によるとされているので(15)、その実行が立証される。

ところで、この奏者に関して林貞夫氏は、『貞永式目』や『長宗我部元親百箇条』の奉行人に相当し、江戸時代の公事師、明治時代初期の代言人、現代の弁護士制度に連続すると評価し(16)、また第二条の「公事」は刑事訴訟、第二十四条、第二十七条、第二十八条の「訴訟」は民事訴訟、そして当事者にかわって一切の訴訟手続を代行する法的機関を「公事」の場合は「奉行人」、「訴訟」の場合は「奏者」と区別するとされている。(17) 確かに奏者制は有力家臣による訴訟取次制度ではあるが、それほど単純なものではなく、下村效氏が今川氏の事例で実証されているように、訴訟取次者としての奏者が、新しい家臣統制原理に立つ寄親寄子制に吸収・改編され、奏者の呼称は遺制として残ったものと考えてよい。(18) 林氏の論の根底には「法度の民主制」が深く根ざしているが(19)、やはり『甲州法度』の制定は大名権力による法秩序の維持にあったと考える。この林説には、『甲州法度』の立法者を山本勘助と断定するなど(20)歴史事実として認定しがたい内容が含まれているが、『信玄法度の発掘』など精力的な研究があり(21)、この林氏の論考に対して歴史研究者の側からの本格的な批判はみられないようである。しかし法制史の立場から問題をなげかけられた以上、歴史学の立場からももっと真剣に応じる必要があるのではないだろうかと考える。

二　古文書にみえる「訴訟」

それでは次に、実際武田氏の古文書にあらわれる「訴訟」についてみていくことにする。

1　裁判としての「訴訟」

まず、相論文書の検討から入ろう。

〔史料1〕曽禰虎長・原昌胤連署判物

　信州下伊奈川野之郷田地問答御下知之次第

一、従宮下新左衛門所、藤四郎去年辛酉・壬戌（永禄四・五年）両年米銭借用依無紛、藤四郎名田之内七百五十文之所、其方請取作仕来之処ニ、彼借物不相済、去年彼田地以強儀藤四郎取放候事、背国法候之条、為其過怠、来丁夘（永禄十年）一歳右之田地相計、翌戊辰（永禄十一年）之正月藤四郎方へ可返置之事、

一、孫左衛門田地之御年貢未進、其方御代官衆へ弁済、剰以証状自孫左衛門方七百五十文之田地永代請取之上者、於于自今以後可相計之事、

　以上、

丙寅（永禄九年）　　曽禰

　　虎長（花押）

原隼人佑
昌胤（花押）

宮下新左衛門(22)

この史料は質地である下伊奈郡川野郷（現下伊那郡豊丘村川野）の田地をめぐって在地の宮下新左衛門と藤四郎との間で争論となり、武田氏家臣である曽禰虎長と原隼人佑昌胤が武田家の裁許を申し渡したものである。「国法」に背いたということで新左衛門へ借物を返還するよう裁決されたが、年貢を代官に弁済するよう命じられているから、武田氏の直轄領であった可能性が高い。曽禰虎長は中務大輔を称しており(23)、その一族は信玄・勝頼二代の奉行人として活躍した曽禰下野守昌世をはじめ武田家中にあって重きをなしていた。また原昌胤も加賀守昌俊の子で信玄・勝頼二代に仕え、奉行を務めた重臣である。

やはり下伊那郡における在地争論を次にみよう。

〔史料2〕山川家喜・駒井孫次郎家友連署判物

下伊奈赤須之郷与同菅沼、川幷草間問答御下知之次第

一、問答之草間三分一、赤須三分仁菅沼江被付候事、
一、本川之事、自今以後何之領分江成共、流次第ニ可相計事、
一、右之草間三分二、菅沼へ被付候境へ、従菅沼之岸以尺杖相積分量、書載、川之画図、双方へ可被相渡候事、
一、当意川之境、曽掃・吉八彼昼図《（画カ）》ニ居判之事、
一、両使帰参候砌、彼昼図一ッ、為御披見可有持参之事、
以上、

山川三郎兵衛尉
　　家喜（花押）
駒井孫次郎
　　家友（花押）

（永禄六年）
癸亥
　八月九日
　　赤須殿[24]

これは永禄六年（一五六三）、赤須郷（長野県駒ヶ根市）が天竜川対岸の菅沼（駒ヶ根市）と川と草間に関して相論となったため、山川家喜・駒井家友の判物を得たものである。それ以前の永禄三年四月二十八日にも赤須衆は上穂地下衆と相論を起こしており、片桐為成・飯島大和守為定が裁定を下している片桐為成・飯島為定裁許状案がある。[25]この裁定者の片桐・飯島の両名は、現在の駒ヶ根市の南部に地名として残っており、片桐氏は嘉暦四年（一三二九）に諏訪上社造営の外垣七間の課役を務め、天正七年（一五七九）二月の諏訪上社造営の外垣七間の課役を負担している。そして、天正壬午甲信将士起請文にも「片桐衆」「飯島衆」の名がみえる。[26]この片桐為成・飯島為定裁許状案は一見武田氏の関与が認められないように感じられるが、片桐・飯島両氏は伊那の土豪である一方、永禄十年の下之郷起請文[27]の中に、片桐昌為・飯島為方・飯島為政・片桐為房の名がみえ、さらに飯島出雲守重綱・同名志摩守安助らその一族が信玄の弟武田信繁の子信豊の同心衆に列しており、信繁の存命中にも諏訪に出仕してその被官になっていたものがいることなどから、やはり武田氏の影響があったものと考える。

さて史料2にもどる。指出人の山川三郎兵衛尉家喜については詳らかにできないが、駒井孫次郎家友は『高白斎記』で著名な駒井氏の一族である。文中で居判を加えたとある「吉八」は、大井上野介信常の次男吉田八郎九郎信家、[28]「曽掃」は（年未詳）八月八日付安中左近大夫景繁宛の人質に関する内容の武田晴信書状に、「猶曽禰掃部助可レ申候」とみえ、[29]前述した曽禰虎長らの一族であり、[30]ともに武田氏家臣である。この史料2から下地相論の解決方法として「以㆓尺杖㆒相㆓積分量㆒」とあるように、丈量が実施されている。すなわち武田氏家臣の吉田信家と曽禰掃部助の両名が、信玄の検使として当地へ下向し、丈量を行ったうえで中分し、川の図面に両名が判を据えて赤須・菅沼の双方へわたしているのである。そして第五条目にあるごとく、両使（吉田信家・曽禰掃部助）が甲府に帰るにあたって図面の写を一部、信玄に「為㆓御披見㆒」め持ち帰っていることがわかる。したがって史料2も武田氏の関与がみられる。在地の紛争は在地によって解決されることもあるが、武田氏の領国支配の原則は、こういった事件を契機に在地に強力に介入していき、その支配を強化することにあったのである。

　次に天正二年八月十日付保科八郎左衛門尉宛の「板山孫左衛門尉并玉泉坊与其方田地問答御下知之次第」とある栗原信盛・原隼人佑昌胤の連署判物をみていきたい[31]。

　板山孫左衛門尉から保科八郎左衛門尉が「板山御恩地拾壱貫余之所」を永禄十二年に買得した時、五〇〇〇文分の隠居分を「板山一世中」は保有を認めているので、異議があってはならない。ところがその五〇〇〇文の地には、実際は六五〇〇文あり、よって五〇〇〇文は板山、増分の一五〇〇文は「孫左衛門尉不㆑可㆑有㆑綺」とした。板山はその隠居分五〇〇〇文の地を玉泉坊に売り渡している。その年貢は保科が玉泉坊に弁済せよ、ただし板山死後は保科が請け取ることなどが裁決の内容である。これは『甲州法度』第一二条の恩地沽却禁止に関するもので、八ヶ条にわたって板山が売却した恩地について詳細に裁定を下したものであった。そして最後に保科の希望に任せて「御沙汰帳」（勝頼の裁決を記したものか）を書き写して渡している。柴辻氏は「御沙汰帳」を訴訟に関しての判例集のようなものにも解釈できるとし、「訴訟への裁許にはあらかじめ『甲州法度』に基づいた「沙汰帳」が用意されていたということになる」とされているが、[32]いかがなものであろうか。

さて指出人の栗原信盛は、左衛門尉、入道して連斎といい、（天正九年）九月三日付駿河国多門坊宛の書状がある。(33) 栗原氏は武田信成の息子栗原七郎武続を始祖とし、甲州では武田信虎と対立する大井・今井氏などと並ぶ有力土豪の家であった。原昌胤は前述のように武田家の重臣である。

〔史料3〕安西有味・今福昌常連署証文写

（諏訪郡）富岡・芹ヶ沢山問答の事は、（天正四年）丙子已前之如く左右方可為支配之間、被仰出之事は、両角内記立候境之儀取捨へく候、為其自両人手形遣し候、以上、

（天正六年）戊寅三月二十一日　（安西平左衛門）安平　有味判

（今福新左衛門）今新　昌常判

両角孫左衛門殿(34)

この史料は諏訪郡の富岡と芹ヶ沢郷の山野堺相論に関して、「丙子已前の如く左右方可レ為二支配一」(35)しと中分裁定をしており、左右中分の原則を規定した『甲州法度』第八条が適用されている。安西平左衛門有味と今福新右衛門尉昌常(36)はともに勝頼の近臣である。

史料3と同じ室住孫左衛門宛の（天正六年）三月二十一日付漆戸左京進虎光・飯室内蔵助善忠連署手形があるが、これは「監物屋敷之内問答」について裁許したものである。(37) 署判者の漆戸左京進虎光は、『国志』巻之百十、士庶部第九によれば、「漆戸左京亮漆戸村　軍鑑ニ使番十二人衆ナリ、永禄八年六月二之宮修造記ニ漆戸主水佐虎光花押アリ、本村ニ由ル氏ナルベシ」とある人物で、(38) 飯室氏は不詳であるが、浅利氏の一族であるといわれ、「天正壬午年甲信将

士起請文」には、近習物頭衆として飯室庄左衛門・同与左衛門らがみえ、漆戸・飯室両名とも武田氏家臣であることは明らかである。

次に給人と寺社との相論の例として、一蓮寺についてみておきたい。天正四年三月十六日付一蓮寺宛武田家朱印状では、「軸屋跡職」に付属する田畠資財などは「聊不レ可レ有二御相違一」としているが、「今度清水新居（甲府市）之田地、工藤弥八郎与問答被二聞召届一、任二歴然之道理一、被レ附二軸屋名田一上者、向後不レ可レ有二他之綺一」と裁定を下している(39)。

諏訪大社に関する史料を検討する。天正二年極月三日付の武田家朱印状によると(40)、大祝殿代官職を望んだので諏訪大社上社神長官の守矢信真の言上の趣を勝頼に上申したところ、安堵したものであるが、さらに参籠の座次（座順）を「殊於二後代一者其方可レ為二上座一候」としている。年未詳ではあるが、この問題と関係すると思われる史料が次に掲げるものである(41)。

〔史料4〕某目安状案

御目安

一、□〔御カ〕上意趣者、当社（諏訪社）大明神并前宮之夏参、先代禰宜職ニ而御座候処、○神長官与相論故、一節我等三人御加、以輪番、為御代官社参申由、去甲戌（天正二年）年被　仰出候御上候間、不及菟角、三ヶ年中厳密日参致勤仕候事、

一、従往古相定候他職、争至末代我等勤可申候哉、吴於御祈禱等者、縦如何様大切趣御下知候共、可為御指図儘候事、

一、国家安全、御武運長久、猶更　御出馬之砌御祈禱、惣而五人一同雖申上候、我等其御濊（感、下同ジ）無之候、剰於座敷等茂、従先季末座罷成迷惑候事、

右三ヶ条、被為聞召分、任御先例御下知候者、弥御神慮○御濾応可為深重候、以上、

この文書は後欠で差出、宛所もないが、差出者はおそらく諏訪上社禰宜大夫らの連署かなにかであったろう。文中第一条では、天正二年より禰宜大夫ほか二人も夏参の輪番に加えることとあることから、前述の天正二年極月三日付の武田家朱印状に関係するものと思われる。そして国家安全・武運長久、出陣の際の祈禱を「五人一同」で申し上げているのに認められず、座敷のことも「従二先季一末座罷成迷惑」しているとあるのも、前述の武田家朱印状にある「従二上古一在来之儀、争可レ致二替改一哉、殊於二 後代一者其方可レ為二上座一候」とあるのと通じる。すなわちこの文書は、武田に提出した目安（訴状）の案文（下書き）あるいは写と考えられよう。

元亀三年九月十一日付の駿河浅間神社の社人衆宛武田家朱印状によれば、[42] 富士大宮浅間神社の祭礼供用雑用銭などを旧規のように駿河国中の諸地頭へ賦課したものであるが、難渋するものがあったならば、「早可レ被レ及二注進一、双方之口説被二聞召届一、就二于理非一、可レ被レ成二御下知一」しとあり、地頭側の難渋があった場合、一応双方の言い分を聞く姿勢が明示されている。天正六年十二月二十三日付西山十右衛門尉・鷹野喜兵衛尉宛武田家朱印状写によれば、元亀三年以来諸地頭の難渋は始まったとあるのが、[43] 状況を知るうえで参考になる。また、天正五年九月十八日付村岡大夫宛の武田家朱印状によれば、「今度問答之地、浅間領歴然之由候之間、自今以後不レ可レ有二御相違一候」とあり、駿府浅間神社領をめぐって訴訟が行われ、裁許が下っている。[44]

次に訴訟手続きについて少しみておきたいが、左にあげる史料は支城領の事例である。

〔史料5〕南方久吉契状案

一、就小野二之宮造営之儀、山内（高井郡）上そ（す）げ之郷之造営、其方与問答申候之処ニ、幸今度安倍（勝宝）加賀守殿海津（埴科郡）へ為御番

手御越候条、則披露申、其上御同心ニ候上伊奈樋口源八郎殿・同名作左衛門尉殿、彼問答之所、双方へ被成御意見候、其模様落着之儀ハ、当夘之年(天正七年)壱宮之儀計ハ、某彼造宮取申候、去又七年過とりの年(天正十三年)より至于末代、そ(す)げ之郷之造宮、其方御取可有之候、其上可(か)様相済候上之儀ハ、此已前も又向後も、た可(か)い尓(に)就造宮之儀、中所少も申間敷候、右条々、御両所御あつ可いニ候間、如此相済候、為後日手形進之候、仍如件、

天正七年つちのと卯
　三月四日

南方備前守
　久吉（花押）

小祝
同名弥右衛門尉（花押）
同名別当（花押）

介之宮ノ
　熊井右馬丞殿(45)
　参

これは南方久吉が熊井右馬丞と小野神社造営銭について相論をし、久吉が右馬丞にこの契状を送って、相互の取分を定め、和談したものである。ところで注目したいのは、双方が相論になった時、「幸今度安倍加賀守(勝宝)殿海津へ為㆓御番手㆒御越候条、則披露申」したとの記述である。訴訟を受けた安倍勝宝は同心の樋口源八郎と同名作左衛門の両名（二人とも伊那出身の武士）を下して調査させ、南方・熊井の両者を仲裁、当年の造宮銭は南方久吉がとり、七年後の天正十三年からのすげ之郷の造宮銭は熊井右馬丞が取ることとしている。(46)

この史料から、各支城領の在地で起きた紛争は、まずその地域の統轄・支配を委任された支城の支城主・番手衆によって裁許あるいは解決されたものと考えられる。そしてここで裁許しきれない訴訟・紛争、または諸問題を上級権

力であり、在地の紛争当事者にとっては最高の保障機関である大名権力、すなわち武田氏に委ねられていくものと思われる。

この支城主の問題に関連して、次に掲げる春日虎綱書状案を検討する。[47]

〔史料6〕春日虎綱書状案

須田方与山田左京亮知行就相論之儀、仕形存分、以代官可被申上由、御書謹而奉頂戴、即申届候処、於于本領者雖無紛候近年之様体無覚速（束）候条、不及披露可指置由被存候、山田方被為帰郷尤存候、此旨御披露所仰候、恐々謹言、

春弾
虎綱

（永禄十年カ）卯月二日

原隼（昌胤）御宿所

まず文中の登場人物について、須田氏は信濃国人井上氏の一支族で、武田氏に被官化し、現在の長野県須坂市近辺に割拠した国人、山田左京亮については詳しいことはわからないが、近隣の土豪であろう。春日弾正忠虎綱は海津城将で武田家重臣（一般には高坂弾正昌信という）、原隼人佑昌胤も武田家の重臣で竜朱印状の奉者もしている。この史料は海津に在城し、北信濃の警固と支配にあたっていた春日弾正忠虎綱が、甲府に在府して武田家の政務にあたっていた原昌胤に送った書状である。須田と山田の相論のことについて使者を遣して武田信玄に伝達したところ、代官をもって現地の状況を調査させ、その状況を報告するよう「御書謹而奉二頂戴一」ったので、早速報告した。そこで本領であったならば「無レ紛」、しかし「近年之様体無二覚速（束）一」とあるように、近年の在地の状況は把握できないので、「不レ及二披露一可二指置一」しと支城主の虎綱に委任したのである。よって虎綱は山田方を帰郷させることとし、「此旨

御披露所ㇾ仰」と原昌胤に申し送ったのである。北信濃のような国境の支配地は、新開発地や錯綜した売買地・寄進地があり、こういった所領をめぐる紛争は日常茶飯事であったと想像される。春日弾正忠は、永禄九年十月二十八日付で山田左京亮に対して、他人の山林竹木の伐採を禁止して、保護を加えている[48]。

ところで、史料6の春日虎綱書状案に関して『信濃史料』の編者は、「春日虎綱、原昌胤ヲシテ、須田某ト山田左京亮トノ知行ノ相論ヲ沙汰セシム」とあり、春日虎綱が甲府にいて、武田信玄の意を受けて、北信濃にいる原昌胤に伝達したように解釈しているようである。しかし、述べてきたように、筆者は別の解釈をしてみた。すなわち、虎綱は海津に在城して北信濃の経営にあたっており、また原昌胤は甲府にあって信玄の側近に仕え、政務を行っており、史料6は昌胤からの伝達に対して虎綱が返書を認めたもので、訴訟は一旦甲府に報告の上、細部は現地の支城主（城代）に任されていたことがわかる、貴重な史料と考えるのである。

支城主と同様なものには、郡内小山田氏があげられる[49]。

小山田氏に関しては、すでに柴辻俊六氏[50]をはじめ多くの研究蓄積がみられるが[51]、大きな論点の一つに矢田俊文氏[52]が提唱した、小山田氏は単に武田領国の支城主ではなく、武田氏権力と同等の権力機構をもった戦国期領主と位置づける説と、柴辻氏の小山田氏の郡内領支配を武田領国体制内での限定された権力という説との二つがあり、その権力の評価をめぐって相反する意見が出されている。そのなかで、裁判権についても問題となっており、柴辻氏が在地側の武田氏への上訴権が認められていることを高く評価しているのに対して、矢田氏は小山田氏に第一次裁判権があり、武田氏には第二次裁判権しかなかったと、小山田氏の権力を高く評価しているのである。ここで、小山田氏の権力の性格について述べる余裕はないが、河内領の穴山氏で検討したように、筆者は基本的には柴辻氏と同じ立場に立っている[53]。

ここでは、小山田氏領に発給された武田氏の相論裁許の竜朱印状について触れておく。これは、天正元年十二月二十四日付小佐野越後守宛で、小佐野と井出権丞とが相論して、岡宮御神領の内一五貫五〇〇文の地は三十年におよび諏方部惣兵衛尉が所持していたが、軍役を勤めたので、「当時雖二俗領無レ紛候一、別而富士浅間御崇敬之間」、新寄進として勝頼が宛行っている。(54)

また、(年未詳)五月二十六日付小山田(信有カ)宛の有賀下野守勝慶・跡部又次郎昌辰連署書状によると、富士山御室浅間神社別当の小屋のことについて、浅間神社別当側が甲府へ言上のために参上してきたので、「仍両人談合申及二披露一候処ニ、則被二聞召届一、別当如二存分一被二仰出一」れたとある。(55)また(年未詳)三月七日付小山田宛飯富(のちの山県)昌景書状にも「依二室之別当一有二申事一、被レ致二参府一候、彼人存分令二披露一候処ニ被二聞召届一、自今以後、浅間江御納之諸物等、向後可レ為レ計二別当一之段、御意候」とあるのもその関係史料である。(56)

以上のように、郡内領の人々には甲府に参府して、直接訴訟することができるのであった。よって日常的な裁許や愁訴に対する承認は支城主である小山田氏の権限であるが、さらにそのうえには上級権力たる武田氏がいたのである。よって柴辻氏がすでに述べられているが、矢田氏の小山田氏の独立性を強調する説を速やかに承認することはできないのである。

ところで、駿河の北山本門寺と西山本門寺をめぐる興味深い史料があるので検討してみたい。(57)

〔史料7〕富士山本門寺申状案

謹申上条々

一、今度西山日春相構虚言、明々御上意於申掠、依令言上子細、為御奉行増山権衛門幷興国寺之奉行衆、以御印判寺内幷坊中門前迄押入、令闕所之事、

一、当寺従開山日興弟子日妙ニ本門寺本尊等授与、及三百年為顕然事、付タリ八通之置状ニ超過之証文相承等数通有之、
一、本門寺仏法之奉行本六人新六人、其中ニ目代八通之置状、是者惣門中披露之儀、但本六人之第三番目日秀阿闍梨之跡、幷本尊授与有之、然者何可為本門寺之上人哉、
一、日興帰寂以後、弟子中先義之法理評定之時、日代者本迹迷乱、師敵対故、従惣門中一同ニ擯出之、仍西山ニ引籠寺ぉ立、従近年末弟本門寺与名乗、返而誑惑之段、
　仍日代致迷乱後、嫡々□□□□□如之今改本門寺与名乗、謬之中為誤事、
先方今河之代、此条落着之旨、氏親之証判有之、当御代へ如前々御判形被下者也、右、此等之条々、早速御披露所仰候、以上、

天正九年辛巳　　　　　　　　　富士山
　三月廿八日　　　　　　　　　　本門寺
御奉行所

差出の北山本門寺は、富士北山重須の日蓮宗寺院で、六老僧の一人日興が永仁六年（一二九八）に建立したといわれている。日興寂後、日妙の法流と西山本門寺を開いた日代の法流に分裂し、室町時代には守護今川範政・氏親から寺領を与えられ隆盛を誇ったが[58]、戦国期には武田勝頼によって寺地を闕所とされ、西山本門寺を優遇したため、荒廃してしまったと『駿河志料』ではいわれている[59]。確かに今川氏の文書は一〇通を数えるが、武田氏からのものは天正二年九月十二日付武田勝頼の安堵判物が一通残存するのみである[60]。しかし、「寺中之規矩幷法度已下、如㆓今河義元・同氏真時㆒、自今以後茂、聊不㆑可㆑有㆓相違㆒」とあることから『駿河志料』の記述をそのまま信用することはできない。

これに対して、富士郡芝川町西山にある富士山西山本門寺は、日興の弟子日代が同門の日妙と不仲になって建立したもので、戦国期には、（年未詳）八月十六日付寂円入道宛日辰書状に「ふしハにしやまかほんにて御入候、日蓮大聖人、日興上人ちゃくちゃく《嫡々》と申」とあり(61)、北山本門寺に対抗して、日蓮―日興の正当な法脈は西山本門寺の側にあると主張している。西山本門寺には、永禄十二年七月五日付武田家高札、(62)天正元年十二月二十六日付武田勝頼禁制（判物）(63)、天正四年七月朔日付武田家朱印状（郷並の諸役を免許したもの）(64)と三通の武田氏からの古文書が現存しており、特に勝頼の禁制には、「駿州富士郡之内本門寺之儀、任レ于二開山日興之血脈一、自今以後、弥日代門下之仏法不レ可レ有二怠慢一之事」とあり、武田氏は北山本門寺よりも西山本門寺に厚い庇護を与えたようで、『駿河志料』の記述を裏書きするものといえるかもしれない。

宛所の「御奉行所」がどこを指すのか問題ではあるが、武田氏の奉行所と考えてよいだろう。それは第一条に、「為二御奉行一増山権衛門幷興国寺之奉行衆」とあり、前者は明らかにできないが、後者は興国寺の在番衆であろうから「奉行所」は武田氏のそれと考えるのである。

さて第一条では、西山本門寺の日春が虚言をもって武田氏の上意を申し掠めて、武田氏の奉行として増山権衛門と興国寺の在城衆が武田家の朱印状によって寺内ならびに坊中・門前まで押し入って、これを闕所にしてしまったこと、第二条では北山本門寺は開山日興よりその弟子日妙に本門寺本尊などを授与されて以来、三百年に及んでいること、第四条では、日興没後、「弟子中先義之法理評定之時」に日代は師日興に敵対したとの理由で、惣門中よりしりぞけられたが、日代は西山に移って一寺を建立し、その弟子が最近本門寺と名乗っているので迷惑していることとあり、最後にこの問題は今川氏の頃にすでに落着しており、証拠として今川氏親の判物もあるので、武田氏にも前代同様に安堵の判物を下されるよう願い出ているのである。

ついで同年六月日付で奉行所に宛て、本門寺日殿が七ヶ条にわたって言上しているが[65]、第一条では、三月十七日、西山本門寺の意見を聞いた増山権右衛門尉と興国寺の在城衆および西山衆が北山に入り、門前を闕所にしてしまったが、北山の門徒は武田氏の上意を恐れて、「不㆑及㆓是非㆒任㆓彼等雅意㆒」せたが、日殿は武田氏に直に訴訟すべく甲府にやって来て滞在していること、第二条では日蓮・日興の御筆書を保管すること二百五十有余年に及ぶのに対して、西山本門寺には、「剰無㆓日代授与之裏書㆒」いことを日殿は言上したが、そのことは、武田氏の奉行人の一人でもある重臣曽禰下野守昌世(この頃興国寺に在城していたこともあったらしい)も承知していること、第三条では、西山には日代に本門寺を授与した証拠はないこと、第四条では、日代の門派は富士日興門流より義絶されたこと、第五条では、日代は日興より日秀の遺跡を相続したが、「法理違背」したため取り消されたこと、第六条では、日代自身が日興が本門寺を日妙に譲った証拠として、その証文を書写している事実があり、「争可㆑及㆓異論㆒」きではない、この証文を勝頼の「被㆑遂㆓高覧㆒」るように提出すること、第七条では、あくまでも北山本門寺の正統性を主張し、西山本門寺の訴えは「第一御国法違背之罪科」であることを書き立てている。そしてその正統性に疑問があったならば、「富士門派之諸寺ニ被㆑成㆓御尋㆒」ることを請い、「預㆓本門寺安堵之御下知㆒者、可㆓忝畏入存㆒者也」とその文章を結んでいる。さらに、同年林鐘十三日付で日殿は、再び奉行所に対して申状を送っており[66]、「正㆓西山日春非拠競望謀計之梟悪㆒」すことを目的に証拠文書三通を提出している。内容は前述の二通の申状と大差ないもので、西山側の謀計を排除して、「一宗之根源、諸門之最頂、天延奏聞之遺跡」たる本門寺の安堵を申請したものである。

以上三通の史料から西山と北山の二派にわかれた本門寺が、その正統性をめぐって武田の奉行所へ訴訟を繰り返していたことが読みとれよう。しかし、この相論に関する史料はその後みえなくなり、どのように決着がついたのかは明らかにできない。この半年後の天正十年三月、武田氏は滅亡した。

以上数少ない史料から訴訟の実態について考えてみたが、次節では愁訴という意味での訴訟について若干考察してみたい。

2　愁訴としての「訴訟」

本題に入る前に、ここで使う「愁訴」という言葉について定義づけておこう。

「愁訴」とは、辞典類では、「情実をあかして嘆き訴えること」（『広辞苑』）とあるが、ここでは、通常の裁判としての訴訟を指すのではなく、訴人と論人がおらず、ある一方がある事柄について、訴えてきた場合を指す言葉と考えることにする。

まず、知行改替に関する史料をみよう。

〔史料8〕武田家朱印状

定

岩船（高井郡）之郷七拾貫文、当納三拾俵之所、上表ニ付而、被任御訴訟、夜交（高井郡）之内山脇分廿貫、当所務弐十八俵之所、為右之御改替、被下置之由、被　仰出者也、仍如件、

天正八年庚辰　　　土屋右衛門尉奉之

壬三月廿三日（龍朱印）

夜交左近丞殿(67)

これは、北信濃の夜交（世間瀬とも）左近丞の訴訟によって改替の地として夜交の内山脇分二〇貫文を宛行ったもの

である。同年九月三日付大滝和泉守・夜交左近丞・大滝土佐守ほか宛の尾崎重元判物写によると、おのおのの当納分の改替について甲府の勝頼へ願い出たところ、蔵方(直轄領)の内から宛行うとの返事が来たが、さらにその員数を訴訟した。すると「幸(達脱カ)　上聞候、弥押付、代官・蔵方等之書立引合、可二相渡一之由被二　仰出一」ている。[68]

元亀四年八月十四日付駿河志太郡の東光寺宛武田家朱印状では、「東光寺為二御訴訟一長々在府候之条、被レ遂二御糺明一候」ところ先の御判で海賊衆に宛行っているので、「於二遠州一相当之寺家被二聞届一可レ有二披露一候」、その上で必ず渡すようにと仰せ出されたとある。[69]

また(永禄九年)十二月二十八日付おおし内蔵丞宛の某朱印状では、[70]上伊那郡小野郷(現上伊那郡辰野町大字小野)にある矢(弥)彦神社(大字小野矢彦沢)の造営料を得るために関所設置に関して、矢彦神社の社人が甲府へ「御目安」を捧げたので、旧規によって異儀なき旨を下知したものである。この史料は文書の内容から武田家あるいはそれに近い人物の朱印状と推定できよう。このように不都合や要望があった時は、目安をもって訴えることができたのである。ここにみえる目安と同じ意味に使われているものに、永禄十三年(一五七〇)卯月二十日付小井弓越前・山中藤助宛武田家朱印状にみえる「解状」があげられる。[71]これは諏訪大社上社神長官守矢信真が、小井弓越前と山中藤助の両名が上社の御左口神上下の用途銭等を懈怠したのを信玄に訴えたもので、信玄は「至二実儀一罪科不レ軽候者、如二旧規一早々可二弁償一、若有二難渋一者、可レ被レ加二御成敗一之旨、被二仰出一」れている。また天正三年(一五七五)十月十三日付法泉坊宛の武田家朱印状によると、「新長谷之観音堂」建立のため、「被レ任二御訴訟一屋敷被レ為二還附一」れている。[72]

愁訴としての訴訟は、「言上」というかたちでも文書にあらわれる。天正五年七月三日付上野の不動院宛の武田家朱印状に、年行事職である不動院が有する西上野の差配のうちで、「或背二国法一、或乱二山伏之法度一、至二自由一之輩者、早可レ有二言上一」しとあるのがその事例である。[73]

ほかに(天正八年)十一月二十八日付早川兵部助宛跡部勝資・市川元松の連署証文にも目安による訴えの内容を承認しているし、[74]また(天正九年カ)十二月十六日付長沢和泉守宛市川元松・安倍勝宝の連署証文では、去年より青柳の新宿を「御下知」によって立てたが、「外川之水彼宿へ通候之処ニ、被二相留一之由言上候、以二新儀一如レ此之擬御法度候之条、御陣御留守中先之通候而、於レ有二申所一者、御帰陣之上披露可レ被レ申候」と帰陣してから勝頼に披露するとある。[75]この二通の文書の差出者は跡部勝資ほか皆朱印を用いているが、これはあくまでも公印ではなく私印であり、花押の代用として使用されたことは柴辻氏によって述べられているところである。[76]よって内容からみても勝頼の意を奉じた奉書といえるものである。この史料は勝頼が不在のため甲府留守居役であろう元松・勝宝が返事したもので、訴訟は勝頼自身、または勝頼が在府している時に審議されるのが原則であると推測される。[77]

次に第一節で述べたことに関連して奏者について触れておく。

元亀四年九月二十三日付塩屋五郎右衛門尉宛武田家朱印状では、知行宛行について「跡部大炊助(勝資)頻御訴訟被レ申候之条、被二相渡一候」とあるように、[78]武田家重臣で勝頼の側近である跡部大炊助勝資の訴訟、後押しによって訴訟が成立している。天正二年十一月二十八日付本間和泉守宛武田家朱印状でも、「彼家督以二其方一可レ為二相続一之旨、小笠原弾正少弼(信興)訴訟候之間、御領掌候」とあり、[79]やはり奏者の役割を果している。(年未詳)十二月十一日付藁科安芸守宛市川昌広書状によると、本領を上表した替地申請を「訴訟」してきたので、奉公の功績によって宛行うことを約束するが、武田家朱印状を正式に下す必要があるけれども、昌広本人が、「火急之御使而駿州へ被二差遣一」れ甲府に不在である、よって来春を期して発行する旨を伝えている。[80]この史料から類推できるのは、市川昌広が武田家朱印状の奏者となってその発給にたずさわったのではないかということである。

そこで、天正六年十月十五日付池上清左衛門尉宛の武田家朱印状をみてみよう。[81]

〔史料9〕武田家朱印状

□定（獅子朱印）

太（大）方様へ年来別而致奉公之由、言上候之間、五貫文所下置候、弥御細工之御用不可致疎略之由、被　仰出者也、

仍如件、

天正六年戊寅

十月十五日　　跡部美作守（勝忠）奉之

小原丹後守（継忠）

池上清左衛門尉

大方様とは勝頼の祖母のことであるが、この朱印状は大方様に無足の奉公をした池上清左衛門に五貫文を宛行ったものである。これに関連した武田勝頼祖母の消息には、[82]「御屋形（勝頼）さまへ御わひ（詫）事御申、五くわん（貫）文の所申こい（請）くたさ（下）れ候、（中略）りやうしよ（領所）を□あとへ（跡部美作守）ミまさか、おはらたんこ（小原丹後守）へおほせつけ（仰付）、れんはん（連判）にてくたされ候」とあり、ここにでてくる連判状は史料9の朱印状であろうから、朱印状の奉者が奏者と一致することが推定できる。[83]この点は山室恭子氏が後北条氏の発給文書を検討されて、奉者と奏者は一致すると述べられていることと共通するものである。[84]

このほかにも「訴訟」をめぐる史料はみられるが、天正四年二月二十五日付小宮山丹後守宛の武田家朱印状では、人質の帰郷について訴訟があり、[85]天正三年十一月十九日付武田信豊宛勝頼判物写では、討死につき家督継承について訴訟があったことがみえる。[86]

おわりに

武田氏関係の古文書の中から「訴訟」に関するものを取り上げて考察を加えてみた。

まず、領国支配の基準として制定された『甲州法度』にみえる「訴訟」に関する条文から奏者制についてみた。その対象は給人・小領主層であった。ついで古文書にみえる「訴訟」について裁判としての「訴訟」と愁訴としての「訴訟」という二つの側面から考えてみた。すなわち両者を本章では広い意味で「訴訟」と捉え、大名領国における「訴訟」の二面性という点から、その実態を古文書に語らせたものである。

ただし、事例の検出に終始し、武田氏の訴訟制度はどうであったかという制度的な問題にまでは言及できなかった。この問題は武田氏の官僚機構の問題と大きく関連している。山室氏は後北条氏の場合を検討されて、奏者＝奉行ではなく、当事者の依頼を受けた奏者が奉者となるとし、奉書式印判状は申請によって奏者＝奉者が出した個別的なものであり、大名の意志のみによって出された直状式印判状とは違うと論じられているが、武田氏の場合はどうか検討が必要である。奉者・奉行・奏者については別稿を予定しているので、そのうえで改めて制度的な問題については考えてみたい。

註

（1）永原慶二監修『戦国大名論集』全一八巻（吉川弘文館、昭五八〜六一）。

（2）池享「大名領国制試論」（永原慶二・佐々木潤之介編『日本中世史研究の軌跡』東京大学出版会、昭六三）一五〇〜一五一頁。

(3) 同右一五一頁。

(4) 中丸和伯「後北条氏と虎印判状」(稲垣泰彦・永原慶二編『中世の社会と経済』東京大学出版会、昭三七)。

(5) 小和田哲男『小田原評定』(名著出版、昭五四)、同「後北条氏奉書式印判状と奉行人」(『神奈川県史研究』一四号、昭四七。のち同『後北条氏研究』吉川弘文館、昭五八、に収録)。

(6) 山室恭子「文書と真実・その懸隔への挑戦―戦国大名後北条氏を素材として―」(『史学雑誌』九〇編一〇号、昭五六。のち戦国大名論集八巻『後北条氏の研究』吉川弘文館、昭五八、に収録)。

(7) 伊藤一美「戦国大名後北条氏の「庭中」と「目安」」(『戦国史研究』九号、昭六〇)。

(8) 下村效「戦国大名今川氏の検地」(『国史学』七九号、昭四四。のち同『戦国・織豊期の社会と文化』吉川弘文館、昭五七、に収録)、同「有光友学氏今川検地論批判」(『日本史研究』一七〇号、昭五一。のち同『戦国・織豊期の社会と文化』に収録)。

(9) 有光友學「戦国大名今川氏の歴史的性格―とくに「公事検地」と小領主支配について―」(『日本史研究』一三八号、昭和四九)。

(10) 柴辻俊六「甲州法度の歴史的性格」(『戦国の兵士と農民』角川書店、昭五三。のち同『戦国大名領の研究―甲斐武田氏領の展開―』名著出版、昭和五六、に収録)。ほかに領国法秩序の在地での貫徹性という視点から同「戦国期の棟別役」(『日本史研究』一三四号、昭四八)、同「甲斐武田氏領の人返し法」(『甲斐路』二九号、昭五一)(ともに同『戦国大名領の研究』に収録)などがある。

(11) 『中世法制史料集　三巻　武家家法Ⅰ』(岩波書店、昭四〇)。

(12)『甲州法度』第二十八条にも「自分の訴訟」は直接披露せず、寄子の訴訟は奏者により、「寄子・親類・縁家類之披露」も禁じている。
(13)『静岡県史料』三巻六六頁。以下『静』と略す。
(14)「諏訪文書」『信濃史料』一四巻二一九頁。
(15)柴辻註(10)論文。
(16)林貞夫『まぼろしの信玄法度』(甲斐史杜、昭五四)二九頁。
(17)林貞夫「信玄法度に現われた奉行人と奏者について—わがくに弁護士制度の濫觴—」(前掲『まぼろしの信玄法度』所収)八一〜八二頁。
(18)下村效「「今川仮名目録」よりみた寄親寄子制」(『日本歴史』二五五号　昭四四。のち戦国大名論集一一巻『今川氏の研究』吉川弘文館、昭五九、に収録)。
(19)林註(16)著書三〇〜三一頁。
(20)同右一四〜一五頁。
(21)林貞夫『新修甲州法制史』全五巻(中央大学出版部)、『まぼろしの信玄法度』、『信玄法度の発掘』(百年社、昭五五)など。
(22)『信濃史料』一三巻五二頁。以下『信』と略す。
(23)『甲斐国志』巻之九十七、人物部六(佐藤八郎ほか校訂、雄山閣出版本四巻一一六頁)。以下『国志』と略す。
(24)『信』一二巻四五七頁。
(25)『信』一二巻二九二頁。
(26)甲斐叢書刊行会編『甲斐叢書』八巻(第一書房、昭四九)所収。

(27)『信』一三巻一一七・一二四・一五一・一七二頁など。
(28)『国志』巻之百十四、士庶部第十三「吉田左近助信生」の項(四巻三六二頁)。
(29)柴辻俊六・荻野三七彦編『新編甲州古文書』一巻(角川書店、昭四一)五九五号。以下『甲』と略す。『群馬県史 資料編七』中世3(昭六一)二三三三号にもみえる。以下『群』と略す。
(30)『国志』巻之九十七、人物部第六「曽根三河守昌長」の項(四巻一一六頁)には、「大工村天神ノ棟札ニ大永二年壬午霜月二日、時代官曽根三河守昌長・同妻女・息掃部助□長・同□□□□□」とある。
(31)『信』一四巻一六頁。
(32)柴辻註(10)「甲州法度の歴史的性格」八五頁。
(33)『静』二巻一八頁。
(34)『信』一四巻三〇八頁。
(35)『国志』巻之九十八、人物部第七(四巻一五二頁)。
(36)『国志』巻之九十八、人物部第七(四巻一四六頁)。
(37)『信』一四巻三〇八～三一〇頁。
(38)『国志』巻之九十八、人物部第七(四巻三一九頁)。
(39)『甲』一巻一〇号。
(40)『信』一四巻七六頁。
(41)『信』一四巻七七頁。
(42)『静』二巻三〇五頁。

(43)『静』二巻二六〇頁。

(44)『静』三巻五〇三頁。

(45)『信』一四巻四四三頁。

(46)天正七年二月八日付矢彦之祝・同小祝弥右衛門尉宛武田家朱印状によれば、高井郡井上・須田・小布施等の郷村をして、小野神社の造営を勤仕せしめている(『信』一四巻四三三頁)。

(47)『信』補遺上巻四三〇頁。

(48)『信』補遺上巻四二九頁。

(49)小山田氏や穴山氏・木曽氏・真田氏は支城主としてよいが、春日虎綱や箕輪城の内藤昌豊などは城代といえても支城領主とは違った支配形態と考えられ、個々の詳細な検討が必要と思われる。この点は柴辻氏も「小山田氏の郡内領支配」(『郡内研究』二号、昭六三)二二～二三頁で指摘されている。

(50)柴辻俊六「国人領主小山田氏の武田氏被官化過程」(『古文書研究』九号、昭五〇。のち同『戦国大名領の研究』に収録)など。

(51)小峰裕美「小山田氏の郡内支配について」(『駒沢史学』二八号、昭五六)、笹本正治「武田氏と国境」(『甲府盆地―その歴史と地域性』雄山閣出版、昭五九)、堀内亨「武田氏の領国形成と小山田氏」(『富士吉田市史研究』三号、昭六三)など多数。

(52)矢田俊文「戦国期甲斐国の権力構造」(『日本史研究』二〇一号、昭五四。のち戦国大名論集一〇巻『武田氏の研究』に収録)。

(53)拙稿「武田親類衆穴山信君の河内領支配」(『国学院大学大学院紀要―文学研究科―』二〇輯、平一〈本書所収〉)など。

(54)『甲』三巻二一〇〇号。
(55)『甲』三巻二一〇七号。
(56)『甲』三巻二一〇四号。
(57)『静』二巻四二二～四二四頁。
(58)『静』二巻四一〇～四一八頁。
(59)『駿河志料』二巻（歴史図書社復刻、昭四四）。
(60)『静』二巻四二一頁。
(61)『静』二巻五三九～五四二頁。
(62)『静』二巻五四三頁。
(63)『静』二巻五四三～五四四頁。
(64)『静』二巻五四四～五四五頁。
(65)『静』二巻四二四～四二六頁。
(66)『静』二巻四二七～四二九頁。
(67)『信』一四巻五一〇頁。
(68)『信』一四巻五三一頁。
(69)『静』三巻七八〇頁。
(70)『信』一三巻五六頁。
(71)『信』一三巻三七五頁。

(72)『静』三巻二九五頁。
(73)『群』七五六頁二八七五号。
(74)『甲』一巻八八〇号。
(75)『甲』二巻一八〇六号。
(76)柴辻俊六「甲斐武田氏家臣の文書」(『歴史手帖』四巻七号、昭和五〇。のち同『戦国大名領の研究』に収録)。
(77)(年未詳)五月九日付長吏惣右衛門宛北条氏邦朱印状写には、「とやく《(砥役)》之事、先年之はんきやう《(判形)》いかん《(如何)》、鉢形帰城之上、糺明をとけ、申つけつく候、然者、無二御帰城一間之事者、彼印判をさきとして、藤田御領中之事、とかく可レ取レ之」とあり、「帰城之上可二申付一」としているのが参考になる。
(78)『甲』二巻一八五六号。
(79)『静』四巻三二八頁。
(80)『静』三巻六三〇頁。
(81)『信』一四巻三七二～三七三頁。
(82)同右。
(83)山室註(6)論文。
(84)(年未詳)霜月二十四日付須津御印判衆宛姓未詳森三証文に「此方へ御訴訟候、殊ニ以二上意一自二跡美《(跡部勝忠)》一手形文言有二分別一」とある(『吉原市史』五五〇頁)。
(85)『群』七四三頁二八三八号。
(86)『信』一四巻一一八～一一九頁。

第四章　武田信虎の信仰と宗教政策

はじめに

戦国大名武田信玄登場の基盤を築いたのは、他ならぬ父信虎であった。後に信玄は父を国外に追放することになるが、信虎は甲斐国内の内乱を平定し、信濃へと出兵するようになる。信虎に関する史料は少なく、よってその信仰や宗教政策を明らかにすることは困難であるが、残された史料の中からこの問題に迫ってみたい。

一　甲府への移転と社寺造営

永正十六年(一五一九)八月、武田信虎は甲府盆地の中心、躑躅ヶ崎の地に武田館を造営し、翌年には背後の積翠寺丸山に要害城を築き、城下町の経営に着手、甲斐支配の拠点「甲斐府中」(甲府)としたが、あわせて社寺の造営を行っている。

川田館から甲府に居館を移した永正十六年、武田館の西側に石和から氏神を移し、府中八幡宮を建立した。武田氏の守り神として、領国統治の精神的支柱として重要な役割を果たした神社である。後に甲府市宮前町に移り、江戸時代には甲斐惣社八幡宮と称した。今も故地には八幡神社の小祠が残り、近世初期の「甲州古城勝頼以前図」(甲州市恵林寺蔵)にも「古八幡」と記されている。当社は、後に郡内領(都留郡)、河内領を除く、甲斐一国の諸社を包括する惣社へと発展していった。石和の八幡神社は、鎌倉時代に石和五郎信光が鎌倉に鎮座する源氏の氏神鶴岡八幡宮を勧請し、国衙八幡と称し、武田家の氏神としたといわれている。また、同年、躑躅ヶ崎の武田館内に御崎神社を、やはり石和から遷座している。大永七年(一五二七)以前、おそらく同じ永正十六年頃に一条小路東側に南宮明神が建立されている。また館南方の伊勢の森は、信虎が館の鎮守として伊勢神宮を勧請したものと伝えられる。これも石和から移されたものと推定されている。

次に信虎と日蓮宗との関係であるが、大永二年正月に信虎は身延山久遠寺(南巨摩郡身延町)の十三世日伝から戒を受け、その際に日伝を開山として穴山小路(甲府市武田町)に広教山信立寺を創建している。寺伝には、次のようにある。信虎の重臣遠藤掃部介が法華経を深く信仰し、信虎にも勧めたところ、その怒りを買い、自害するはめになったが、まもなく信虎は不治の病にかかり、それは掃部介を死に追いやった報いだと噂された。信虎が前非を悔いたところ、夢に掃部介が現れ、かつて八代郡夏目原村の地中から出現し、日蓮が開眼供養を行った釈迦如来の存在を告げた。早速これに祈願したところ、たちまちに病は癒え、信虎はその釈迦仏を迎え、掃部介の冥福を祈り一寺を建立したという。事実、掃部介の法事料を送った信虎の判物が残されており、記述の話を伝説と切り捨てることはできないであろう。同寺は移転して、現在甲府市若松町にある。そして、領内の日蓮宗寺院を統制するために、身延山久遠寺を武田氏の祈願寺とした。日蓮宗では、享禄五年(天文元〔一五三二〕)に白木町に清雲寺、信虎期に古府中村塔岩に上行院が建立されている。さらに、天文四年には元三日町に桃岳院が創建されている。

さて、大永三年には、信虎はわずか七歳で夭折した側室の子竹松を弔うために、府中元町通りに浄土宗尊躰寺を建立した（現在は甲府市城東町）。同じ浄土宗では、大永元年に下横沢町に誓願寺が建立されている（現在は東光寺町）。真言宗では、大永二年に大工町に清水寺が建立されている。また高野山金剛三昧院の末寺である満蔵院の本堂を、信虎が建立している。

信虎が館を躑躅ヶ崎に移転すると、大永四年、氏寺一蓮寺の補修工事を行い、同六年五月本堂を一新している。この際に、防衛施設を寺地に築いている。「一条道場」とも呼称された一蓮寺は、現在甲府市太田町にある時宗の単立寺院であるが、かつてはもと甲府城の跡にあった。その甲府城のあったところは、一条小山といい、鎌倉時代には一条次郎忠頼の居館があったところで、後に尼寺となり、代々武田家の庇護が厚く、信玄も同寺で和歌会を開くほどであった。また門前町も開かれ、城下の中心的な寺院の一つであった。

信直（信虎）が一蓮寺に出した判物を次にあげる（「甲府市一蓮寺旧蔵文書」〔『戦国遺文』武田氏編四五号〕）。

成島（玉穂町）・音黒両郷水代の事、傑山（武田信昌）・孚山（武田信縄）御寄進候の間、末代において一条（甲府市）一蓮寺領たるべきの事紛れなく候、誰人なりとも　違乱あるべからざるの儀候、よつて後証となすの状件の如し、

（異筆）「時に永正十四丁丑」

四月三日　　信直（武田）（花押）

一条

一蓮寺

参

祖父信昌・父信縄の永代地寄進を信虎が一蓮寺領として安堵したものである。

信虎は、大永年中、大泉寺小路に大泉寺を創建し、自分の牌所とし、広厳院とともに八〇〇ヶ寺ある甲斐の曹洞宗

全寺院の統括および人事を司る僧録所に定めたといわれている。大泉寺は甲府市古府中町にある曹洞宗寺院で、山号は万年山で、天桂禅長を開山として信虎が開基した。二世吸江英心は信虎の弟である。大泉寺といえば、武田逍遙軒信綱筆「武田信虎画像」（重要文化財）が有名であるが、ほかに信虎と信玄の笈《おい》、信虎の寄進になる「天竺の菩提樹の念珠」が残されている。

大永七年に南宮社の西に上条の地蔵堂（法城寺）が、大永年中に荒神社（華光院）が建立されている。

このように、信虎期に甲府の主要社寺の造営がなされたといっても過言ではなかろう。

二　信虎の社寺統制と宗教政策

まず、広厳院についてみてみよう。弘治二年（一五五六）十一月朔日、笛吹市一宮町の妙亀山広厳院に対し、晴信は「祖母崇昌院菩提」のために一宮郷で一〇貫文の地を末代まで寄付している。そして崇昌院を広厳院に改めるよう指示している（「広厳院文書」〔『戦国遺文』武田氏編五一二号〕）。ついで、信虎が出した書状を掲げよう。

右衛門佐の志、上曽禰之郷の内臥せ候今井分の事、左馬助（今井信甫）方寄進候、末代において相違あるべからず候、そのため一筆これをすすめ候、恐々謹言、

（年未詳）十一月十三日　　　　信直（武田）（花押）

これは、信虎が信直と称していた頃の判物で、家臣の広厳院への寺領寄進を認めたものである。広厳院には、信虎の祖父武田信昌が長享元年（一四八七）十一月に寺領を寄進した判物が残されている（「広厳院文書」〔『戦国遺文』武田氏編一号〕）。文亀元年（一五〇一）十月十六日、信虎の父信縄は「自他国より当院へ出入の御僧、国中諸関において相違

なく勘過あるべきものなり、違犯の輩においては、堅く罪科に処すべき」との過書を与えている（「広厳院文書」『戦国遺文』武田氏編九・一〇号）。信虎は、永正十四年（一五一七）三月九日に広厳院並びにその末寺に対して、竹木伐採狼藉禁止の禁制を与えている（「広厳院文書」『戦国遺文』武田氏編四三・四四号）。

次に向岳寺の史料をみてみよう。文亀元年十一月十五日、祖父信昌が塩山向嶽禅庵の寺領を安堵している（「向岳寺文書」『戦国遺文』武田氏編一一号）。父信縄は文亀四年二月二十七日に、楠浦清三昌勝宛で書状を送って指示をしている（「向岳寺文書」『戦国遺文』武田氏編一五号）。翌二月二十八日付で信昌・信縄父子の連署判物で「塩山向嶽禅庵御法度の事は、開山御遺誡に相任せられ、先規に背く輩においては、長く御門中を追却あるべく候、将又継統院（武田信成）・成就院（武田信重）掟の如く」と命じている（「向岳寺文書」『戦国遺文』武田氏編一七号）。

塩山向嶽寺は、甲州市上於曽にある臨済宗向嶽寺派の大本山で、元は向嶽禅庵と称した。開山は恵光大円禅師抜隊得勝、大檀那は甲斐守護武田信成で、康暦二年（天授六（一三八〇））の創建である。次に大永五年（一五二五）の信虎の朱印状を引用してみよう。

武田信虎禁制（塩山市「向岳寺文書」『戦国遺文』武田氏編六〇号）。

□（「信虎」朱印）

一、当庵において俗徒の綺あるべからざるの事、
一、山林において草木を裁（伐）り取り、牛馬を放つの事、
一、当庵敷地において殺生禁断の事、
一、門裏の諸沙汰、門外出るべからざるの事、
一、時の検断職と雖も、綺成すべからざるの事、

一、門前諸公事御免の事、

右条々、此の旨に背く輩、堅く罪科に処すべきものなり、よつて執達件の如し、

大永五年乙酉

八月二日

同日付でほぼ同内容の禁制が出されている(塩山市「向岳寺文書」(『戦国遺文』武田氏編六一号))。大永六年九月十日には、「塩山門前敷地の事」について「井尻の地頭」の「綺」なきよう安堵する旨の安堵の判物を信虎は袖に花押を入れて出している(塩山市「向岳寺文書」(『戦国遺文』武田氏編六三号))。注目すべきは、向岳寺には境内域を図示した古絵図が現存し、その絵図の左端に武田信虎の第三種花押と「信虎」方朱印がみえ、図の上下左右に四顆の「信虎」方朱印を押していることである。すなわち、信虎が証判を加え、この絵図に効力を持たしているのである。この絵図の成立年代は記されていないが、先に引用した禁制との関係があるものと推定され、大永六年のものと考えたい。その後この絵図には武田晴信の安堵、同勝頼の安堵、さらには天正二十年(一五九二)二月十日の加藤光泰の安堵の証判が書き加えられている。また、年未詳であるが、信虎は十月二十八日付の判物で「塩山向嶽禅庵」に対して、「塩山の事、諸事傑山《(武田信昌)》・孚山《(武田信縄)》の御掟の如くたるべく候、特に足軽已下兎角の義申し候はば、御成敗なさるべく候」と掟遵守を伝えている(塩山市「向岳寺文書」(『戦国遺文』武田氏編一〇九号))。

竜王の慈照寺(甲斐市)宛で、十一月十三日に武田信直(信虎)は、家臣今井右衛門佐信房の志として、今井左馬助信甫が寺領を寄進したことに対して、一筆安堵の判物を出している(「慈照寺文書」(『戦国遺文』武田氏編三九号))。出した年は不明だが、信直は信虎のことで、永正十八年まで信直を名乗っているので、それ以前のものであることがわかる。この書状に対して、同日付で今井信甫が「御屋形信直直札申し請い、相副え進覧せしめ」(「慈照寺文書」(『戦国遺

文』武田氏編四〇号）との書状を出している。このように、信虎は家臣の寄進などに、より実効性を持たせるために判物を与えているのである。

享禄二年（一五二九）五月二十四日付で、「沙弥道因（花押）」と署判した「黒駒の称願寺」（笛吹市御坂町）宛の禁制がある（御坂町「称願寺文事」（『戦国遺文』武田氏編六七号））。また、天文二年（一五三三）八月二十七日付、広済寺宛で「信虎」鍔形黒印と獅子朱印を袖に押した「寺社奉行人へからす」の一条を含む七ヶ条からなる禁制を出している（笛吹市八代町「広済寺文書」（『戦国遺文』武田氏編七一号））。年未詳ではあるが、八月十一日付で同寺宛で五ヶ条からなる禁制を出している（笛吹市八代町「広済寺文書」（『戦国遺文』武田氏編一〇四号））。また、天文四年、笛吹市八代町の妙昌寺に対して諸役免許の印判状を出している（笛吹市八代町「妙昌寺旧蔵文書」（山梨県立図書館所蔵「寺記」所収、『戦国遺文』武田氏編八〇号））。

天文八年卯月吉日付で署判は残念ながらないが、信虎と推定するのが妥当と考えられる「客僧衆御番の次第」番帳次第の写が残されている。宛名は大蔵公とあり、甲府市中道町の東養院旧蔵とされる（『甲斐国志』巻九十一）。

年未詳であるが、三月二十一日付で恵運院宛で「塚原山・権現山・鎧推堂山（すべて甲府市）」を寄進している（甲府市「恵運院文書」（『戦国遺文』武田氏編九七号））。また、年未詳七月二十九日付操石宛造営許可の信虎印判状には、「今度炎生の儀につき、さけいし（裂石）造営あるべきため、一札下され候、よくよく走り廻り建立あるべき者なり」とある（甲州市「雲峰寺文書」（『戦国遺文』武田氏編一〇三号））。孫子の旗、すなわち「風林火山」の旗で知られる雲峰寺は臨済宗妙心寺派で、甲斐国の鬼門に当たることから武田家の崇敬厚く、天文年間の火災で伽藍を焼失、時の住持が諸国を勧進して歩いて伽藍を完成させたという。雲峰寺の本堂・庫裏・仁王門はいずれも重要文化財であるが、信虎の代に再興が図られ、信玄の時代に完成している。なお、当寺は孫子の旗とともに諏訪法性旗・日章旗（御旗）を所蔵していることで知られている。

さて、次に神社についてみていこう。

父信縄は、富士吉田市の北口本宮浅間神社に対して、「当病平癒の上においては、来る六月中、速やかに参詣せしむべきものなり」との願文を送っている(「北口本宮浅間神社文書」『戦国遺文』武田氏編二三号)。信虎、そして信玄もまた当社に崇敬の念を抱いている。

また、信濃の諏訪大社に対しても祈禱の依頼を行っている。

ところで、伊勢御師の幸福太夫との関係を記す文書が多数存在する。祖父信昌・父信縄時代からその関係を知ることができる。次に、武田信虎の書状を掲げよう。

武田信直書状(神宮文庫所蔵「幸福太夫文書」『戦国遺文』武田氏編四一号)。

神前において精誠を抽きんじられ、一万度の御祓ならびに長鮑、書中到来のごとくんば、目出候、いよいよ祈念をもつて肝要たるべく候、委曲楠浦刑部少輔(昌勝)申し届くべく候、恐々謹言、

(年未詳)五月十八日　　信直(武田)(花押)

大神宮

幸福太夫殿

続けて、信直の書状に付随する家臣楠浦昌勝の副状も引用しておこう。

楠浦昌勝副状(神宮文庫所蔵「幸福太夫文書」『戦国遺文』武田氏編四二号)。

御神前において精誠を抽きんじられ、一万度の御祓ならびに五明・長鮑これを進められ候、すなわち披露せしめ候処、目出たく祝着の由に候、愚所へも千度の御祓・長鮑・天目、何れも御書中の如く越し給い候、誠に目出た

く快然に候、いよいよ御神前において御祈念仰する所に候、兼ねてまた、以前憑み入り候に付、来秋下され候時分、持たせ給うべく候由、示し預かり候、快悦に候、万端御使い新次郎方口上に付与せしめ候、恐々謹言、

（年未詳）五月廿三日　　（楠浦）刑部少輔昌勝（花押）

大神宮

謹上　幸福太夫殿

甲斐国担当と推定される伊勢神宮の御師幸福太夫との交渉が知られる。ほかにも（大永二年か）仲春八日付川村隠岐守縄興、（大永二年）三月八日付秋山昌満の幸福太夫宛の書状がある。

信虎が造営した神社を知ることができる貴重な棟札が残されている。まずは、天神社本殿棟札銘写（「甲斐国志」巻五十六、『戦国遺文』武田氏編五〇号）である。

新社一宇を造立し奉る、時に大永二年壬午二月二十七日手斧立て、同霜月二日御遷宮しおわんぬ、大檀那武田左京太夫源朝臣信虎、時に代官曽根三河守源昌長、取り持ち向山民部左衛門尉家安、時の小代官同右馬丞、

次に、山梨市天神社旧蔵の棟札をみてみよう。大永三年三月付で、「国主武田左京太夫信（虎公）」が「甲斐国総鎮守西山八幡宮御再興」の山八幡神社本殿の棟札銘写が残されている（甲府市・八幡神社所蔵「郷社八幡神社由緒書」（『戦国遺文』武田氏編五四号））。

さらに、大永三年には、大井俣窪八幡神社に出された武田信虎と推定される制札（木札）がみられる（『甲斐国志』巻五十六、『戦国遺文』武田氏編五〇号）。韮崎市の武田八幡神社に対して東の八幡神社として知られる窪八幡神社は、その建造物の多くが重要文化財に指定されており、武田家歴代の修築・再興がなされ、鳥居・神門・本殿・摂社若宮八幡神社拝殿などは信虎が大きく関与しているとされている。そのほかにも、光照寺薬師堂（甲斐市双葉町）も信虎の建

立とされる重要文化財の建造物である。案外信虎、あるいは信虎時代に創建された社寺建築が多く残されていることに驚く。

命禄元年（天文九〔一五四〇〕）十一月二十七日付で、神座山に社領寄進並びに諸役・口銭伝役免許の朱印状を与えている（甲斐国黒駒村檜峰神社旧蔵文書、山梨県立図書館所蔵「寺記」所収、『戦国遺文』武田氏編九二号）。

若宮八幡宮随神殿棟札銘（山梨県境川村・若宮神社所蔵、『戦国遺文』武田氏編六二号）には、大檀那として武田信虎・勝沼信友が大永六年八月十二日に「天下太平御武運長久勝利満足国家安全祈攸」を祈念している。

三　信虎の信仰

前節で述べた宗教政策についても、純粋に社寺支配という観点のものと、寄進や造営など信仰から発するものとがあり、区別はなかなかつきにくい。ここでは、信虎の信仰として特筆すべき事項を取り上げることとする。

まず、時宗を開いた聖僧一遍上人が開創した清浄光寺には、武田信虎の書状が残されている（藤沢市「清浄光寺文書」〔『戦国遺文』武田氏編一一〇号〕）。

信州より奥へ御移りの由承り、内々御床敷く存じ奉り候処、御使僧ならびに御芳札荷ももつて畏み入り、殊更に種々贈り下され候、是亦祝着に存じせしめ候、如何様来春使者を以て万端申し伸ぶべく候、来たる七日駿府（静岡市）へ罷り越し候、取り乱すの条、早々御報に覃び候、無沙汰に非ず候、委曲彼の御使僧の口上に付与せしむの由、尊意を得べく候、恐惶謹言、

（年不詳）極月六日　　　（武田）陸奥守信虎（花押）

進上　六寮

清浄光寺との交流が知られる貴重な一通である。

次に、信濃佐久郡の名刹龍雲寺との関係である。大田山龍雲寺は、長野県佐久市岩村田にある曹洞宗寺院で、信玄が永禄年中に越後の雲洞庵から北向全祝を迎え中興開山としたことで知られる。

年未詳八月十三日付の龍雲寺長老宛の信虎書状写では、「尊意の趣とも承知候、信虎において大慶の至りに候、始末御存じの旨共に候」と書き送っている（佐久市「龍雲寺文書」〈『戦国遺文』武田氏編一〇五号〉）。この書状は、花押から永正十四年（一五一七）から大永五年（一五二五）に限定されるもので、宛名の長老は龍雲寺第四世徳翁昌禅と推定され、この文書は後述の大永三年の信虎による善光寺参詣時のものではないかと推定されている。

信虎は、山梨県勝山村に鎮座する富士御室浅間神社に太刀一腰・具足一両（領）・馬三疋を奉納し願文を捧げている（山梨県勝山村「富士御室浅間神社文書」〈『戦国遺文』武田氏編一〇六号〉）。年未詳の十二月七日付で、北室神主に勝山郷の棟別役の免許を与えている（山梨県富士河口湖町・勝山村「富士御室浅間神社文書」〈『戦国遺文』武田氏編一一一号〉）。二宮宛、すなわち甲斐国二宮の美和神社に「万力（山梨市）の内二貫文」の地を寄進している（山梨県笛吹市御坂町「坂名井家文書」〈『戦国遺文』武田氏編一〇七号〉）。

次に、興味深い事実として、信虎の信濃善光寺参詣に触れておこう。

大永三年六月十二日に信虎が善光寺に参詣している（『高白斎記』）。さらに同七年七月八日にも参詣し、十七日に帰国している（『高白斎記』）。国内不安定な戦乱の中、信虎は甲斐を離れて信濃を旅行し、善光寺を訪れることが可能だったのである。善光寺信仰が、如何に重要視されていたかが理解できる出来事である。信濃善光寺は、阿弥陀信仰の中心とはいえ、後のことであるが、川中島の戦いの最中、上杉謙信と武田信玄との間で善光寺の争奪戦が繰り広げられるのである。現在甲府市にある甲府善光寺は、その際に信玄が善光寺如来を移したことに由緒を持つ名刹である。

もう一つ、特筆すべき史実を指摘しておこう。大永二年甲斐に乱入した駿河の今川軍を破った信虎は、河内領主の穴山氏と結んだことにより、今川氏の甲斐侵攻はその後なくなることになる。同年信虎は、多数のお供を引き連れ、河内領にある身延山久遠寺に参詣し、家臣たちとともに御授法を受け、さらにそのまま都留郡に入り、富士参詣を行い、さらに富士山登山を果たし、その頂上を一周するという「御鉢廻り」を行っている。信虎が一年の間に、立て続けに穴山氏領の河内、小山田氏領の郡内を旅行し、いずれも象徴的な宗教施設を参詣していることは、甲斐一国を統一したことを国内外に知らしめることとなった。その意味では、一種の大デモンストレーションと評価できるのではなかろうか。

一方で、信虎が恵林寺に逃避したという事実もあり、合戦で敗れた際に寺院が安全な逃げ込み先となったことも忘れてはならない。

最後にもう一点述べておきたいことがある。大月市賑岡の円通寺旧蔵の「岩殿山円通寺棟札銘写」（山梨県立図書館所蔵「甲斐国志資料」〔『戦国遺文』武田氏編四八号〕）、すなわち「岩殿山七社権現」の修理に関する棟札の銘文に「鳥目百匹武田左衛門太輔信友、駒一匹太刀一腰当郡（都留郡）・主護信有（小山田）（後略）」とある点で、郡内領主小山田氏とともに武田一族が造営に関与している点である。信友は郡内領に隣接する勝沼館（甲州市勝沼町）に住み、小山田氏の監視役であった人物である。

郡内小山田氏とともに独立性の強い領主に、武田一族でもある河内領の穴山氏の存在がある。小山田氏と同様、武田氏に反抗した時期もあったが、信虎の時代にその娘を穴山信友の夫人に迎えるなど武田氏との関係を強化していくことになる。天文十年(一五四一)三月二十一日付で武田伊豆守信友、すなわち、穴山信友が高野山小田原成慶院院主秀範に対し、成慶院護摩堂建立に際し、自らの寿像と日牌銭などを寄進し、祈念を依頼するとともに、「当谷河内より参詣の貴賤の道俗悉く宿坊たるべく候、もし一人も他宿仕かまつり候はば、爰許においてその在所を成敗せしむべきものなり」と指示している(「古案」〔『戦国遺文』武田氏編九四号〕)。この文書により、河内谷を一つの領域と意識して、高野山と直接師檀関係を結んでいることがわかるのである。余談であるが、自らの画像を奉納している点が興味深い。

また、信濃諏訪大社に対しても、深い信仰の念を抱いている。この点は、信玄・勝頼に引き継がれていくことになる。

駿河引退後のことになるが、信虎は天文十二年六月二十七日、京都畿内を歴遊中、この日に本願寺光教と好を通じている(『天文日記』)。また日本の総霊場たる高野山(和歌山県伊都郡高野町)にも登っている。

おわりに

以上、限られた史料を手がかりに、信虎の宗教政策と信仰について触れてきたが、一つは甲府を開府するに当たり、その後の甲府の発展の基礎を築いたことは間違いないが、社寺についても主要なものは信虎期に開創されていることが明らかである。また戦国大名権力を確立していく過程で、社寺の支配にも意を注ぐとともに、支配の象徴として社寺を利用することも忘れていないことが見て取れる。八宗兼学を旨としつつも、曹洞宗や日蓮宗に特に留意しているように感じる。

いずれにしても、信玄・勝頼二代の発展期の基礎は信虎によって準備されたことは明らかであり、宗教政策という面でも同様であり、信虎の果たした役割は大きいといえるのである。

第五章　窪八幡神社所蔵掃除指図の紹介と武田・後北条氏の掃除役

はじめに

戦国大名の領国支配の施策の中で、寺社の統制は重要な位置を占めている。戦国大名は寺社を保護・統制し、宗教的イデオロギーを抑えることによって領国支配を円滑にしていったといえる。武田氏に関してもいくつかの論考がみられるが(1)、本章では武田氏の宗教政策の総体を論じるのではなく、近年山梨県の文化財に指定され、注目されつつある大井俣窪八幡神社（山梨県山梨市北六五四に所在）所蔵境内絵図（掃除指図、以下これを用いる）の紹介を行い、そのうえで武田領国における掃除役、他大名の例として後北条氏の掃除役について若干の考察を試みたいと思う。

武田氏は源氏の氏神として八幡神を崇敬信仰した。その代表的なものをあげれば、府中八幡宮（甲府市）・武田八幡神社（韮崎市）・窪八幡神社などである。武田晴信（信玄）は、天文十年（一五四一）六月十日、父信虎を駿河の今川義元のもとに追放し、武田家当主の座につくと、ただちに武田八幡宮本殿を造営している（重要文化財）。府中八幡神社については、奥田真啓氏の詳細な研究があり(2)、おもに永禄三年（一五六〇）八月二十五日付大小の社人衆宛武田家朱印状を中心に祈禱の勤番制度に関して考察し、「大名的権威の確立につれて、公的にはその施政が、私的にはその日常生活が精神的に文化的に向上してゆくのであって（中略）、戦国末期における一般的神社の興隆は、単に大名権力の経済的増大に拠るものでなく、歴史的精神に基づく」と述べられ、さらに「武田氏の場合、その祖先が、武士の間に特に絶体的尊崇を払はれてゐる源氏であつた事、武田領国に於ける神社行政を活潑ならしめ、夫に生命をふきこむ基をなすもの」とされた。(3)

本章の前半で問題にする窪八幡神社については、『窪八幡神社誌』があるが、(4)詳細なものではない。そこでまず、窪八幡神社の由緒を考え、現在の景観について述べたうえで、所蔵の掃除指図の紹介をし、ついで武田領国下における掃除役について論ずることにする。(5)

一　窪八幡神社の由緒と現況

境内絵図（掃除指図）を紹介するまえに、窪八幡神社の歴史について概観しよう。(6)

本社は、大井俣窪八幡神社といい、祭神は誉田別尊（応神天皇）・足仲彦尊（仲哀天皇）・気長足姫尊（神功皇后）である。貞観元年（八五九）二月、清和天皇の勅願によって、豊前国宇佐八幡宮を勧請し、康平六年（一〇六三）八月、新羅三郎義光が奥州平定の折、社殿を再建し、嘉保元年（一〇九四）、堀河天皇から奥州平定祈願として、神領が寄進されたという。武田氏歴代の崇敬が篤く、武田氏からの社領寄進が相次いだという。大永三年（一五二三）八月十五日には、武田信虎から社中法度が定められ、(7)後述するが、永禄三年（一五六〇）には、武田信玄から府中八幡神社への禰宜の勤番が免除されている。現存する社殿のほとんどは、信虎・信玄など武田氏歴代によって造営されたもので、本社本殿・同拝殿、摂社若宮八幡神社本殿・同拝殿、末社武内大神本殿、末社高良神社本殿、神門・石橋・鳥居（以上室町時代）、末社比咩三神本殿（江戸時代初期）の一〇棟が重要文化財に、(8)鐘楼、天文十七年（一五四八）の墨書銘のある木造狛犬六軀が山梨県の文化財に指定されている。そのほか三十六歌仙絵や数多くの古文書などが所蔵されている。しかし、明治初期の排仏毀釈（神仏分離）に際し、多くの古文書・宝物が流出し、現在するものはその一部にすぎない。中世文書も数多伝来したと思われるが、今は現存せず、近世文書も写が多い。(9)

次に境内に建ち並ぶ建造物について少し詳しくみておこう。(10)

鳥居は信虎が、天文四年、四十二歳の厄除けに神門前の石橋とともに建立したものといわれ、木造の鳥居としては、最古に属するものと考えられている。この鳥居をくぐって、三〇メートルほど歩むと神門に着く。その前にある石橋は、前述のように鳥居とともに、信虎が建造したものと伝えられ、彫刻の美しい反橋である。石橋を渡ると神門である。神門は、永正八年（一五一一）、信虎が十八歳の時の再建と伝承されており、形式的にはその頃のものであるという。檜皮葺きの屋根、切妻造りの四脚門で素造りである。

神門を入ると本殿まで長い参道が続く。その両脇に神池があり、左の池には末社の比咩三神社があり、小さな橋を渡ると随神門にぶつかるが、現存しておらず、その跡だけがいまに残る。正面に三棟の建物が現れる。中央が本社拝殿、右側が若宮拝殿、左側が末社高良神社である。その後ろにも三棟の建造物があり、中央が本社本殿、右側が摂社若宮八幡神社本殿、左側が末社武内大神本殿である。次に個々の建造物についてみてみよう。

本社拝殿は、桁行一一間、梁間三間、切妻造り、檜皮葺きで、天文二十二年、武田信玄が信濃の国人村上義清を破り、その宿願成就ということで、建立したものという。同年銘のある鰐口も現存する。(11)その後方に本殿が鎮座する。本殿は十一間流造り、檜皮葺きで、桁行一一間（約一七・一八メートル）、梁間二間という長大な社殿で、ほかにあまり類例のない珍しいものである。社殿中央に誉田別尊（応神天皇）、右（南殿）に気長足姫尊（神功神后）、左（北殿）に足仲彦尊（仲哀天皇）を祀っている。応永十七年（一四一〇）、武田信満の再建で、ついで信虎は永正十六年に壁画を描かせ、さらに享禄四年（一五三一）に修理している。弘治三年（一五五七）、信玄によって正面の扉に金箔が施こされ、八双金具などが装飾されたという。身舎周囲に刎高欄つきの縁をまわし、各正面には幣軸構えの両開戸と擬宝珠つき高欄をもった七段の木階が設けてある。板壁には金箔がはられ、その上に壁画が描かれ、当時はかなり美しいものであったろうと思われる。

本社拝殿右側の摂社若宮八幡神社の拝殿は、桁行四間、梁間三間、入母屋造り、檜皮葺きで、天文五年、信虎の再建であるという（奉行は鶴田木工助）。様式・建築手法ともに、本社拝殿に似ているが、屋根は本社拝殿の切妻造りに対して、当殿は入母屋造りで、細部の様式もやや異なっている。なお、この天文五年という年は、信玄が十六歳で元服して、将軍足利義晴から「晴」の一字を貰って晴信と名乗り、京都の公家三条家から正室として夫人（左大臣三条公頼の女）を迎えていて、武田氏隆盛の時期であった。父信虎がこれを記念して造営したものと推測することも可能であろう。この拝殿の背後に摂社若宮神社本殿がある。祭神は、仁徳天皇である。応永七年（一四〇〇）、武田信昌によって再建されたというが、応永年間であれば、三代前の武田信満の再建と考えた方がよいであろう。三間社流造り、檜皮葺きで、金箔をおき、彩色が施された美しいもので、本社本殿と同じ形式にしてあるが、破風が本殿に比べて鋭いことなどから、木造よりもさらに古いことがわかり、境内の現存建造物群の中で一番古いものと考えられている。

本社本殿の左横にある末社武内大神本殿は、祭神が武内宿禰、桁行一間、梁間一間、一間社流造り、檜皮葺きである。素木造りで、ほかの本殿と同じく九段の木階をつけ、回縁には同じく刎高欄をめぐらしている。明応九年（一五〇〇）、武田信昌の時、久保川豊前守の失行で再建されたものである。

武内大神本殿の斜め左手前には、末社の高良神社本殿が鎮座する。祭神は高良明神。一間社隅木入春日造り、檜皮葺き、素木造りで、木鼻・斗栱・虹梁とも武内大神本殿と同一の手法をもって造られている。建立年代は武内大神本殿と同じ明応九年の建立である。

左側の池の中央に鎮座するのが、末社比咩三神本殿である。祭神は田心姫命・市杵島姫命・湍津姫命の三姫神である。一間社流造り、銅板葺き（もとは檜皮葺きであった）である。寛永二年（一六二五）三月、徳川忠長の再建で、本社文化財中唯一の江戸時代の建造物である。白・朱・黒と各部を塗りわけ、金箔を施した総漆塗りで、重要文化財指定の建造物のうちもっとも小柄であるが、極めて華麗な造りであり、江戸初期の様式の特色をよく示している。

若宮八幡神社の前には、山梨県指定文化財の鐘撞堂（大永二年信虎再建、天文二十二年信玄再建と伝う）があり(12)、神仏習合時代の名残りを留めている。本殿の背後には、松尾大社・白山大神をはじめ小さな社が祀られており、ほかにも宗覚神社・東照殿・青竜社などの建造物が建っている。

さて本社にも神仏習合時代には神宮寺があったが、寺名を神宮寺といった。ところが、武田氏によって上之坊普賢寺が建立されると、神宮寺はその末寺となってしまった。神宮寺は寺記によると、平安時代の仁和三年（八八七）十一月十七日、本地垂迹説の浸透にともない、大井俣窪八幡神社の惣坊として創建された。本尊は窪八幡神社の祭神応神天皇の本地仏阿弥陀三尊を勧請し、八幡宮と一体の寺として興隆した。戦国時代には、上之坊普賢寺が武田氏の保護を得て、別当を勤めることになった。社僧六坊・修験五坊があり、その社僧の一坊がここであった。『甲斐国社記・寺記』には、「上ノ坊支配下清僧六坊、修験五坊、以上十一坊、并末寺一ヶ寺、門徒二ヶ寺」「大宮司支配下社家二十二軒、巫女四人、神人七軒、以上三拾三軒」「右支配下社家、社僧、修験ニ而一日一夜宛社中勤番并掃除等仕候」とある(13)。十二坊とは、惣坊（神宮寺）・不動寺・仲之坊・仙光坊・浄竜坊・池之坊、修験で窪之坊・北之坊・常楽坊・西之坊・東之坊と上之坊普賢寺のことであろう。窪八幡神社では、大宮司家よりも別当普賢寺のほうが力を持っていたようである。この普賢寺の住僧が代々受け継いで書き綴った『王代記』が現存している。[14] 本書は継体天皇の時代から江戸時代の正保二年（一六四五）にいたる甲斐に起こった主要な出来事がみられ、武田氏全盛の天文〜永禄年間は特に詳細な記事で、『勝山記』などと並んで、武田氏研究の一等史料といわれている。

ところで、あまり知られていない事実であるが、窪八幡神社の本地仏（普賢寺旧蔵）が現存している。祭神の本地仏は、応神天皇は阿弥陀如来、仲哀天皇が釈迦如来、神功皇后が地蔵菩薩であるが、[15] 阿弥陀如来像と地蔵菩薩像は神宮寺（山梨市北九〇九）に現存する。とりわけ阿弥陀如来像は、美しい仏像で山梨県の文化財に指定されている。[16] また釈迦如来像は、末寺清水寺（山梨市市川五七三）に伝来している（県文化財）。これらは、本来普賢寺にあった窪八幡神社の本地仏だが、明治初期の排仏毀釈の時に末寺に移されたのである。[17] 本章で紹介する掃除指図とともに神仏習合時代の窪八幡神社の姿を知ることができる貴重な遺物である。

窪八幡神社の現状であったが、みてきたように、現存する社殿のほとんどが、室町〜戦国時代の造営で武田氏歴代の手になるものであり、その意味では、武田時代の文化財の宝庫であるといっても過言ではなく、戦国時代の状況をいまに伝えているとみてよろしいであろう。

二　掃除指図（境内絵図）の紹介

窪八幡神社所蔵の掃除指図（境内絵図）の存在は、すでに以前より限られた山梨県内の研究者には知られていたが、近年その文化財的、かつ学問的な重要性が認められて、昭和六十年に山梨県の有形文化財に指定され、人々の知るところとなった。しかしながら、いまだ充分な検討がなされていないだけでなく、広く紹介もされていない。本章では、この指図の全体を紹介し、いささか検討を加えよう(18)。

この絵図は、山梨県文化財審議委員会が、「紙本墨画淡彩窪八幡神社境内古絵図」と命名されたように、紙に墨書で描かれ、薄く彩色を施したものである。前述したように本章では、絵図の内容から掃除指図と表現する。縦一七八・八センチ、横九一・四センチとかなり大きい(19)。本図右下に書かれた天文二十二年（一五五三）の墨書銘は信じられ、その成立年代と由来を知ることができる。まず、それを翻刻しよう(20)。

（上段）

権大僧都法印良舜為末代□□之天文廿二年□（破損）于レ時天文三季甲午従二二月十一日一、薬師堂御廉而居住数□（造）□営作又掃除本来如レ此有二指図一仕来処、良舜不怠致二掃除一現而自二寺家中一毎月十四日自二社人方一一日定有二合力一自然為二懈怠一時、至二三郎右衛門尉談一合一、天文十九年度戊七月廿八日如二往古一於境ヲ立畢、其時之人数、

（下段）

上之坊、寺家衆、十二坊其外筆者休室、大宮司、三郎右衛門尉、若宮衆、縄打ハ神左衛門尉、其外社人達、

上段の前半は、破損部分があって、解読不可能な箇所があり、理解しにくいが、およそ次のようになろう。すなわち、天文三年二月十一日に造営および掃除の分担の図面があって、良舜も指図にしたがって掃除をし、合力も得ているけれども、懈怠するものが出るので、社家三郎右衛門尉と相談して、天文十九年七月二十八日に昔の先例のように境界を決め、その時の地域分担と担当者を図示し、今後の証拠としたのがこの絵図で、天文二十二年に権大僧都法印良舜によって作成されたものであることがわかる。簡単にいえば、窪八幡神社の神域の清浄を保持するための清掃の分担範囲を明示することを目的として作成されたものといえよう。掃除指図の写真をみていただければわかるよう

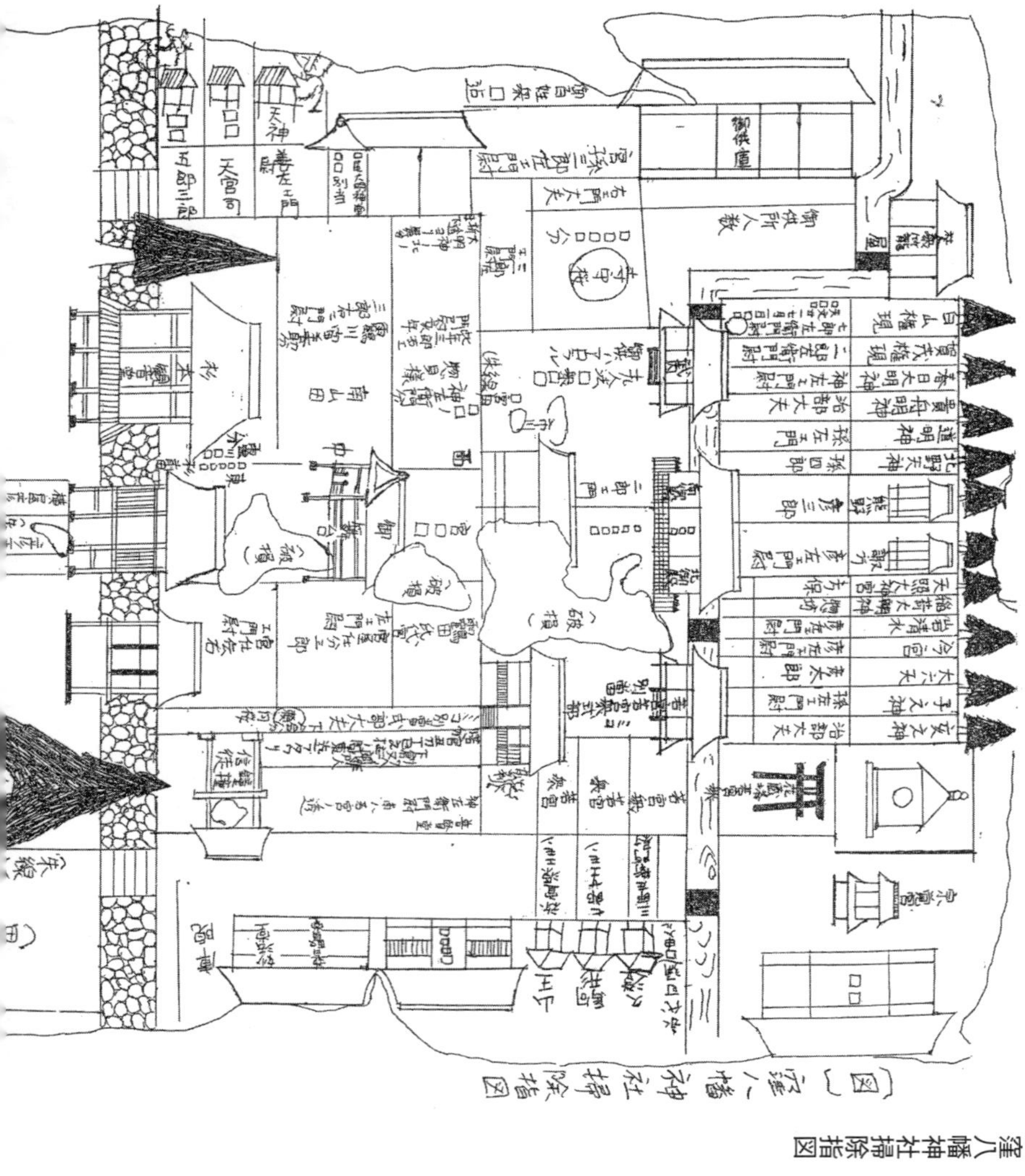

窪八幡神社掃除指図

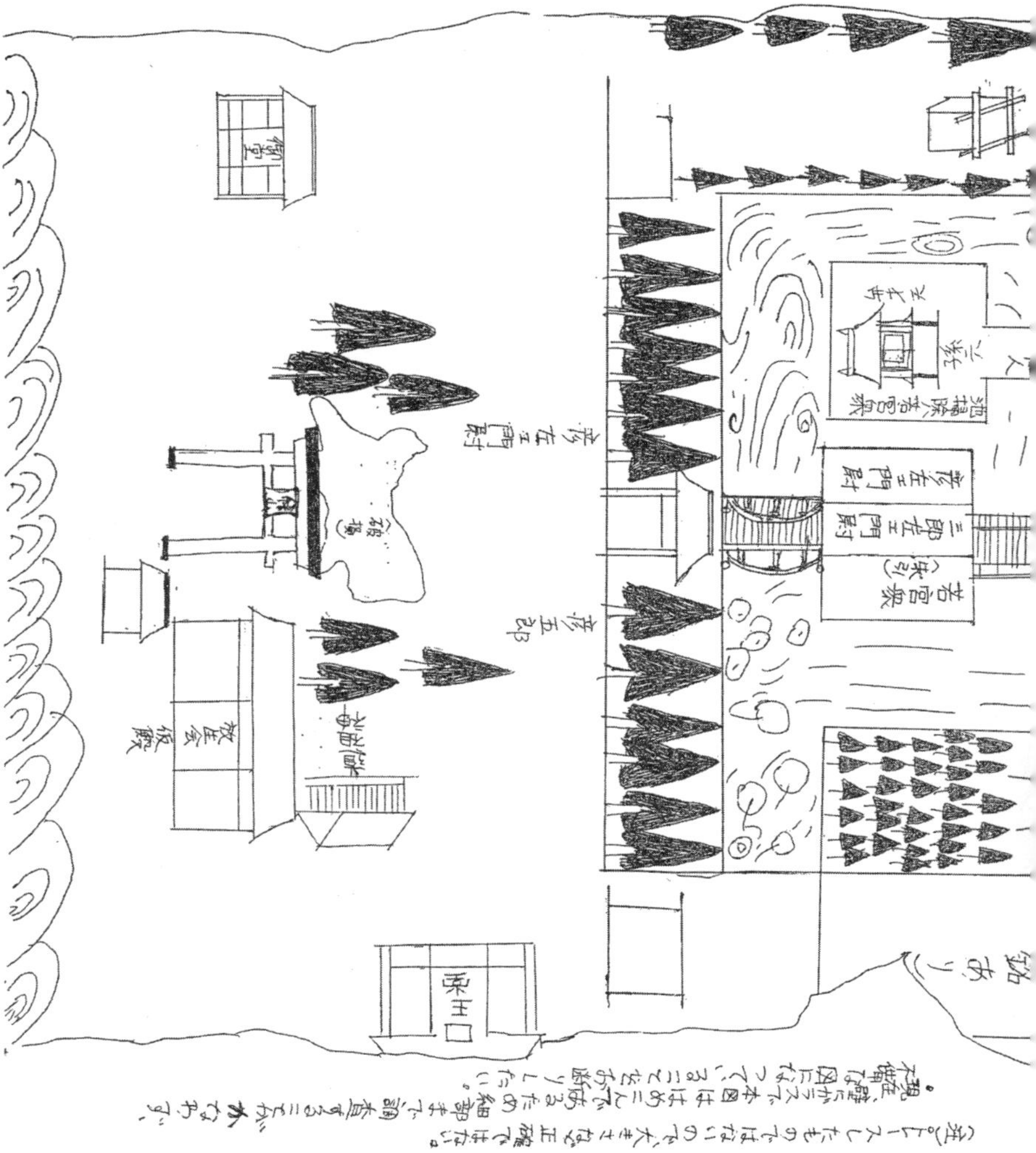
銘あり
池掃除八若宮衆
三社
若宮衆
（朱引）
三郎左エ門尉
彦左エ門尉
彦五郎
彦左エ門尉
（破損）
御堂
放生会
仮殿
(注)トレースしたものではないので大きさなど正確ではない。
・現在、壁にガラスで本図ははめこんであるため細部まで調査することがかなわず、
不備な図になっていることをお断りしたい。

に、朱線をもって分担の範囲が区切られ、建物名の下に「神左衛門分」とか「彦五郎」とか「池掃除者若宮衆」のようにその担当者や担当集団が書かれている。

掃除は毎月十四日を定めて行うようにとあるが、江戸中期成立と推定される「八幡宮歳中御祭出方」をみると、「一、同月（四月）十四日　大宮司、社家宮籠守之幷坊社掃除」、「同月晦日　社家・社僧宮中掃除」などとあり[21]、例外を除いて毎月十四日と晦日に掃除をすることになっていたことが明らかである。また慶長十九年（一六一四）極月十三日付徳川家三奉行定書に「宮中毎日掃除之事」とあり[22]、この条文と同内容のものが武田時代にあったことは後述する通りだが、これは通常の掃除は毎日行われるが、それとは別に行事にともなうなどの理由で、特別な掃除があったことが窺える。

なお、境内絵図の記載の詳細は、340・341頁に掲載の筆者作成の図を参照されたい。

この掃除指図は、今まで注目されてこなかったが、二つの点で極めて貴重な絵画史料である。まず第一は、この絵図が戦国時代の窪八幡神社の旧態をいまに伝えているということである。指図作成時の神社建築は、そのほとんどが現存しており、もちろんこの指図にも描かれている。しかし掃除指図には、六斎念仏堂・放生会仮殿・鐘楼・普賢堂・薬師堂・観音堂など仏教的色彩の濃い建造物の存在が確認できる。そしてこの指図は信憑性があり、これによって武田時代のものであることは疑いない。すなわち、明治維新の排仏毀釈以前の窪八幡神社の状況を理解することができ、さらに武田時代の神仏習合・本地垂迹説のあり方を具体的に知ることができるという点である。なお、鐘撞堂は現存しており、山梨県の文化財に指定されている。第二には、境内清掃の分担を決定した朱引図であるという点、管見の限りほかに類例をみないということである。

以上で窪八幡神社所蔵の掃除指図（境内絵図）の紹介は終るが、当社には本図を模写して手を加えたと思われる江戸時代の境内絵図も現存し、そのほかにも近世文書をはじめ数多くの社宝・史料が伝存しているので、今後あわせて検討をしていくつもりでいる。

次に掃除指図と関連するが、武田氏の寺社宛の古文書から武田氏の掃除役について若干の考察を行ってみたい。

三　武田氏領国下の掃除役

武田氏領国下の掃除関係史料を摘出すると後掲の別表のように、一六例をあげることができる（ほかに駿河に小笠原信興判物一通がある）。

弘治三年（一五五七）十二月二日に、甲斐一之宮浅間神社、甲斐二之宮美和神社、府中八幡神社の三社に発給した武田晴信条目が管見の限り、初見史料である。内容は、三通とも同様であるので、そのうちの一通をあげよう[23]。

一、社檀造営之儀、無疎略専之、可相勤之事、
一、宮中掃地（ママ）毎日二度之分、不可□□（懈怠）之事、
一、向後亭一ツ門幷塀、別而麗尓可造化事、
　付門亭可為板葺、此内座一ツ可有天井歟、
右三ヶ条之趣、雖為一事於無違輩（背）相勤者、徳銭役永可免許、若三ヶ条之内一ヶ条も為無沙汰者、如此間可出徳銭役、又三ヶ条共ニ為違背者、可改易当職者也、仍如件、
　弘治三年丁巳十二月二日

当社八幡宮神主

第一条では社檀の造営勤仕について、第三条では一之門と塀の造築について規定したものである。第二条では、宮中の掃除について、毎日二回、懈怠なく勤仕するよう命じている。そして三ヶ条のうち一ヶ条でも無沙汰をしたならば、徳銭役の免許を取り消して徴収する、また三ヶ条すべてを怠ったならば、神主職を改易するという厳しい内容である。一之宮・二之宮宛のものは三条が、「年之内両度之祭礼之内并御幸以後年始合三度之館江之出仕如レ此、此日限浄衣・立烏帽子・内衣・指刀・扇子別而麗尓可レ有二装束一」とあり、甲府の躑躅ヶ崎館への出仕を義務づけているのである。奥田真啓氏前掲論文でも指摘されたように、弘治三年という年は、「武田氏として大きな神社行政の行はれた時」とみてよいだろう。(24)

この史料から神社境内の掃除は、毎日二度行う規定であったことがわかる。浅間神社・美和神社宛も同年月日付の同内容であり、この時期に一之宮・二之宮、府中八幡神社など主要な神社の統制を図ろうとしたものであろう。現在伝わっていないが、おそらく三之宮国玉神社などにも出されたものと考えられる。

永禄三年（一五六〇）八月二十五日付で信玄は、甲斐国中の「大小之社人衆」に対して、社中条目（袖朱印状）を発給して、「除二武田・大石和・窪三ヶ所之八幡・一二三宮・東郡熊野・市川之御崎・林部之宮・三輪一」いて、「国中之大小社之禰宜等」を府中八幡宮に、「両人宛令二詰番一」め、その代償として普請役と毎月の参籠を免許している。(25)その第二条でも、「年中之祭礼、不レ可二怠慢一、并宮中之掃地、少破之所随二分量一可レ加二修理一之事」を規定している。永禄四年閏三月吉日付武田晴信禁制は、前述の永禄三年八月二十五日付晴信条目を受けて、八幡神社に詰番する時の心得を規定したものである。(26)

（竜朱印）
○　当社八幡宮禁制之事、

一、初夜後夜之神楽、怠慢之事、
一、不着烏帽子水旱（干）之事、
一、落書幷高声之事、
一、叨吹笛・尺八之事、
一、順礼幷往来之輩、宿拝殿事、
一、宮中掃地無沙汰之事、
一、禁忌之砌、不渡次之番衆而、令懈怠之事、
一、当病之人不理所之印判衆而、番無沙汰之事、

番帳次第不同

一番　山梨禰宜
　　　四阿之禰宜
二番　川田之禰宜
　　　賀茂之禰宜
三番　神明之禰宜
　　　立川之禰宜

（中略）

八十番　飯田の禰き
　　　　亀さわ（沢）の禰き

八十一番　八日市は（場）の禰き
くら（蔵）田の禰き
八十二番　板かき（垣）の禰き
坂より（酒寄）の禰き
右二日二夜堅可勤者也、
永禄四辛酉閏三月吉日

これは、甲斐国中の神社の禰宜を二社宛、八十二番に編成し、「二日二夜堅可二勤仕一」きを規定しており、八ヶ条の規定のうち、第六条に、「宮中掃地無沙汰之事」と掃除の規定がみられる。この府中八幡宮の歴史的意義や性格については、奥田真啓氏の詳細な検討があり、前掲禁制について特に詳述されているので、(27)ここでは、これ以上述べないこととする。

次に、一之宮浅間神社五二人の普請役を免許するかわりに祈禱と掃除、および社殿の破損部分の修築を命じた天正九年（一五八一）六月十二日付の武田家朱印状をみてみよう。(28)

○（竜朱印）定　　第一宮社人
替鎰　清右衛門　権祝子　助左衛門尉
御鉾持　甚助　別当　惣右衛門尉
（中略）
……（「晴信」紙継目裏朱印）……
（中略）

あつたら祝子　源五　番匠　善三郎

已上

右五拾弐人、郷次之御普請役一切御赦免候条、国家安全之御祈禱幷宮中掃除、破壊之所無疎略可致修補者也、仍如件、

天正九年辛巳

六月十二日　(市川元松)以清斎

秋山摂津守

奉之

この史料から社人一人一人の人名がわかり、また神社内における職種が記されていて興味深いものがあるが、省略する。ほかに天正九年七月三日甘利南宮明神社宛武田家禁制の第三条でも、「社人衆宮中之掃除令二怠慢一事」を禁じている。(29)

次に信濃の例を武田勝頼条目を通して考えてみよう。(30)

○(竜朱印)　宮中掃(除之)□□次第

一、上之壇者、為五官衆当番之役可令掃除事、

一、護摩堂之前後者、可為下坊役事、

一、会所之四面者、可為会所守役事、

一、護摩堂・輪蔵幷奉納堂之(者)、近年者、可為上坊役事、

一、十六善神・内外之殿・食堂之左右者、可為供僧衆役事、

一、御子屋之畔者、可為御子屋衆役事、

右社中無一塵一芥之汚穢、清浄之勤仕不可有怠慢者也、仍如件、

天正八年十二月廿四日

これは、諏訪大社上社の宮中掃除の条規を定め、その分担を決めている。上之壇は五官衆が当番として掃除に従事し、護摩堂は下坊が担当するというように六ヶ条にわたっており、最後に「社中無二一塵一芥之汚穢一清浄之勤仕」をすべきように厳命している。(31)

次に駿河の関係史料から考えてみよう。元亀三年（一五七二）卯月十八日付武田家朱印状を掲げる。(32)

（折封ウハ書）
「新宮神主殿」

定

雖為惣国一統之御普請之時節、其方被官五拾五人之分、御普請役一切ニ御免許候、然則宮中之掃地厳重可被申付者也、仍如件、

元亀三年壬申
卯月十八日　（竜朱印）○　市川宮内助奉之

新宮神主殿

この朱印状は、浅間神社（静岡県静岡市）の新宮神主に対して、その被官五五人分の普請役を免許する替りに、宮中の掃除を勤仕すべきように命じたものである。「雖レ為二惣国一統之御普請之時節一」とあるが、この五ヶ月後の十月三日に、信玄は織田・徳川両氏に対して大規模な作戦を開始しているのであり、緊迫した状況下にあったことを如実に示しているといえよう。

そのほかの史料にも簡単に触れておく。

天正二年六月二十日付で、勝頼によって、前掲新宮神主宛武田家朱印状と同内容の継目安堵が行われている[33]。天正三年八月二十九日付富士大宮浅間神社の社人および瑞籬内宿中大小人宛武田家朱印状では、「公用之御普請一切御免許」するかわりに、「社中之御掃地厳重」に勤仕すべきを命じている[34]。天正六年卯月九日付八幡神社の神主宛武田家朱印状では、従来は普請役は免除されていたが、「諸城之御普請無㆓際限㆒」いので、城普請に参加せよ、そのかわりに八幡の「在家拾間分御普請役一切御免許」する、また「宮中之掃除」および宮殿修築を命じている[35]。この時期は、天正三年五月の長篠の合戦における敗北によって、武田氏は攻勢から守勢にまわることになり、「諸城之御普請無㆓際限㆒」くなっており、その影響が武田氏給人のみならず、寺社にまで及んでいることが理解できよう。同年三月十三日には、宿敵越後の上杉謙信が春日山城に病死し、御館の乱を契機として甲斐・越後・相模の三勢力の政治状況が一変する。すなわち、勝頼は相模の北条氏政との同盟が決裂することによって、駿河東部に出陣することが多くなり、また対徳川氏のために遠江にも軍事行動を起こさねばならず、駿河方面への動きがとりわけ活発化せざるをえなくなるのである。

同年五月晦日付富士浅間神社大宮司富士信通宛武田家朱印状は、第一条では、「社中諸法度之事」、第二条では、「供僧社人神役之事」、第三条では、「宮中造営掃除等事」と書き立て、違背者は職を改易し、武田氏の分国から追放すると厳命している[36]。十月二十六日付では、「大宮宿中居住之貴賤」の諸役を免許するかわりに、「社中之掃除」を命じている[37]。以上で武田氏の掃除役関係の史料の検討は終るが、(文禄三年)十月九日付新宮・惣社両神主宛横田村詮掟書写によれば、「浅間宮中掃除日之事、十日、十九日、晦日」とあり[38]、武田氏時代もこれと大差なかったとみてよいと思われる。

四　後北条氏の掃除役

次に隣国である後北条氏領国の場合を一瞥してみよう。

掃除については、小田原市浜町に位置する蓮上院の所蔵文書に比較的まとまった形で残されている。蓮上院は東寺真言宗、花木山満願寺と号する。建長六年（一二五四）、実証が開基となって創建、最初は聖智院といった。寛正年間は修蔵院、文明年間は蓮上院と改称したと『小田原宿大工町蓮上院華之木由緒之記』にあるが、近世初期まで修蔵院・蓮上院・蓮乗院・蓮昌院などと種々併称されていたようである。大永二年（一五二二）、北条氏綱によって、十三世亮海が江ノ島の弁財天を小田原城内に勧請し、永禄十一年（一五六八）氏政の内室の安産祈願をしており、また天正元年（一五七三）、氏政が下総国関宿城を攻めた際に武運長久の祈禱を行っている。さらに元亀元年（一五七〇）には氏康の病気平癒の祈願を行っている。天正三年十一月、氏政が制札を出し、同十六年七月には、一二貫文を寄進しており、小田原後北条氏の帰依を深く受けて、その寺運は盛えたのである(39)。

次に掃除関係の史料をみてみよう。

まず、次の北条氏印判状をみていただきたい(40)。

定置当社中掃除法

右、任先規、自欄于橋船方村迄宿中之者、人足百余出之、可致掃除普請、自当月於自今以後、毎月当城惣曲輪掃除之日可致之、何時も掃除之前日、西光院・玉滝坊遂出仕、添奉行可申請、如此定置上、掃除於無沙汰者、西光院・玉滝坊可処越度候、扨又朝夕之掃除之事者、両人可申付候、仍定処如件、

元亀三年（虎朱印）
五月十六日

西光院

玉滝坊

これは、元亀三年五月十六日付で西光院・玉滝坊に対して松原大明神の「社中掃除法」を規定して伝達したものである。

当社中之滝除、検使申付候、致様ハ西光院・玉滝坊可為作媒、晩景入会之鐘を切而、百余人之人足、聊も無々沙汰様ニ、堅可申付候、若普請不致之而、我儘之人足有之者、記交名、晩景罷出可申上、然者四方之土居之草を根払ニ刈、池之もくを悉取、土居破損之所を築直、社中之儀者不及申、ちり一点もなく、如何ニも〳〵遺念、社擅（壇）之下迄、悉可致掃除、仍如件、

（異筆）「天正十二年甲申」（甲ハ壬ニ加筆訂正ス）

五月十七日（虎ノ朱印判）

西光院

玉滝坊

検使

岡本越前守(41)

この北条氏朱印状は、西光院・玉滝坊および後北条氏の検使である岡本越前守に宛たもので、掃除には検使が派遣されていることがわかる。また武田氏でも同様であったように、社殿の修造などの普請も大きな意味で掃除の範疇に入っていたことが、この史料からも理解できる。亥十一月十一日付西光院・玉滝坊宛北条氏印判状には、「晦日掃除人足百人」を使役して二人持の石を一日に五回ずつ運ばせて土居を築くべし、検使を派遣するとしており、(42)丑十一月二日付同宛北条氏印判状では、掃除役を忌避したものは曲事として、「頸ニ縄を付引出」して普請に従事させるよう厳命している。(43)後北条氏の場合は、小田原城中に所在する松原大明神の掃除役であるので、他の神社と性格が若干異なるかもしれないが、それほど大差ないと考えている。(44)後北条氏は、この松原大明神を宗教的支配の中心に捉えているが、武田氏の場合も、城中には所在しないにしても、府中八幡宮、甲斐国の一・二・三之宮、武田八幡宮、窪八幡宮が、その宗教的イデオロギー支配の中心と見做してよく、同様の性格を有するものであろう。それ故に、奥田真啓氏が主張されたように、府中八幡宮の勤番制はその意味で効果的であったのであり、掃除役もそのような観点から再検討を必要とするのではないかと考えている。

おわりに

以上、四節にわたって戦国大名と神社の掃除役について考察を試みた。

まず、山梨市に所在する窪八幡神社所蔵の掃除指図(境内絵図)を紹介し、そこから派生する問題として、戦国大名の掃除役について武田氏・後北条氏を事例に、宗教支配および諸役の観点に留意しつつ検討を行ったつもりである。

笹本正治氏は、信玄にとって寺社を支配することが領国経営に重要であるとし、①古くから独自の所領を持ち、宗教的理由もあって領主の支配の及び難かった寺社を支配に組み込むことで、領国を均一的に支配する一つの足がかりとすることができること、②宗教の砦たる寺社を保護し、支配することによって、領国内に住む武士および民衆を精神的な面から支配する手段を掘りえたことになるということをあげている。そして、奥田真啓氏が研究された永禄四年（一五六一）の八幡神社宛禁制・番帳について笹本氏は、信玄が国中の禰宜を甲府八幡神社に奉仕させることで、統制しようとしたのであり、信玄はこれを通じて八幡信仰を広げさせ、各郷民に対する影響力を強めて、八幡神社の保護者として領国統治の一つの名目を持つことで、精神的に領国を支配する手段としたとされた(45)。本章では、おもに掃除役だけを取り上げたが、同様の結論が導きだせたものと思う。今後も神社史・宗教史の立場から戦国大名権力について論究していきたい(46)。

註

（1）　田中久夫「武田氏の妻帯役」（『日本歴史』四六号、昭二七）、村上直「武田領国支配における禅宗の発展」（『日本仏教学会年報』三五号、昭四五）、柴辻俊六「戦国期社家衆の存在形態」（『史観』八一号、昭四五。のち同『戦国大名領の研究―甲斐武田氏領の展開―』名著出版、昭五六、に収録）、佐藤八郎「武田氏と一向宗」（『甲斐路』二九・三〇号、昭五一。のち同『武田信玄とその周辺』新人物往来社、昭五四、に収録）、清雲俊元「武田信玄と宗教」（磯貝正義編『武田信玄のすべて』〈新人物往来社、昭五三〉所収）、小和田哲男「信玄の宗教政策」（『武田信玄』プレジデント社、昭五五）など。寺院を対象としたものが多い。

（2）　奥田真啓「甲斐府中八幡宮の研究」（『史学雑誌』五三編二号、昭一七。のち柴辻俊六編『武田氏の研究』吉川弘文館、昭五九、に収録）。宮井義雄「甲斐の八幡神社」（『甲斐路』一八号、昭四五）参照。

（3）　同右。

（4）　吉田靹子『窪八幡神社誌』（私家版、昭三〇）。

（5）　掃除となると「清目《キヨメ》」といった被差別民の問題や、近年の社会史の隆盛で触れなければならない問題もあるが、本章ではその方面の史料もないので触れないこととする。丹生谷哲一『検非違使―中世のけがれと権力―』（平凡社、昭六一）、久留島浩「盛砂・蒔砂・飾り手桶・箒―近世における「馳走」の一つとして―」（『史学雑誌』九五編八号、昭六一）、大島健彦ほか編『掃除の民俗』（三弥井書店、昭五九）。

（6）　『山梨県百科事典』（山梨日日新聞社、昭四七）二二八頁、『角川日本地名大辞典』19山梨県（角川書店、昭五九）一八七頁、吉田註（4）著書、『山梨県の文化財　国指定編』（昭四六）など。

（7）　柴辻俊六・荻野三七彦編『新編甲州古文書』一巻七三二号。以下『甲』巻―号と略す。

（8）　本社本殿が明治四十年八月の指定であるほかは、すべて昭和二十四年二月の指定である。

（9）　窪八幡神社宮司日原正史氏によれば、現存しているのは、大宮司家文書であるとのことである。

（10）　吉田註（4）著書、註（6）、『重要文化財窪八幡神社修理工事報告書』（昭三二）。「王代記」（服部治則・清水茂夫校注『武田史料集』（新人物往来社、昭四二））に関連の記述があるが、検討は後日を期したい。

（11）　鰐口は表に、「甲州山梨郡東八幡宮在□本願良舜　天文廿二年癸丑卯月信来　窪川長吉」、裏に「金押鶴田七郎右衛門弘治三天丁巳六月　日」との銘文があり、造営時期を裏づける。

（12）　「王代記」には、大永五年（一五二五）に鐘楼の屋根が葺かれたとある。棟札もある。

（13）　『甲斐国社記・寺記』一巻五頁。「八幡宮神前御番次第」（『窪八幡神社誌』五〇頁）、慶安五年霜月十七日の配当帳（『東山梨郡史蹟』四五頁）にも社家・社僧の名がつらねてある。

（14）　註（10）。

(15)『武田遺宝集』(武田信玄公宝物保存会、昭四七)の上野晴朗「図版総合解説」一五九頁。
(16) 阿弥陀如来像胎内に正長二年(一四二九)の墨書のある木札四枚と、元禄七年(一六九四)の墨書のある木札二枚が納められている。清雲俊元氏の御教示による。
(17) 以上の普賢寺・清水寺・神宮寺など神仏習合については、清雲俊元氏提供の資料および御教示による。
(18) 昭和六十二年二月初旬・平成元年七月初旬の二度、窪八幡神社宮司日原正史氏の御厚意により、指図を実見する機会を得た。なお、本章掲載の境内絵図(掃除指図)の写真は、財団法人信玄公宝物館事務局長野沢公次郎先生の撮影によるものである。常日頃の御指導と合わせて、謹しんで感謝の意を表する。
(19) 当時山梨県教育委員会文化課文化財担当(現甲府西高校)秋山敬氏の提供資料による。
(20) 本境内掃除指図の写真は、註(10)に、墨書銘は吉田註(4)著書に掲載されているが、全体の紹介や詳細な研究はなされていない。また、宮地直一『神社古図集』(日本電報通信社、昭一七)には収載されていない。
(21) 吉田註(4)著書二〇～四八頁。
(22)『東山梨郡史蹟』四七頁。
(23)『甲』一―二三七。鎌田純一『甲斐国一之宮浅間神社誌』(浅間神社、昭五四)参照。
(24) 奥田註(2)論文。
(25)『甲』一―二三八。
(26)『甲』一―二三九。
(27) 奥田註(2)論文。
(28)『甲』二―一〇九一。
(29)『甲』二―一六二〇。

(30)『信濃史料』一四巻五四八頁。
(31)『信濃史料』一四巻五四八頁。同年月日付大祝諏訪頼満・五管衆宛で、信玄の直状のごとく、神役を従来のように勤仕すべきを命じており、同時に出されたものであろう。
(32)『静岡県史料』三巻三九一頁。以下『静』と略す。
(33)『静』三―三九二頁。
(34)『静』二―三三四頁。
(35)『静』三―三一一頁。
(36)『静』二―二二四頁。
(37)『静』二―二二六頁。
(38)『静』三―四一一～四一二頁。
(39)『角川日本地名大辞典』14神奈川県(角川書店、昭五九)九三四頁。
(40)貫達人編『相州古文書』(角川書店、昭四〇)一巻一〇五頁七四号。以下『相』と略す。
(41)『相』一―一〇六―七六号。
(42)『相』一―一〇六―七七号。
(43)『相』一―一〇七―七九号。
(44)ほかに三嶋神社に関する掃除規定の史料がある(『静』一―二二九頁、〔永禄十二年〕六月二十七日付神主殿・大村刑部大夫宛北条家朱印状)。これにも、「自身石之はざま迄改而遣」念、ちり一つもなく綺羅美耀に掃除肝要」とある。『相』一―四三頁―一号なども参照。
(45)笹本正治「武田信玄の領国経営」(『臨時増刊歴史と旅』「図説武田信玄の世界」秋田書店、昭六三)。

(46)『北野神社社務記録』など諸記録に掃除役関係の記事が散見される。また、『鹿島神宮文書』一巻二〇二頁に明治四年五月のものだが、「境内掃除場絵図」が掲載されている。

〔付記〕本稿は、昭和六十三年一月、国学院大学大学院に提出した修士論文の一部である。本稿を作成するにあたって、境内絵図所蔵者である窪八幡神社宮司日原正史氏、古文書調査に便宜をはかっていただいた甲斐一之宮浅間神社宮司古屋真孝氏、同禰宜植松真生氏、窪八幡神社の調査に同行していただいた院友の小松健二氏・佐高勲氏、種々御教示を賜った放光寺住職清雲俊元氏、信玄公宝物館事務局長野沢公次郎氏、山梨郷土研究会理事秋山敬氏には大変お世話になった。また、指導教授である国学院大学教授米原正義先生にも御教示いただいた。これらの方々に深甚の謝意を表する次第である。

（平成元年八月一日　脱稿）

〔追記〕初出時に掲載の窪八幡神社所蔵の戦国期及び江戸期の二種の絵図および一宮浅間神社文書の写真は割愛した。

掃除関係史料

	年月日	文書名	宛名	内容	出典	刊本
〔甲斐〕						
1	弘治3・12・2	武田晴信条目（2条目）	甲州一宮神主（浅間神社）	宮中之掃地（?）等、毎日二度之分不可懈怠之事	浅間神社文書	甲二―76―1088
2	3・12・2	武田晴信条目	甲州二宮神主（美和神社）	宮中掃地等、毎日二度之分不可懈怠之事	美和神社文書	甲二―88―1119
3	3・12・2	武田晴信条目	当社八幡宮神主（宮前の八幡神社）	宮中掃地、毎日二度之分、不可□□（懈怠）之事	八幡神社文書	甲一―113―237
4	永禄3・8・25	武田晴信社中条目	大小之社人衆（八幡神社）	「年中之祭礼、不可怠慢、幷宮中之掃地、少破之所、随分量可加修理之事」	八幡神社文書	甲一―114―238
5	4壬3吉	武田晴信禁制	（八幡宮）	「宮中掃地無沙汰之事」輪番勤仕を規定（「二日二夜堅可勤者也」）	同右	甲一―114―239
6	天正9・6・12	武田家朱印状	第一宮社人（52人）（浅間神社）	郷次普請役免許→祈禱幷宮中掃除等を命ず	浅間神社文書	甲二―78―1091
7	9・7・3	武田家禁制写（3条目）	甘利南宮	社人衆宮中之掃除令怠慢事	南宮明神社文書	甲二―218―1620
参	（文禄3カ）8・2	浅野忠吉判物	国中社人衆中（八幡神社）	「祭礼付而、掃除之事、自前々如有来、国中大小之社人衆、来九日ゟ十四日迄可被相勤」	八幡神社文書	甲一―123―252
参	慶長12・卯・5	徳川氏禁制	（八幡神社）	「宮中之掃除無沙汰之事」（No5同内	八幡神社文書	甲一―125―259

				容)		
参	10・霜・3	徳川氏奉行連署社中条目写	「大小之社人衆」	「年中之祭礼、不可怠慢幷宮中掃地～」(No4と同内容)	同右	甲一―124―255
〔信濃〕						
1	天正8・12・24	武田家朱印状	大祝・五官衆	「宮中掃除之次第」	諏訪文書	信―14―548
〔駿河〕						
1	元亀3・卯・18	武田家朱印状	新宮神主	被官五人の惣国一統の普請役免許↓「宮中之掃地厳重可被申付」	浅間神社文書(静岡市)	静―3―391
2	天正2・6・20	武田家朱印状	新宮神主	右を安堵	同右	静―3―392
3	2・7・14	小笠原信興判物	宗禅寺	寺領安堵「弥勤行除地不可有退転」		静―4―248
4	3・8・29	武田家朱印状	社人瑞籬内宿中大小人(富士浅間神社)	瑞籬之内外灑掃除を励ましむ↑公用之普請役一切免許	旧宮崎文書(富士郡)	静―2―334
5	4・6・28	武田家朱印状	玄陽坊	「御陣屋掃除昼夜社申付」↑郷次之普請役免許		静―3―543
6	6・卯・9	武田家朱印状	八幡之神主	「宮中之掃除等不可有疎略」「諸城之御普請無際限」	八幡神社文書(静岡市)	静―3―311
7	6・5・晦	武田家朱印状(社中諸法度)	富士信通	(三条)宮中造営掃除↓違背者は分国追放		静―2―224
8	6・10・26	武田家朱印状	大宮(〃)	社中之掃除勤仕命令↑大宮宿中請役免		静―2―226

参	（文禄3）10・9	横田村詮掟書写	新宮・惣社両神主	許「浅間宮中掃除日之事、十日、十九日、晦日」		静-3-441〜442

付論一　「市河文書」に見る一武士のいきざま

――信濃から越後・会津・米沢、そして北海道へ――

はじめに　「市河文書」わかれる

山形県酒田市の本間美術館に、「市河文書」一四六通（一六巻）という中世北信濃の一武士が残した古文書群が所蔵されている。この「市河文書」は、平安時代末期から戦国時代にいたる約四百年に及ぶ市河氏の動向を示した信濃を代表する武家文書であるが、全国的にみても貴重な武家文書群として評価が高く、重要文化財（旧国宝）に指定されている。戦前は伊佐早謙氏の所蔵であったが、戦後本間美術館の所蔵となった。戦前一四九通あったが、表具し直される過程で一四六通になり、足利義満感状など三通が流失しているとされる。全国で唯一の現存史料とされる木曽義仲下文が含まれるなど貴重な文書群であるが、不思議なのは文書の残存状況が鎌倉・南北朝・室町初期に偏っており、戦国時代の文書は永禄十二年（一五六九）十月十二日付の市河新六郎宛武田家朱印状のみであることである。応永三十年（一四二三）から百五十年を経て、永禄十二年の文書があらわれ、かつこれ一通のみというのが、残存状況になんらかの理由があるとしても、少し「不自然」と感じられていた。

大河ドラマ「天と地」（原作・海音寺潮五郎）が放映された昭和四十四年に「山本菅助」の名がみえる古文書が遠く北海道の釧路市の市川良一氏（市河氏子孫）宅で発見され、幻の軍師とされてきた山本勘助の実在がにわかに注目されたのである。この紹介された信玄（晴信）の書状が市河藤若宛であり、本間美術館所蔵「市河文書」ともともとは一群を成す文書であった。ここに、「釧路　市河文書」は一躍有名となったが、実はこの武田晴信書状一通しかないかのように世に喧伝されてしまった。しかし、金井喜久一郎氏がすでに紹介されているように、ほかにも戦国時代、さらには江戸時代にいたる古文書や中世の文書の写、系図などから構成される文書群であり、本間美術館現蔵の「市河文書」と一体の文書として極めて重要な文書群であることが明らかにされた。その史料的価値の高さから昭和五十一年に釧路市の文化財に指定されている。さらに長野県立歴史館に長野県立図書館旧蔵文書として二通が現存し、またそのほかの史料群にも市河文書が含まれており、本間美術館本を補完する戦国時代以降、近世に至る文書が多数流出、あるいは存在したことが紹介されている。

1　信濃武士市河氏の動向

高い山々が連なる信濃(長野県)は小さな盆地がたくさんあり、多くの国人たちがその地域を支配していた。諏訪氏や仁科氏・高梨氏・須田氏・井上氏・村上氏・木曽氏・知久氏などがそれである。

市河氏は、甲斐国(山梨県)市河荘を本貫地とし、契機は不明であるが、鎌倉時代前期には信濃に入部したと考えられる。高井郡志久見郷を中心的な所領としていたようである。志久見郷は広大だが、山野が多く生産力は低かった。しかし、越後にも接し、交通・軍事上重要な位置にあった。

南北朝時代から室町時代にかけて、村上氏や高梨氏などの北信濃を中心とした国人が守護や幕府に対して反抗を繰り返したが、市河氏は一貫して守護や幕府の側について、国人の鎮圧に活躍、天然の要害である志久見郷を中心に一円的所領を形成していった。そして、戦国の動乱期を迎えるのである。

2　信玄の信濃侵攻と市河氏

「甲斐の虎」と異名をとる武田信玄は、分国法の制定や信玄堤の建設、金山の開発など政治家としても評価の高い戦国大名である。

信玄は、天文十年（一五四一）六月に父信虎を駿河に追放すると、翌十一年から父と同様、信濃侵攻作戦を開始する。信玄に破れた村上義清が越後の上杉謙信に救援を求めたことによって、謙信の信濃出兵が開始された。

ここに天文二十二年からあしかけ十二年五回に及ぶ川中島の戦いが繰り広げられることになる。口実は、村上義清をはじめ信濃国衆の反武田勢力を援助することであったが、急速な武田氏の勢力伸張は領国を接する謙信にとっても気にかかる問題であったのである。

弘治元年（一五五五）の第二回戦は、宗教経済都市善光寺をめぐる争奪戦ともいえるもので、二百日に及ぶ両軍の対陣は駿河の今川義元の仲介によって和睦が成立し、両軍はようやく兵を帰している。

しかし、信玄は和睦など守るつもりなどはなく、翌弘治二年には北信濃の国人たちに調略の手をのばし、同三年二月には信玄は上杉方の拠点葛山城を落とし、さらに兵を進め、高梨政頼が籠城する飯山城（長野県飯山市）に迫る勢いであった。政頼の要請により、雪に閉ざされ動けなかった謙信は、四月になってようやく善光寺平まで駒を進め、弘治三年五月十日付で、武田信玄と対戦するに当たって、修験の霊地小菅神社（飯山市小菅村）に「景虎暫く馬を飯山の地に立て、積年の憤りを散ぜんと欲す」との戦勝を祈願する願文を捧げ、信玄殲滅を誓っている。小菅神社争奪戦、飯山城争奪戦といった様相を呈していた。謙信がこの二つの地域的拠点を死守することにこころを砕いていることが察せられる。

上杉勢は六月、最前線を守る武田方の有力国人市河藤若を攻めた。弘治三年六月十五日付市河藤若宛の武田晴信書状案によれば、謙信は六月十一日に飯山に陣を移し、高梨政頼もその近辺に出没し、市河氏に謙信との和融の動きがあるとのことで、誓約に任せて残らず心底を申し届けたいといい、武田方は堅固で来る十八日には上野衆（群馬県の国人たち）がこの方面へ加勢に出張してくるので、越後勢は近日中に滅亡し晴信の本意が達成されるであろうと申し伝えている（『謙信公御代御書集』）。謙信が高梨政頼を派遣して謙信と藤若との和睦を勧めていることに対して、信玄は藤若に客僧を遣わし戦況を報じるとともに、上杉方に転じないように必死に説得したものと思われる。

ついで出されたと推定される六月二十三日付の信玄の書状は、山本勘助実在説を証明する唯一の一次史料としてつとに著名であるが、川中島の合戦第三回戦の戦況を知る上で前掲の史料とともに、重要な文書でもあるといえる。上杉勢が野沢温泉まで攻めてきた、また謙信が調略の手を伸ばしてきたがそれに同意せず、かえって防備を堅固にするなど市河藤若の働きによって上杉勢は飯山まで退散した旨が記されている。この合戦における市河氏の去就が武田・上杉両氏にとっていかに重要であったかが明らかであろう。

本間美術館所蔵の永禄十二年（一五六九）十月十二日付の市河新六郎宛武田家朱印状では、信玄は、市河新六郎に、与えた知行に対して相応の軍役を賦課したのであるが、合戦にでる際の武器・武具など軍装や装備について細かく規定していて貴重である。鉄砲の不足を記すとともに、玉薬の用意を明記しているのが注目される。また軍役の補完として、「幼弱の族」を召し連れることは「謀逆の基」であるとしているのもこの時期の状況を示していて興味深い。「釧路　市河文書」には、永禄十一年十一月十七日付の武田家竜朱印状が含まれており、市河新六郎信房に対して先約に任せて所領を宛行うが、問題があって替地を与える旨を伝えている。

（年未詳）八月七日付で、信玄は市河新六郎に宛て「城内昼夜用心・普請等、いよいよ油断あるべからざる事」「地衆濫りに城内に入るべからざる事」などと城を守備するに当たっての注意事項などを五ヵ条にわたり定めているが、その第一条に「越国の模様、念を入れ聞き届け、節々注進の事」と越後の情報を聞き届けたならば甲府へ報告するよう命じている(「歴代古案」六)。緊迫する領国の境に位置する国人の状況が読み取れる。

3　勝頼時代の市河氏

元亀四年(一五七三)四月十二日に武田信玄が死去すると、子息勝頼が家督を相続し、天正三年(一五七五)五月二十一日の長篠の合戦に大敗するものの、領国の再編に取り組んでいる。天正六年の越後で勃発した御館の乱では越後の上杉景勝に味方して、景勝の家督継承に尽力した。このことにより、信玄が手に入れることができなかった飯山を中心とする奥信濃が武田領となり、ここに名実共に武田氏は信濃一国を支配することになる。天正七年二月二十五日付市河新六郎信房宛の武田家竜朱印状案では、高井郡小菅村から越後赤沢に至る区間を往復する者や居住する者に対して非分狼藉を企てる者は罪科に処すと伝えている(東京都「石井進氏所蔵文書」)。また勝頼は、天正九年正月九日に、市河治部少輔信房に対して、鷹の巣山へ二月から四月までの三ヶ月間猟師の入ることを禁じ、鷹の巣を保護し鷹を進上するよう命じている。また(年未詳)五月十五日付武田家朱印状案によれば、勝頼は市河氏が進上する鷹を甲府まで運ぶに当たっての人夫や道中の餌の用意などについて細部にわたって指示を与えている(東京都「石井進氏所蔵文書」)。

4　武田氏滅亡と市河氏—上杉に従った市河氏—

年が改まった天正十年(一五八二)、織田信長は、子息織田信忠、徳川家康を先発させ、武田勝頼討伐の軍を起こした。それ以前に新府城(山梨県韮崎市)を築いていた勝頼は軍備を調えるとともに、同盟を結んでいた上杉景勝に援軍を要請した。

（天正十年）三月七日付の市河信房宛上杉景勝書状案によれば、「木曽《義昌》逆心に付いて、甲府の備え是非なき次第に候、さりながら、当国堅固の上は、勝頼身上異儀においては、勿論本意の稼ぎこれを成すべく候、自然曲なく罷かりなさるるといいえとも、一応彼の家相続の儀、思い詰めるの上は、最も安んじ候」といい、「その方の事、元来当方入魂の筋目の儀に候間、何篇の儀申し越され別儀あるべからず候」と市河氏と入魂の間柄であるので、武田家にもしものことがあった時は疎略には扱わない旨を伝えている（新潟県「高橋大吉氏所蔵文書」）。

織田・徳川の大軍を前に抗する力を持たなかった武田氏はもろく、戦いらしい戦いもせず、三月十一日に武田勝頼親子は天目山の花と散り、名門武田家はここに滅亡した。

すると、信長の家臣が信濃の地に入部してきた。天正十年卯月十五日付で、信長の部将森長可は市河治部少輔信房に当地行を安堵するとともに、新知行を与える約束をしている。景勝は森長可と対峙したが、信長が六月二日に本能寺の変で横死すると、長可は陣を払ったので上杉勢が追撃し、川中島四郡を占拠した。

景勝は市河治部少輔に対して所領に関する覚書をだして、とりあえずその所領を安堵する旨を約している（「釧路市河文書」）。景勝は、同年六月二十日付で市河治部少輔信房・河田因幡守・須田右衛門太夫・大滝土佐守に対して、水内郡飯山の地を相違なく渡すとし、さらに忠節を望んでいる（「上杉年譜」二十六　景勝六）。

「文禄定納員数目録」には市河長寿丸として知行三三四九石余、家臣三〇一人とあり、上杉氏内部で高い待遇を得ていたことがわかる。

5　市河氏に見る戦国武士の生き様―武士は渡り者―

景勝の家臣となった市河氏は、上杉氏が会津・米沢と転封される際に行動を共にし、米沢藩士として明治維新を迎える。明治二十三年六月、市河房興氏(慎一郎)は意を決して陸軍屯田兵となり、北海道に移住した。厚岸郡太田村で開拓に従事し、二十六年十月には太田小学校教員となり、昭和十六年釧路郡鳥取村(現釧路市)に移住し、その子、房成氏は、鉄道員、良一氏は釧路市松浦郵便局長となった。「釧路　市河文書」が釧路市に伝来した由縁はここにある。

信濃北部に根を張った市河氏は、南北朝の動乱、室町時代の争乱を経て、戦国時代に武田氏・森氏(織田氏)・上杉氏と主君を変えていったが、戦国という時代は私たちの「武士は二君に見えず」というイメージだけではなく、「武士は渡り者」という視点で捉える必要があろう。そこに市河氏のごとき辺境の国人が生き残れる術があるのであり、また山本勘助のような他国者・浪人者が仕官できる土壌をなしたといえるのではなかろうか。

「釧路　市河文書」発見の意義は、このような一武士市河氏の動向をより豊かに、そしてより鮮明にしたことにあるといってよいであろう。

6「釧路　市河文書」とはどのような文書群か

前述したように、「釧路　市河文書」は、重要文化財「市河文書」の「かたわれ」といった存在ではなく、両方の文書群をあわせて「市河文書」とすべきもので、本来はどちらが欠けてもならないものなのである。両者を詳細に検討することによって、従来言及されてきた中世武士市河氏の動向がより明らかに、またより生き生きと描きだせるものと考える。

さて今回、所蔵者の御理解を得て、「釧路　市河文書」の全体を調査させていただく機会に恵まれた。時間不足、あるいは筆者の力量不足もあり、躊躇するところもあるが、拝見させていただいたものの責務として、その概容をここに紹介しようとするものである。詳細な検討や全体像を示した目録などは、後日を期したいと思う。

「釧路　市河文書」は、後に紹介する釧路市の有形文化財に指定されている一九通の中世文書のほかに多くの古文書が含まれている。足利義満判物・斯波義種書状・上杉景勝朱印状・小笠原長秀判物など市指定文化財の文書の内一一通の写がある。重要文化財「市河文書」の写しも八通あり、また同文書を一三七通集めた「古状共写」上下があるが、それぞれに『国宝市河文書』目録の番号が記されたシールが貼付されている。石井進氏所蔵の「色部家・市川家古案集」(『戦国遺文　武田氏編』一巻八四五号)所収の油科内匠宛武田信玄書状写の原本と考えられる写がある。さらには、吉川吉蔵氏所蔵市河孫三郎宛弘治二年(一五五六)七月十九日付武田晴信書状写(『信濃史料』所載)、同氏所蔵弘治三年六月十六日付市河藤若宛武田晴信書状写(『信濃史料』所載)、「謙信公御書集」(東京大学文学部蔵)所収の原本写もある。なお、後掲したが、十月二十二日付市河藤若宛武田晴信書状写は新出と考えられる。

ところで、近世の史料はほとんどが未紹介である。ただし、金井喜久一郎氏によって従来その存在が指摘されていた上杉定勝の判物類は一通も確認できず、新たに藩主の年頭祝儀の礼状一二通(金井氏確認済分も含む)を確認した。

上杉家家臣の分限(役職や給料)や菩提寺などを記した「三輯一覧」(表紙に「市川氏」と墨書あり、市河氏は御相伴並として一〇六六石とみえる)、江戸・京都など公家や他大名・寺社などへの使者の仕事を書き上げた「綱憲公・吉憲公御代陀郡使价集」(市河氏の名が散見される)、江戸時代後期の米沢藩内のさまざまな出来事を記した「餐霞館遺事後禄」(服部世経編)、「家之定」「家中治め」「用人の下知」など家訓を記した「家之定」、市河房忠の動向について文書を引用しながら記した市河房忠伝ともいうべき「市川土佐房忠伝」などがある。元文五年(一七四〇)十二月十一日付の市川越中守筆「定勝公御以来先祖代々勤書」は、市河土佐守房忠・同主膳房則・同主膳房行・同越中英昌(房尚)・同兵部兼雄・同美濃盛房・同修理英房・同美濃房郷・同豊後房隆など市河家歴代の事績を記したもので、元文五年十二月十二日に「先祖勤方書」を進上している。この史料は、文書も引用するなど市河氏の履歴を知る上で重要な資料である。年代ごとに文書の数を記した「古状之惣目録」には、「〆三拾八本」「右古状之数　〆百八拾四通」とあり、重要文化財の「市河文書」を考える上で貴重である。また「古状之内在之分仮名共書抜」は、建久三年(一一九二)の行光から年号や宛名・差出の名前を書き上げたものである。藩政改革に成功した上杉鷹山の言行を記した「南亭余韻」三冊、「女大学」など手習いの教科書も含まれている。書状や由緒関係など江戸時代の史料がほかにも若干残されている。北海道に移住してからの開墾に関わる書簡は興味深いものである。

注意すべきは整理シールが貼ってあることである。整理の過程を知る上で貴重であると思われるが、よくわからず、今後の聞き取り調査などで明らかになることを念願している。今回の調査で八〇点ほどの文書を確認したが、昭和四十四年発見時は、六八点二〇〇通以上あったようである。また、この後表具がなされている。

最後に快く調査をお許しいただき、また広く公開に踏み切ってくださった所蔵者、調査や展示の段取りに心を砕いていただいた釧路市教育委員会生涯学習課の上野優氏、なにかとご尽力いただいた釧路市立博物館学芸員戸田恭司氏、加藤春雄氏に深甚の謝意を表したい。

〔付記1〕「市河文書」発見の経緯とその状況については、いままであまり触れられてこなかった。市河氏のご子孫が転居されたこと、事情が聴取できない点も一因である。しかし、当時その場におられた澁谷耕而氏の証言は重要であり(『釧路春秋』四三号)、また、当時の新聞記事(「北海道新聞」昭和四十五年六月三日付など)も今回確認して発見当時の感動が伝わってくる。特に「昭和四十四年　北海タイムス」の時の人での市川良一氏の紹介は、文書の伝来を考える上でも参考になる。

〔付記2〕本稿は、NHK大河ドラマ特別展『風林火山―信玄・謙信、そして伝説の軍師―』図録(平一九)の拙稿を改稿したものである。

〔追記〕本稿は、NHK大河ドラマ「風林火山」展覧会での調査活動の成果の上に成り立って成稿できたものである。なお、「ある一国人の動向・武田から上杉へ―「市河文書」を素材として―」（図録『大河ドラマ特別展　風林火山―信玄・謙信、そして伝説の軍師―』NHKプロモーション、二〇〇七年）も参照されたい。

また、現在、「釧路市河文書」は山梨県立博物館の所蔵品となったことを付記しておく。

付論二　関東戦国史に関する新史料二通の紹介

――武田信玄と上杉謙信の書状――

はじめに

最近、静岡県の野呂徳男氏（駿東郡長泉町下土狩在住）宅から、戦国時代の古文書二通が発見された。一通は武田信玄の書状、もう一通は上杉謙信の書状である。形状は、写真によると一巻の巻物に二通が収められており、武田信玄の書状が上部に、上杉謙信の書状がその下に配されている。

詳しい調査を行っていないので、この二通の古文書がどのようにして野呂家に伝来したのか等の問題は残る。またいずれも宛所が改竄されており、これも問題であるが、内容的には良質な文書であると考え、ここに紹介する次第である。

1　武田信玄の書状

まず、年未詳の武田信玄書状を紹介したいが、この文書は『新編甲州古文書』(1)や『埼玉県史』資料編中世二(2)等には未収録であるので、次に全文を掲げてみたい。

〔史料1〕

態音問祝着候、如露先書候、

深谷・藤田領中無残所成荒所、

明日秩父へ移陣、郡中令撃砕
其上之備等廻工夫、以使者可申候、
同者遂直談申合度念願ニ候、
恐々謹言、
九月廿六日　　（武田）信玄（花押）
「墅（野）呂弾正殿」(3)

史料1では、年代推定と、改竄されている宛名が問題となる。

まず年代推定であるが、甲斐の武田信玄が秩父方面に出兵したのは、永禄十二年（一五六九）と同十三年（元亀元〔一五七〇〕）であるが、史料1はどちらに属するものであろうか。

永禄十二年以前の甲・相関係を概述してみる。(4) 永禄十年、甲・駿の手切れとなり、同十一年十二月、武田信玄の駿河侵攻作戦が開始され、第二次甲相対立が起こる。同十二年四月に、信玄は駿河薩埵山で後北条氏に敗北している。六月には再度駿河へ侵入し、大宮城、韮山・山中方面へ出張しており、同時に西上野衆が武州御嶽城を占領している。

同年九月早々、信玄は信濃佐久郡から西上野を経て武蔵に入り、十月には北条氏邦の守る鉢形城、ついで北条氏照の守る滝山城を囲み、十月一日には後北条氏の本拠・小田原城下に乱入している。六日には三増峠で、追撃してきた北条軍を破って甲斐へ退却している。

同十三年（元亀元）九月、信玄は再び関東に出陣している。

〔史料2〕

（端缺）

一、今度動模様之事、付藤田・秩父・深谷領耕作薙捨之事、

一、川源候之故、此節不越、何条遺恨候事、付漆原ニ陣取、厩橋領放火之事、

一、越後衆為出張者、無用捨当国へ出馬之事、付行模様之事、

以上、

十月十二日　　晴信（朱印）

佐野へ(5)

史料2は、永禄十三年（元亀元）のものと考えられる。なぜなら、永禄十二年の関東出兵は、十月六日には甲斐に帰陣しており、また次の信玄書状も永禄十三年のものと考えられるからである。

〔史料3〕

廿日以前令啓候き参着候哉、仍上州沼田・厩橋悉撃砕、従去十九日至昨日、武州秩父在陣、人民断絶候様及行候、定而可御心易候、此節鎌倉在陣、雖可得御異見候存分候間先帰陣、来月中旬直ニ小田原へ成動、江戸辺可遂面述候、委曲以使者可申候、不能具候、恐々謹言、

拾月廿七日　　信玄（花押）

一色殿(6)

また「深沢城の矢文」に、去年（永禄十三）「直関東発向沼田厩橋深谷藤田領之民屋以下不残一宇払開陣」したとある(7)。以上、深谷・秩父・藤田領攻撃に関する一連の信玄文書とのかかわりから、史料1は永禄十三年（元亀元）のものと推定したい。

この甲相対立の状態は、元亀二年十月に北条氏康が病死するに及んで、甲相同盟が復活し、終了するのである。

次に宛所であるが、前述の通り改竄されている。野呂氏は甲斐の土豪として『甲斐国志』にも記されており(8)、また『小田原衆所領役帳』に野呂氏の名前がみられるが(9)、野呂弾正と直接の関係があるのかわからない。文書の内容からして、これら土豪クラスではなく、もっと上層の大名クラス(佐竹氏・太田氏等)に宛てたものではないかと思うが、今後の課題としたい。

2　上杉謙信の書状

次に、上杉謙信書状について考察を加えてみたい。本史料も『小山市史』史料編・中世(以下『史料編』という)等に未収録であり新史料と考えられる。次に全文を掲げる。

〔史料4〕

其以来其元之様子無其聞得候、無心元候、仍秀《(小山)》綱《(ママ)》ニ祇園出城、古内へ」被相移候処、義重《(佐竹)》色々懇意之由、秀綱被露帋《(紙)》面候、於愚老《(謙信)》」大慶候、彼本意之内、弥義重入魂候様取成任入候、細々可及」使者処、旧冬已来北路静謐、万端取籠故、無沙汰意外候」、然処加州《(加賀)》・能州《(能登)》・越前如存分属手、上口心安候間、一者」秀綱」口之首尾、一者義重連々申合意趣ニ候間、麦秋之為調儀」令越山候、明々之内新田・足利表へ可揚放火候、此節ニ候条、壬」生・皆川筋へ義重取合、火先候様可被相心得事専一候、扨亦上口隙明候儀、定不可有其隠候歟、此上関左之弓箭涯分可入精候条、可心安候、如何様近日以萩原主膳亮可申届候間、其節可申越候、恐々謹言、

五月十四日　謙信《(上杉)》(花押)

「野呂源太殿」

右の史料もまた、年代推定及び宛所の考察が必要である。文中の秀綱は小山秀綱であり、義重は佐竹義重のことである。愚老は上杉謙信自身を指す。

史料4から、小山秀綱は小山氏の本城である祇園城から出城して、常陸の古内（茨城県東茨城郡常北町古内）へ移り、佐竹氏の庇護下に入ったことがわかる。

次に、史料4と密接な関係をもつ史料を掲げてみよう。

〔史料5〕

内々従当方可申届候処、遮而自義重預音問祝着候、対宮へ入魂之趣者、得其意大慶此事候、仍秀綱被開居城、義重被頼入候哉、雖無申迄候、被加懇意候様、義重へ諷諫猶憑入、可為快悦候、何様近日以使可申合候条、令期其節候、恐々謹言、

（天正三年）二月十七日　謙信（花押影）

（北義斯）佐竹左衛門佐（督）殿(10)

史料5に「秀綱被開居城」とあるのは、祇園（小山）城を開城したことを指している(11)。同日付の佐竹義重宛謙信書状にも没落した秀綱を庇護するよう依頼していることがみられる(12)。

以上により史料4は、史料5等についで発給されたものであり、天正三年（一五七五）における小山秀綱の窮迫した状態を示す史料と考えられる。

次に宛名であるが、史料4も史料1同様改竄されているが、史料4文中に「彼本意之内、弥義重入魂候様取成任入候」とある点や、史料5により、天正三年二月十七日付佐竹二郎（義重）宛上杉謙信書状と同様の文書をうけとっている点、その文中に「義重へ諷諫猶憑入」とある点より、佐竹左衛門督すなわち北義斯宛ではないかと考える。

史料4は史料5等とともに、小山秀綱の小山開城の事実を知り得る貴重な史料であろう。

おわりに

以上、野呂徳男氏所蔵の武田信玄および上杉謙信の新発見と思われる書状を紹介した。いずれも、前述のように宛名が改竄されているが、前者は永禄十三年(一五七〇)の武田信玄の関東出陣、後者は天正三年(一五七五)の小山秀綱の衰退を知る貴重な史料であり、とりわけ後者は小山市の中世史を解明する上で重要な史料と考え、紹介した次第である。

現在、『小山市史』が刊行中であるが、本稿に掲載の史料がその編纂の一助となれば幸せである。

なお、紹介の労をとって戴いた山梨郷土研究会員奥隆行氏(野呂氏とは従兄弟の間柄)にお礼を申し述べたい。

註

(1) 柴辻俊六・荻野三七彦編『新編甲州古文書』一～三巻。
(2) 埼玉県史編さん委員会編『新編埼玉県史』資料編6中世2。
(3) 「　」は改竄を示す。史料4も同じ。
(4) 柴辻俊六「戦国期の甲相関係」(『神奈川県史研究』三八号、のち同『戦国大名領の研究』に収録)。新井佐次郎「武田軍の秩父侵入」(『埼玉史談』一七巻二号)によった。
(5) 『甲斐国志』巻之百二十一付録之三。
(6) 『新編甲州古文書』一巻二三四号。本文書は『新編埼玉県史』にも収められており、その編者は永禄十二年と推定されているが、新井氏が述べられているように十月六日に信玄は甲斐に帰陣しており、永禄十三年のほうが妥当であると考える。

(7)『御殿場市史』一巻古代中世編所収。乙(『歴代古案』)を使用。編者福田以久生氏は、この事実を永禄十三年のこととしている(「『深沢城矢文』をめぐって」〔『駿河相模の武家時代』〕参照)。

(8) 佐藤八郎他校訂『甲斐国志』四巻二八〇頁。

(9) 杉山博校訂『小田原衆所領役帳』に津久井衆として野呂左京亮が見られる。

(10)『史料編』古文書・記録編史料七〇一。

(11) 福島正義『佐竹義重』(人物往来社、昭四一)。

(12)『史料編』古文書・記録編史料七〇〇。

〔付記〕本稿執筆に当たっては、柴辻俊六先生・二木謙一先生・佐藤八郎先生、ならびに市村高男氏に多大な御教示を戴いた。心から感謝します。

〔追記〕初出時に紹介した二通の古文書の写真(史料1・4)は割愛した。

付論三　阿波に残る武田家伝承

はじめに

傑出した戦国大名として著名な武田信玄、そして信玄亡き後武田家を継承し、武田家を滅亡へと導いた悲哀の武将武田勝頼。「武田二十四将」に代表されるような魅力ある家臣たち。信玄を中心に武田家にまつわる伝説・伝承・逸話は各地に数多く残されている。笹本正治氏が山梨県・長野県に残された武田信玄に関わる伝説について網羅的にまとめられているほか、(1)武田領国や武田氏が侵出した地域の自治体史(誌)に武田氏に関する伝説が散見される。

そのような多くの武田家伝説の中で、武田家に関わる一族が落ち延びて生き長らえたという話も残されている。(2)実は、徳島県にも武田家にまつわる伝承が二、三残されているので、ここに紹介を試みたい。

1　美馬市に残る武田家伝承

徳島県美馬市に残る武田家伝説については、すでに野沢公次郎氏の論考があり、また筆者も一般向きにまとめているので、(3)詳細はそちらをご覧いただきたいが、重複を厭わず概要を記しておこう。

天正十年(一五八二)八月、阿波国美馬郡にある脇城(徳島県美馬市脇町)が、土佐の雄長宗我部元親によって攻められ、落城した。この脇城の城主である武田上野介信顕は、武田信玄の異母末弟といわれている。信顕は、阿波三好氏の庇護のもと、弘治二年(一五五六)に脇城に入ったとされる。脇人神社周辺が「大屋敷」と呼ばれ、また周囲に屋敷関連地名があり、信顕の居館跡とされている。

野沢公次郎氏は諸資料を丹念に調査され、経歴の一致などから、武田上野介信顕は信玄の異母弟武田上野介信友と同一人であると考えられた。信友は、武田信虎の五男とも九男ともいわれ、信虎が駿河隠居時代に儲けた子どもだとされる。信顕は落城の際、隣国讃岐(香川県)に落ち延びたが、大川郡白鳥(香川県東かがわ市白鳥)付近で土佐勢と激戦になり、遂に戦死したとされる。家臣の大塚善太夫が、信顕の遺骸を薬王山瑠璃光院東光寺(現在の東昭寺)の歴代住職の墓所のなかに埋葬したとされる。墓碑には、「承応四年乙未　四月廿三日」「従阿州脇城主武田上野守三代之後裔同姓太郎左衛門為菩提幷立之」と刻まれている。脇町の総氏神である脇人神社は、信顕・信定(千勝丸)父子の霊を祀ったといい(『阿波志』)、脇町の武田登氏は千勝丸の位牌をいまに伝えている。この位牌は、平成十一年に脇町(当時)の文化財に指定されている。

2　つるぎ町に残る武田伝承

天正十年(一五八二)三月十一日、天目山で織田軍の兵により、武田勝頼は自刃、ここに甲斐源氏武田氏は滅亡した。武田信玄の実弟で信玄の影武者を務めたとされる武田逍遙軒信綱は、勝頼の命により、信濃国伊那郡の大島城を守っていたが、織田軍の来襲を知るや、戦わずして甲斐へ退去した。武田家滅亡後も甲府に潜んでいたようであるが、織田軍に捕らえられ、甲府の立石で処刑された。これが史実である。

しかし、信綱は死なずに阿波に落ち延びたとの説が徳島県には伝えられている。

つるぎ町貞光の武田家所蔵の「武田家文書」には、「武田氏系図」「家紋武田菱之由来」「武田家重宝無楯冑之由来」「武田逍遙軒信連公紀州高野山清慶院御奉納之宝物之由来」「武田信玄公紀州高野山清慶院御奉納之宝物之由来」「高野

山納入坊文書」など江戸時代に編まれた古記録類が残されている。ほかにも、「武田孫六入道逍遙軒伝記」「武田左馬介信豊・弟左馬介信政伝記」「武田家伝記」「武田二十四将図」などもある[4]。また、「太田文」「古城記」「阿州将裔記」などといった江戸時代の編纂物などにも散見される。

「武田家伝記録」などによれば、信綱は甲州の乱を避けてしばらく高野山清慶院（成慶院）に隠れ住み、武田家の宝物を寄進するなどし、また自ら仏門に帰依し、入道して武田孫六入道逍遙軒信綱と号して、武田家の安堵と落ち往く身を仏の加護に委ねたという。高野山を離れ、讃岐国寒川郡氷上村へ逃れていたところ、阿波国美馬郡脇城主に同姓である武田上野介信顕がいるのを知って阿波へ移ったとされる。郡里を経て太田邑に身を隠したとされる。武田信玄の実弟武田左馬助信繁の子信豊、信玄弟信基も信綱の後を追って阿波に下り、太田邑に隠れ住んだという。太田邑にはすでに武田信繁の後裔と称する甲斐名賀六信次という脇城の筆頭家老が住居していた。信次は脇城主武田信顕が弘治二年（一五五六）に三好長慶の配慮で阿波に入国し、脇城に入った時から信顕に付き従ったとされる。天正十年八月二十三日に土佐の長宗我部元親が阿波に総攻撃をかけてきた際に、信綱は信顕に味方し、加勢したが、戦死したという。太田万福寺の過去帳には文禄元年（一五九二）の「武田孫六逍遙軒信綱母　梅芳恵輪信女霊　八月十一日　孝子孫六」と記されており、またその石碑が太田の通称「タツノクチ」に存するといい、武田家では信玄母の墓と称して崇敬している。また、元亀四年（一五七三）成立とされる「太田文」という阿波の武将と家紋を列挙した史料には、「貞光殿　武田源氏　松皮」とあり、元亀三年写と奥書のある「故城記」には「太田殿武田源氏」「甲斐殿武田源氏」とみえる。ただし、「太田文」「故城記」ともに戦国期の記録を参照して編集されたものとしても、成立は江戸時代と推定され、記述をそのまま鵜呑みにするわけにはいかない。

「武田家文書」の中の「武田逍遙軒信連公紀州高野山清慶院御奉納之宝物之由来」には、「甲　信玄公所持錦衣薄

金」など六点が記された後、

一、修羅之図　　逍遙軒之筆　彩色長三尺幅尺三寸外ヨリシ新シキ方

一、信玄像　　逍遙軒之筆墨画衣鉢之僧形

一、武田廿四将之像　逍遙軒之筆、彩色長四尺幅尺四五寸信玄公ヲ上、次ニ逍遙軒信連、下方順ニ廿四将之像

とあり、画人武将信綱の面目躍如たるものがある。

3　阿波に逃れた快川紹喜の弟子一鶚

徳島市の景勝地眉山の東麓に、鳳翔山瑞巌寺（徳島県徳島市東山手町三丁目）という臨済宗妙心寺派の古刹がある。創建の時期は不明とされるが、細川・三好両氏の本拠地であった勝瑞（徳島県藍住町勝瑞）から天正十三年（一五八五）に蜂須賀家政の阿波入国、城下町建設に伴い、徳島城下に移転してきたとされている。

寺に伝わる縁起によると、恵林寺（山梨県甲州市）の快川紹喜の弟子一鶚が織田信長による天正十年の同寺焼き討ちの時に、快川から観音像と渡唐天神像の二軀を託されて同寺を逃れ、諸国遍歴の後、江戸で蜂須賀至鎮の帰依を受け、至鎮の弟義英の菩提を弔うために同道して阿波に下り、瑞巌寺を再興したといわれている。また、一説には一鶚は尾州滝筑後の弟で、蜂須賀氏に仕官した筑後を訪ねて阿波に来たところを蜂須賀家政の帰依を受けて阿波国にとどまり、瑞巌寺を創建したともいわれている。

ただ、一鶚が快川の弟子であるという確実な史料はなく、これも伝説の域をでないものである。

おわりに

以上、阿波に残された武田家にまつわる伝承について紹介してきた。このような伝説が阿波に残る背景には、甲斐源氏―小笠原氏の阿波守護補任―小笠原氏後裔の三好氏の台頭があったと思われる。

なお、高知県には武田勝頼・信勝父子が逃れてきて現在もその子孫と称する岡林氏がその伝承の継承をなされている。高知県に残る武田家伝承についても機会を改めて紹介したいと考えている。

註

（1）笹本正治『山梨県の武田信玄伝説』（山梨日日新聞社、平八）、同『長野県の武田信玄伝説』（岩田書院、平八）。

（2）野沢公次郎「摂州尼崎に勝頼遺児の消息を尋ねる」（『甲斐路』四五号、昭五七）など。

（3）野沢公次郎「阿波国に語られる武田信友の消息について」（佐藤八郎先生頌寿記念論文集刊行会編『戦国大名武田氏』名著出版、平三）、拙稿「脇城主武田信顕は、信玄の異母弟信友と同一人物か」（『別冊歴史読本　日本史謎解き史跡探訪　誰も知らないミステリー史跡』新人物往来社、平一五）。

（4）貞光町史編纂委員会編『貞光町史』（貞光町、昭四〇）。

〔追記〕高知県・愛媛県・香川県の四国の事例を追加するなど大幅改定をした拙稿「三好氏と四国に伝わる甲斐源氏の由緒―阿波・土佐に伝わる伝承を中心に―」（山梨県立博物館監修・西川広平氏編『甲斐源氏　武士団のネットワークと由緒』戎光祥出版、二〇一五年）の参照をお願いしたい。執筆の機会を与えて下さった西川広平氏（当時山梨県立博物館学芸員）には深甚の謝意を表する。

あとがき

本書は、筆者がいままで書いてきた戦国大名甲斐武田氏に関する研究を一書にまとめたものである。穴山氏をはじめとする親類衆の動向を中心に、訴訟、外交、宗教などさまざまな観点から支配と権力という側面を重視しながら研究を進め、執筆したものである。

初出論文の発行年を一見しておわかりいただけるように、一九八八〜一九九三年前後に集中している。これは、大学院博士課程一年から社会人三年目くらいに当たる。その後は後述するように、仕事の関係から東京を離れ徳島に移住したこと、仕事の内容が近世美術史になったことなどから、主たる研究テーマが、甲斐武田氏と関東・甲信越の戦国史から、徳島藩御用絵師、甲冑をはじめとする武器・武具を中心とする近世阿波美術史となった。そのことにより、関心を持ちつつも武田氏研究を深化することができなかった。それでも、三好氏や蜂須賀氏には目を配り、戦国・織豊期研究への関心は失わないように努力をしてきたつもりである。しかし、戦国・織豊期研究の大幅な進展と膨大な研究の蓄積、とりわけ武田氏研究の業績の多さと深化は、他の戦国大名に比して群を抜いていた。筆者の論考などいまや過去のものとなったと思っていた。そのような状況を鑑みて、論文集をまとめることなど、到底無理だと諦めていた。

そのような時、黒田基樹氏、浅倉直美氏から「戦国史研究叢書」の一冊としていままでの論考をまとめてみないかとのお声がけをいただいた。しかし、前述のように、研究蓄積の豊富さ、筆者の時間的制約、自身の力量不足などから、改稿することはほぼ不可能であるとお断わりをした。すると、旧稿をそのまままとめることを提案された。筆者は、二十五年以上も前の稚拙で習作のような作品、時代遅れともいえる研究を改めて世間に晒すことは意味もないし、批判の対象になるばかりだと思い、大変ありがたいお勧めではあったが謹んでお断わりすることとした。その後もたびたびご連絡をいただき、「はるか昔の手に入りにくい論稿を一冊にまとめることは、研究史的にも大事なことだし、後進の研究者にはありがたいはずだ」とのことばに動かされ、固辞しつづけることはかえって失礼に当たるのではないかとの考えに至り、恥を忍んで、御好意に甘んじて刊行に踏み切ることにした。相談した同僚からも「勧めていただいているうちが華だよ」と背中を押していただいたのも、決心する動機のひとつとなった。以上が本書刊行の経緯である。

筆者が歴史に興味をもったのは、小学校四年生の頃だったと記憶している。父親に勧められて一緒に見た大河ドラマ『国盗り物語』(原作、司馬遼太郎)がきっかけで、歴史漫画を貪り読み、中学生になると、伝記や『歴史読本』『歴史と旅』などの一般向け歴史雑誌を読むようになった。父の故郷が、武田勝頼が再起を賭けて築城した新府城跡(山梨県韮崎市)の山麓にあったことから、自然と武田信玄に興味を抱き、武田八幡神社(武田氏氏神・山梨県韮崎市)や、武田神社(武田氏館跡・山梨県甲府市)、恵林寺(武田信玄菩提寺・山梨県甲州市)など甲斐武田氏に関する史跡を精力的に歩いた。高校生の時には、歴史愛好の同級生と歴史研究サークルをつくり、戦国武将の足跡を辿った。

戦国大名の研究を志し、迷わず國學院大學文学部史学科に進んだ。中学・高校生時代に読んだ山中鹿介や細川幽斎などの文章に感動し、すぐに米原正義先生の研究室の門を叩いた。米原先生は、戦国文化史研究の第一人者であった桑田忠親先生の一番弟子で、『戦国武士と文芸の研究』や『出雲尼子一族』などの著書があった。滅びゆく戦国武将へ温かいまなざしを注いでおられた先生の授業は、「楽しい」「わかりやすい」ものであった。米原ファンの筆者は、単位になる授業以外にも先生の授業に多数潜らせていただいた。いまでいえば、「追っかけ」であった。先生の弟子への指導は、厳しくも温かいものであった。大学院の演習で不十分な発表をすると、「須藤君ちょっと」と呼ばれ、研究室で「わかってるよね」と言われる。私は深く反省する。その姿を確認すると、先生は私を行きつけの店に誘う。ふたりっきりでお酒を酌み交わしながら数時間先生のお話を伺うのである。注意されたのだから恥じなければいけないのであるが、先生を独り占めできる至福の時間でもあった。中学の体育教師であった先生は怒ることはしない、気付かせる、まさに教育者であった。

卒業論文では、武田親類衆の穴山氏の支配構造について書き、経済的理由で就職を決めていたが、先生の強いお勧めもあり、母校國學院大學の大学院文学研究科に進んだ。修士論文「戦国大名武田氏の権力構造」を提出して博士課程前期（修士課程）を無事修了したが、やはり先生のお勧めで、博士課程後期に進んだ。しかし、家庭の事情もあり、博士課程後期二年目の半ばで正規の職に就くこととなった。戦国大名武田氏を研究テーマにしていたことから、山梨県の研究者からの強いバックアップもあり、武田信玄の菩提寺である乾徳山恵林寺に隣接する財団法人信玄公宝物館（山梨県甲州市）の学芸員として勤務することになった。毎日、武田信玄の旗印「風林火山」の旗を拝しながらの仕事は身の引き締まるものであった。就職して一年が過ぎた頃、当時国立歴史民俗博物館教授（現名誉教授）であった宇田川武久先生から博物館を一からつくる仕事をしてみないかと徳島市の学芸員募集の話を持ってきてくださった。苦渋の選択ではあったが、私はこのお勧めに従った。徳島県在勤で、かつ博物館建設準備という激務が予想されることから、大学院退学を決意したが、米原先生は籍を置くことを強く勧められ、それに従った。その結果、単位取得満期退学ということになった。しかし、正規の仕事に就いたことにより、後期課程の二、三年次という大切な時期に学業に専念できなかったことをいまも負い目に感じている。

大学では、米原先生以外にも、武家儀礼研究の二木謙一、守護大名研究の小川信、戦国法研究の下村效、海賊衆研究の宇田川武久、茶道史研究の渡辺良次郎、戦国大名や織田政権研究の奥野高広先生等、戦国史研究の錚々たる先生に学ぶことができた。大学院では、中世史研究の石井進(東京大学教授)、古文書学研究の高橋正彦(慶応義塾大学教授)、南北朝史研究の村田正志(国士舘大学教授)らの先生方の講義も受けることができた。いま思い返してもすばらしい環境で戦国史の勉強をさせてもらえたと感じている。ほかにも古代史の林陸朗、鈴木靖民、近世史の大谷貞夫、根岸茂夫、佐藤孝之、近代史の馬場明等多くの先生方にも御指導いただいた。

多くの同輩、先輩、後輩にも恵まれた。先輩では、青柳勝、鍛代敏雄、野澤隆一、竹原健(故人)、横田光雄、近藤好和、岡野友彦、永井晋、平野明夫氏ら、同期では白井比佐雄、石野友康、宮武正登、佐多芳彦、松原誠司、長谷川伸氏らの名をあげておきたい。歴史学徒としての基本はここで培ったといっても過言ではなかろう。

古文書への目を開いてくださったのは、当時早稲田大学古文書室におられた柴辻俊六氏であった。ひょんなことから高校生の時に知り合い、山梨県や長野県、群馬県など武田氏関係の古文書調査に連れて行っていただいた。柴辻氏の紹介で、戦国史研究会(学生の頃は東国戦国史研究会)に入会したが、同会員の方々にはいまもお世話になっている。

徳島に移ってからは、徳島市立徳島城博物館の開館準備にあたり、一九九二年十月の開館からは同館学芸員として、展覧会や講座などの教育普及事業に尽力し、自分の研究よりも多くの市民に親しまれる博物館づくりを第一に考え、二十一年間の学芸員生活を送った。瀧山雄一、根津寿夫氏等と開館準備に苦楽を共にしたのは、いまとなってはよい思い出である。筆者の職業人としての心構えはここで形成されたともいえる。

二〇一一年三月、たくさんの思い出を創ってくれた徳島城博物館を辞して、同年四月から四国大学文学部日本文学科に奉職することとなった。日本文化史コース関連の授業と博物館学芸員資格養成課程の授業、さらに共通教育科目を担当するという、あまりにも幅広い範囲を担当している。卒業論文の指導に加えて、学生を博物館現場に送り出す博物館実習は、ほかの授業よりも数倍時間を必要とし、また気を遣うことも多い。二〇一五年四月からは大学院の授業と論文指導も担当するようになり、二〇一六年四月からは指導学生を持つことになった。恩師米原先生が大切にされていた科目「日本文化史」を担当できるのは感無量である。大学では、四十八歳からの教員への転職ということで、不安でいっぱいであったが、真鍋俊照、友重幸四郎、會田実、田中省造氏など日本文学科のスタッフに支えられ、ここまでなんとか乗り切ってこられた。昨今の大学は、筆者たちが学生の頃の大学とは大きく違い、教育環境、研究環境ともに厳しいものとなっている。地域貢献も重要な課題である。如何に研究時間を確保するか、モチベーションを保つかが大切となってきている。

徳島に移ってからの二十七年間、大したこともできず、研究も遅々として進まず、お恥ずかしい限りであるが、今日あるのは、かつての徳島城博物館の同僚や、徳島市教育委員会の文化財担当職員、徳島県立博物館、徳島県立近代美術館、徳島県立文書館、徳島県立埋蔵文化財センターなど県下の学芸員、文化財担当職員の御助言・御協力があってのことであると深く感謝している。この場を借りて厚く御礼申し上げたい。とりわけ、同じ中世史専門で年齢も近いことから、長谷川賢二（徳島県立博物館）、石尾和仁（徳島県立総合教育センター）両氏とは勉強会をするなど刺激を常に得ることができた。彼らがいなかったら、まがりなりにも研究は続けてこられなかったことと思う。また、徳島地方史研究会、四国中世史研究会などの研究会の存在も忘れることはできない。研究も苦手で発表も不得手な筆者は、ほとんど研究発表もしなければ会誌に原稿を書くこともほとんどできていない。会員の研究を聴いているだけの存在である。あまりひとづきあいが得意ではない筆者を仲間として温かく迎い入れてくださった。感謝に耐えない。

徳島に職を得てから二十八年目が終わろうとしている。関東の生活より、徳島での生活が長くなってしまった。これからも徳島の歴史について勉強して、少しでも多くの地域の方々に喜んでいただけるような成果を出せていけたらと考えている。あわせて、今回の論集発刊を機会に戦国・織豊期研究にも積極的に取り組んでいきたい。

最後に、出版をお引き受けいただいた岩田書院の岩田博さん、我慢強く刊行をお勧めいただき、さらに編集にご尽力いただいた黒田基樹さん、浅倉直美さん、校正についてお世話になった中村亮佑さん等に感謝し、御礼を申し上げたい。また、「歴史」に目を開かせてくれた東京の年老いた両親と、家庭を守って筆者の好きな仕事と研究に理解を示し、自由にさせてくれた妻美恵子にも謝意を表したい。

なお、本書刊行にあたっては、「四国大学学術出版助成」の交付を受けたことを付記しておく。

平成二十九年十一月三日　米原正義先生の命日に決意を新たにして。

須藤　茂樹

初出一覧

第一部　武田親類衆穴山氏の支配構造

第一章　穴山信友の文書と河内領支配（『国学院雑誌』九一巻五号、一九九〇年）
第二章　武田親類衆穴山信君の河内領支配（国学院大学大学院文学研究科『紀要』二〇輯、一九八九年）
第三章　穴山信君の江尻領支配（佐藤八郎先生頌寿記念論文集刊行会編『戦国大名武田氏』、名著出版、一九九一年）
第四章　甲斐武田氏の滅亡と穴山氏―穴山勝千代考―（『甲斐路』六七号、一九八九年）
第五章　穴山氏奉書式印判状とその奉者（『甲斐路』六八号、一九九〇年）
第六章　穴山信君と畿内諸勢力―武田外交の一断面・史料紹介を兼ねて―（『武田氏研究』四六号、二〇一二年）
付論　穴山信君と鷹（『甲斐路』五四号、一九八五年）

第二部　武田親類衆の支配構造

第一章　武田逍遙軒信綱考（『甲府市史研究』八号、一九九〇年）
第二章　信濃仁科氏の武田氏被官化と仁科盛信（『甲斐路』八五号、一九九六年）
付論　武田氏と郡内領に関する一史料（『甲斐路』四六号、一九八二年）

第三部　武田氏の外交・訴訟・宗教

第一章　武田信玄の西上作戦再考（『武田氏研究』三号、一九八八年）

第二章　甲・越同盟の一考察（『史学研究集録』一五号、国学院大学日本史学専攻大学院会、一九九〇年）
第三章　戦国大名甲斐武田氏の「訴訟」をめぐって（米原正義先生古希記念論文集刊行会編『戦国織豊期の政治と文化』、続群書類従完成会、一九九三年）
第四章　武田信虎の信仰と宗教政策（柴辻俊六編『武田信虎のすべて』、新人物往来社、二〇〇七年）
第五章　窪八幡神社所蔵掃除指図の紹介と武田・後北条氏の掃除役（『神道宗教』一三八号、一九九〇年）
付論一　「市河文書」に見る一武士のいきざま（『釧路市指定文化財　市河文書公開展』、二〇〇八年）
付論二　関東戦国史に関する新史料二通の紹介―武田信玄と上杉謙信の書状―（『小山市史研究』七号、一九八五年）
付論三　阿波に残る武田家伝承（『甲斐』一一九号、二〇〇九年）

著者紹介

須藤 茂樹（すどう・しげき）

昭和38年・東京都生まれ。
國學院大学大学院 文学研究科博士課程後期日本史学専攻 単位取得満期退学。
(財)信玄公宝物館学芸員、徳島市教育委員会博物館建設準備室主事、
徳島市立徳島城博物館学芸員、同館係長・学芸員を経て、
平成23年４月　四国大学文学部日本文学科専任講師、平成26年４月　准教授、
平成29年４月より教授。四国大学附属言語文化研究所長。
著書『戦国の風―時代を駆け抜けた武将たち―』、『「戦国文化」への招待』（以上徳島県教育印刷）、編著『戦国変わり兜図鑑』、『戦国武将の肖像画』、『徳島県謎解き散歩』（以上新人物往来社）、共著『小早川隆景のすべて』、『細川幽斎・忠興のすべて』、『武田信虎のすべて』（以上新人物往来社）、『戦国の遺宝』（山川出版社）、『三好長慶』『織豊期・江戸前期大大名の茶の湯』『キリシタン大名』（以上宮帯出版）、『大学的徳島案内』（昭和堂）など。

武田《たけだ》親類衆《しんるいしゅう》と武田氏《たけだし》権力《けんりょく》　　戦国史研究叢書16

2018年（平成30年）３月　第１刷　350部発行　　定価［本体8600円＋税］

著　者　須藤 茂樹

発行所　有限会社岩田書院　代表：岩田　博　　http://www.iwata-shoin.co.jp

〒157-0062 東京都世田谷区南烏山4-25-6-103　電話03-3326-3757　FAX03-3326-6788

組版・印刷・製本：ぷりんてぃあ第二

ISBN978-4-86602-025-9　C3321　¥8600E

戦国史研究叢書 刊行の辞

戦国史に関する研究は、近年、まれにみる活況を呈していると言えよう。学会誌・論集などに発表される研究成果は、数え上げることができないほどおびただしい。しかも、優秀な研究者によって、注目される論考が蓄積されている。こうした現状の中で、特に、新進気鋭の研究者の研究成果を、一冊の著書として出版する機会を作るために、この戦国史研究叢書の刊行を企画した。

その一つの理由は、研究者個人の論文が著書としてまとめられることによって、その研究成果の把握を容易にし、戦国史研究のさらなる発展のためにも有意義なことと考えるからである。二つ目には、多くの前途ある研究者の研究成果を著書として出版することにより、学界から正当な評価を受ける機会が与えられることである。

この企画実現のため、私達は種々検討を重ねて立案したが、幸い、岩田書院の岩田博氏の御理解と御協力を得ることができた。この叢書が、各位の御賛同を得て、学界に寄与できるよう、また著者自身、この出版を契機として充実した研究生活がつづけられるよう、願って止まない。

平成七年四月

戦国史研究叢書を刊行する会

代表　佐脇　栄智

岩田書院 刊行案内（25）

			本体価	刊行年月
956	五十川伸矢	東アジア梵鐘生産史の研究	6800	2016.03
957	神崎　直美	幕末大名夫人の知的好奇心	2700	2016.03
958	岩下　哲典	城下町と日本人の心性	7000	2016.03
959	福原・西岡他	一式造り物の民俗行事	6000	2016.04
960	福嶋・後藤他	廣澤寺伝来 小笠原流弓馬故実書＜史料叢刊10＞	14800	2016.04
961	糸賀　茂男	常陸中世武士団の史的考察	7400	2016.05
962	川勝　守生	近世日本石灰史料研究IX	7900	2016.05
963	所　理喜夫	徳川権力と中近世の地域社会	11000	2016.05
964	大豆生田稔	近江商人の酒造経営と北関東の地域社会	5800	2016.05
000	史料研究会	日本史のまめまめしい知識１＜ぶい＆ぶい新書＞	1000	2016.05
965	上原　兼善	近世琉球貿易史の研究＜近世史44＞	12800	2016.06
967	佐藤　久光	四国遍路の社会学	6800	2016.06
968	浜口　尚	先住民生存捕鯨の文化人類学的研究	3000	2016.07
969	裏　直記	農山漁村の生業環境と祭祀習俗・他界観	12800	2016.07
970	時枝　務	山岳宗教遺跡の研究	6400	2016.07
971	橋本　章	戦国武将英雄譚の誕生	2800	2016.07
972	高岡　徹	戦国期越中の攻防＜中世史30＞	8000	2016.08
973	市村・ほか	中世港町論の射程＜港町の原像・下＞	5600	2016.08
974	小川　雄	徳川権力と海上軍事＜戦国史15＞	8000	2016.09
975	福原・植木	山・鉾・屋台行事	3000	2016.09
976	小田　悦代	呪縛・護法・阿尾奢法＜宗教民俗９＞	6000	2016.10
977	清水　邦彦	中世曹洞宗における地蔵信仰の受容	7400	2016.10
978	飯澤　文夫	地方史文献年鑑2015＜郷土史総覧19＞	25800	2016.10
979	関口　功一	東国の古代地域史	6400	2016.10
980	柴　裕之	織田氏一門＜国衆20＞	5000	2016.11
981	松崎　憲三	民俗信仰の位相	6200	2016.11
982	久下　正史	寺社縁起の形成と展開＜御影民俗22＞	8000	2016.12
983	佐藤　博信	中世東国の政治と経済＜中世東国論６＞	7400	2016.12
984	佐藤　博信	中世東国の社会と文化＜中世東国論７＞	7400	2016.12
985	大島　幸雄	平安後期散逸日記の研究＜古代史12＞	6800	2016.12
986	渡辺　尚志	藩地域の村社会と藩政＜松代藩５＞	8400	2017.11
987	小豆畑　毅	陸奥国の中世石川氏＜地域の中世18＞	3200	2017.02
988	高久　舞	芸能伝承論	8000	2017.02
989	斉藤　司	横浜吉田新田と吉田勘兵衛	3200	2017.02
990	吉岡　孝	八王子千人同心における身分越境＜近世史45＞	7200	2017.03
991	鈴木　哲雄	社会科歴史教育論	8900	2017.04
992	丹治　健蔵	近世関東の水運と商品取引 続々	3000	2017.04
993	西海　賢二	旅する民間宗教者	2600	2017.04

岩田書院 刊行案内 (26)

			本体価	刊行年月
994	同編集委員会	近代日本製鉄・電信の起源	7400	2017.04
995	川勝　守生	近世日本石灰史料研究10	7200	2017.05
996	那須　義定	中世の下野那須氏＜地域の中世19＞	3200	2017.05
997	織豊期研究会	織豊期研究の現在	6900	2017.05
000	史料研究会	日本史のまめまめしい知識２＜ぶい＆ぶい新書＞	1000	2017.05
998	千野原靖方	出典明記 中世房総史年表	5900	2017.05
999	植木・樋口	民俗文化の伝播と変容	14800	2017.06
000	小林　清治	戦国大名伊達氏の領国支配＜著作集１＞	8800	2017.06
001	河野　昭昌	南北朝期法隆寺雑記＜史料選書５＞	3200	2017.07
002	野本　寛一	民俗誌・海山の間＜著作集５＞	19800	2017.07
003	植松　明石	沖縄新城島民俗誌	6900	2017.07
004	田中　宣一	柳田国男・伝承の「発見」	2600	2017.09
005	横山　住雄	中世美濃遠山氏とその一族＜地域の中世20＞	2800	2017.09
006	中野　達哉	鎌倉寺社の近世	2800	2017.09
007	飯澤　文夫	地方史文献年鑑2016＜郷土史総覧19＞	25800	2017.09
008	関口　　健	法印様の民俗誌	8900	2017.10
009	由谷　裕哉	郷土の記憶・モニュメント＜ブックレットH22＞	1800	2017.10
010	茨城地域史	近世近代移行期の歴史意識・思想・由緒	5600	2017.10
011	斉藤　　司	煙管亭喜荘と「神奈川砂子」＜近世史46＞	6400	2017.10
012	四国地域史	四国の近世城郭＜ブックレットH23＞	1700	2017.10
014	時代考証学会	時代劇メディアが語る歴史	3200	2017.11
015	川村由紀子	江戸・日光の建築職人集団＜近世史47＞	9900	2017.11
016	岸川　雅範	江戸天下祭の研究	8900	2017.11
017	福江　　充	立山信仰と三禅定	8800	2017.11
018	鳥越　皓之	自然の神と環境民俗学	2200	2017.11
019	遠藤ゆり子	中近世の家と村落	8800	2017.12
020	戦国史研究会	戦国期政治史論集　東国編	7400	2017.12
021	戦国史研究会	戦国期政治史論集　西国編	7400	2017.12
022	同文書研究会	誓願寺文書の研究（全２冊）	揃8400	2017.12
024	上野川　勝	古代中世 山寺の考古学	8600	2018.01
025	曽根原　理	徳川時代の異端的宗教	2600	2018.01
026	北村　行遠	近世の宗教と地域社会	8900	2018.02
027	森屋　雅幸	地域文化財の保存・活用とコミュニティ	7200	2018.02
028	松崎・山田	霊山信仰の地域的展開	7000	2018.02
029	谷戸　佑紀	近世前期神宮御師の基礎的研究＜近世史48＞	7400	2018.02
030	秋野　淳一	神田祭の都市祝祭論	13800	2018.02
031	松野　聡子	近世在地修験と地域社会＜近世史48＞	7900	2018.02
032	伊能　秀明	近世法制実務史料 官中秘策＜史料叢刊11＞	8800	2018.03

戦国史研究叢書　②後北条領国の地域的展開（品切）

①	黒田　基樹	戦国大名北条氏の領国支配	5900円	1995.08
③	荒川　善夫	戦国期北関東の地域権力	7600円	1997.04
④	山口　　博	戦国大名北条氏文書の研究	6900円	2007.10
⑤	大久保俊昭	戦国期今川氏の領域と支配	6900円	2008.06
⑥	栗原　　修	戦国期上杉・武田氏の上野支配	8400円	2010.05
⑦	渡辺　大門	戦国期赤松氏の研究	7900円	2010.05
⑧	新井　浩文	関東の戦国期領主と流通	9500円	2012.01
⑨	木村　康裕	戦国期越後上杉氏の研究	7900円	2012.04
⑩	加増　啓二	戦国期東武蔵の戦乱と信仰	8200円	2013.08
⑪	井上　恵一	後北条氏の武蔵支配と地域領主	9900円	2014.10
⑫	柴　　裕之	戦国織豊期大名徳川氏の領国支配	9400円	2014.11
⑬	小林　健彦	越後上杉氏と京都雑掌	8800円	2015.05
⑭	鈴木　将典	戦国大名武田氏の領国支配	8000円	2015.11
⑮	小川　　雄	徳川権力と海上軍事	8000円	2016.09

論集 戦国大名と国衆

①	黒田　基樹	武蔵大石氏	2800円	2010.05
②	黒田・浅倉	北条氏邦と武蔵藤田氏	2500円	2010.07
③	浅倉　直美	北条氏邦と猪俣邦憲	3000円	2010.09
④	黒田　基樹	武蔵三田氏	2500円	2011.01
⑤	丸島　和洋	甲斐小山田氏	3200円	2011.07
⑥	柴　　裕之	尾張織田氏	3500円	2011.11
⑦	黒田　基樹	武蔵成田氏	3800円	2012.01
⑧	鈴木　将典	遠江天野氏・奥山氏	4000円	2012.03
⑨	浅倉　直美	玉縄北条氏	4800円	2012.06
⑩	天野　忠幸	阿波三好氏	4800円	2012.10
⑪	大西　泰正	備前宇喜多氏	4800円	2012.12
⑫	黒田　基樹	岩付太田氏	4000円	2013.04
⑬	丸島　和洋	信濃真田氏	4800円	2014.03
⑭	丸島　和洋	真田氏一門と家臣	4800円	2014.04
⑮	黒田　基樹	武蔵上田氏	4600円	2014.11
⑯	木下　　聡	美濃斎藤氏	3000円	2014.12
⑰	村井　良介	安芸毛利氏	5500円	2015.05
⑱	山内　治朋	伊予河野氏	4800円	2015.09
⑲	黒田　基樹	北条氏房	4600円	2015.11
⑳	柴　　裕之	織田氏一門	8000円	2016.11